T3-BOB-939

130

«Ni está el mañana —ni el ayer— escrito.»
ANTONIO MACHADO
El dios Ibero

1. La colección ESPEJO DE ESPAÑA, bajo el signo de Editorial Planeta, pretende aportar su colaboración, no por modesta menos decidida, al cumplimiento de una tarea que, pese a contar con tantos precedentes ilustres, día tras día se evidencia como más urgente y necesaria: el esclarecimiento de las complejas realidades peninsulares de toda índole —humanas, históricas, políticas, sociológicas, económicas...— que nos conforman individual y colectivamente, y, con preferencia, de aquellas de ayer que gravitan sobre hoy condicionando el mañana.

2. Esta aportación, a la que de manera muy especial invitamos a colaborar a los escritores de las diversas lenguas hispánicas, se articula inicialmente en siete series:

    I   los españoles
    II   biografías y memorias
    III movimientos políticos, sociales y económicos
    IV   la historia viva
    V   la guerra civil
    VI   la España de la posguerra
    VII testigos del futuro

Cón ellas, y con las que en lo sucesivo se crea oportuno incorporar, aspiramos a traducir en realidades el propósito que nos anima.

3. Bueno será, sin embargo, advertir —puesto que no se pretende engañar a nadie— que somos conscientes de cuantas circunstancias nos limitan. Así, por ejemplo, en su deseo de suplir una bibliografía inexistente muchas veces, que cabe confiar estudios posteriores completen y enriquezcan, ESPEJO DE ESPAÑA en algunos casos sólo podrá intentar, *aquí* y *ahora*, una aproximación —sin falseamiento, por descontado, de cuanto se explique o interprete— a los temas propuestos, pero permítasenos pensar, a fuer de posibilistas, que tal vez los logros futuros se fundamentan ya en las tentativas presentes sin solución de continuidad.

4. Al texto de los autores que en cada caso se eligen por su idoneidad manifiesta para el tratamiento de los temas seleccionados, la colección incorpora un muy abundante material gráfico, no, obviamente, por razones estéticas, sino en función de su interés documental, y, cuando la obra lo requiere, tablas cronológicas, cuadros sinópticos y todos aquellos elementos que pueden complementarlo eficazmente. Se trata, en definitiva, de que cada uno de los títulos, en su unidad texto-imagen, responda a la voluntad de testimonio que preside las diversas series.

5. Sería ingenuo desconocer, empero, que este ESPEJO que, acogido a la definición que Stendhal aplicara a la novela, pretendemos pasear a lo largo del camino, según se proyecte a su izquierda o a su derecha recogerá, sin duda, sobre los mismos hombres, sobre los mismos hechos y sobre las mismas ideas, imágenes diversas y hasta contrapuestas. Nada más natural y deseable. La colección integra, sin que ello presuponga identificación con una u otra tendencia, obras y autores de plural ideología, consecuente con el principio de que ser liberal presupone estar siempre dispuesto a admitir que *el otro* puede tener razón. Aspiramos a crear un ágora de libre acceso, cerrada, única excepción, para quienes frente a la dialéctica de la palabra preconicen, aunque sólo sea por escrito, la dialéctica de la pistola.

6. Y si en algunas ocasiones la estampa que ESPEJO DE ESPAÑA nos ofrezca hiere nuestra sensibilidad o conturba nuestra visión convencional, unamos nuestra voluntad de reforma a la voluntad de testimonio antes aludida y recordemos la vigencia de lo dicho por Quevedo: «Arrojar la cara importa, que el espejo no hay de qué.»

RAFAEL BORRÀS BETRIU
Director

Diciembre de 1973.

El laberinto de la hispanidad

Xavier Rubert de Ventós
El laberinto de la hispanidad

Premio Espejo de España 1987

EDITORIAL PLANETA   BARCELONA

946
R895L

ESPEJO DE ESPAÑA
Dirección: Rafael Borràs Betriu
Serie: Los españoles

© Xavier Rubert de Ventós, 1987
Editorial Planeta, S. A., Córcega, 273-277, 08008 Barcelona (España)
Ilustración al cuidado de Antonio Padilla
Cubierta de Hans Romberg (realización de Jordi Royo)
Ilustración cubierta: detalle de «Encuentro de Cortés y Moctezuma», de
    Miguel González, 1698, Museo de América, Madrid (foto Oronoz)

Procedencia de las ilustraciones: Alfredo, Archivo Editorial Planeta, Balmes, Conti-
    foto, Europa Press, Federico Arborio Mella, H. Roger-Viollet, Instituto Nacional
    de Historia (Barcelona), J. Allan Cash, Keystone, Mas, Roberto Villagraz/PULL,
    Zardoya y Autor

Maqueta de ilustración interior: Eduardo Asensio
Producción: equipo técnico de Editorial Planeta
Primera edición: marzo de 1987
Depósito legal: B. 7.273-1987
ISBN 84-320-7539-6
Printed in Spain/Impreso en España
Talleres Gráficos «Duplex, S. A.», Ciudad de la Asunción, 26-D, 08030
    Barcelona

87-8943

*Esta obra obtuvo el Premio Espejo de España 1987,
concedido por el siguiente jurado: Manuel Fraga Iribarne,
Ramón Garriga Alemany, José Manuel Lara Hernández,
Manuel Lombardero Suárez y Rafael Borràs Betriu.*

ÍNDICE

A mis hijos Mario y Gino
—a su estirpe azteca y maya

Introducción

Este libro desarrolla un punto de vista más bien tradicional y clerical sobre la colonización de América. Se trata de una posición que adopté por dos motivos en apariencia convencionales: el de adecuarme al público a que me dirigía y el de ser crítico, en cambio, respecto de mis propias convicciones. Dos razones de oportunidad —ambiental una, ideológica la otra— pero que para mí son también de principio. Empezaré por la primera.

En noviembre de 1984 fui invitado, como director de la cátedra Barcelona-Nueva York, a dar una conferencia en el Wilson Center de Washington. En ella hice algunas observaciones sobre la situación política española y sus diferencias, en aquel momento, con la americana. Advertidos por McKinney Russell, asistieron algunos representantes del State Department y del Pentágono, que me invitaron luego a sus departamentos para «elaborar», como ellos dicen, algunos de los puntos tratados. Así lo hice, entre otros, con James Dobbins, Deputy Secretary of State for European Affairs, George Bader, Director de Política Europea en el Departamento de Defensa, y Lucas Fisher, del Buró de Defensa Estratégica (vid. anexo I). A lo largo de las conversaciones respondí a sus preguntas inquisitivas pero insistí, claro está, en que se trataba tan sólo de opiniones personales. Yo no podía hablar en nombre de mi gobierno sobre temas de seguridad. Sí podía, en cambio, explicarles el contexto cultural y la memoria histórica a que respondían las condiciones —«muy duras», según ellos— que ponía España para su definitiva integración en la Alianza Atlántica. Su ignorancia al respecto —no sé si real o simulada— me pareció sorprendente. También su reiterado deseo de mejor llegar a comprendernos. De ahí que acabara por proponerles la organización de un encuentro en el que pudiera hacerse más «visible» en Washington la posición española. Un encuentro en el que participaran políticos y profesores de ambos países y que sirviera de marco para un encuentro personal al más alto nivel entre ambas administraciones. James Billington, director del Wilson Center, me ofreció toda su ayuda, y con él diseñamos el proyecto que a mi vuelta a Madrid presenté al ministro de Asuntos Exteriores y al presidente del gobierno. Éste me respondió inmediatamente que él mismo quería participar en el encuentro, y me encargó que lo organizara con el asesoramiento de José M.ª Maravall y la ayuda del ICI.

De noviembre del 84 a setiembre del 85 perdí mucho tiempo en la coordinación de todo esto. Ajuste de fechas, definición de ponencias, selección de participantes y moderadores, cambios de última hora —en fin, un lío pesadísimo que Xenxo Arias recordará tan bien como yo—. Y es que, para acabar de complicarlo todo, se me había ocurrido invitar a monseñor Rivera y Damas como representante hispanoamericano en el encuentro. La razón era bien sencilla: el arzobispo de San Salvador es quien está negociando con la misma guerrilla que los aviones y asesores norteamericanos tratan de aniquilar. Su participación en el encuentro marcaba pues desde el principio una diferencia de posición y sensibilidad entre Estados Unidos y España. Para superar las reticencias americanas y los temores salvadoreños, solicité al reverendo Hicky, arzobispo de Washington, que recibiera y presentara personalmente a monseñor Rivera. Volé entonces a San Salvador, donde, con la ayuda de Luis de Sebastián e Ignacio Ellacuría, conseguí a su vez la aceptación de monseñor Rivera. Nadie en Washington puso entonces objeciones a su participación.

Ya estaba todo montado, de modo que volví de San Salvador a Madrid, donde mi reiterada ausencia en el Congreso de los Diputados parecía ya excesiva. Y fue sólo una semana antes de la conferencia cuando me di cuenta de que con los líos del montaje se me había olvidado escribir la ponencia. Yo era, como se indica en el programa (anexo II), quien, junto a Carlos Andrés Pérez y Francisco Fernández Ordóñez, debía responder a monseñor Rivera. Pero no tenía el texto de su discurso, ni tampoco tiempo ya para reclamarlo. Recogí pues los libros que sí tenía a mano —Bernardino de Sahagún, Liévano Aguirre (a quien debo tanto la orientación general como muchas referencias), Todorov, Parry, una recopilación de las Leyes de Indias y otra de textos jesuitas— y con su apoyo redacté en Nueva York, camino ya de Washington, el discurso que constituye el núcleo de este libro. Un núcleo desarrollado luego a salto de mata, entre Bruselas, Estrasburgo y Barcelona, a menudo con bibliografía inglesa o de segunda mano, y sin la precisión que permite un trabajo más continuado y parsimonioso.

He de reconocer de todos modos que mi discurso no era ni quería ser ingenuo. Sabía ya, antes de ponerme a ello, qué argumento iba a desarrollar como colofón al discurso del arzobispo. Se trataba de mostrar que el propio monseñor Rivera simbolizaba un talante y una tradición que habían llegado a sintonizar con esa realidad americana que la administración estadounidense —con su visión alternativamente narcisista o paranoica, brutal o simplista— parece a menudo no haber comprendido todavía. Lo que no sabía era que esta argumentación ocasional iba a adquirir cuerpo y a perfilarse ante mí como una visión tradicionalista de la historia de España en América —una visión a menudo enfrentada a mis propios prejuicios—. De momento, sin embargo, todo acabó aquí, de modo que guardé las notas y páginas que constituyen los tres primeros capítulos de este libro en ese cajón donde enterramos definitivamente los temas a los que «algún día habrá que volver».

Contra toda previsión, este día no tardó en llegar. Un viaje a China y Japón, donde tuve ocasión de leer textos del padre Ricci y de otros jesuitas en la India o Canadá, me devolvieron la admiración y la intriga por la evangelización. Fue entonces cuando volví sobre mis notas y decidí continuar el texto tomando ahora a los jesuitas como case study. *El resultado, como se verá, no es la obra de un historiador, y sólo espero que las barbaridades que en él se hayan colado no sean mayores que las banalidades que sin duda constituyen para un historiador las más de las cosas que en él se dicen. Creo de todos modos que los comentarios y observaciones críticas de J. L. Aranguren, el padre M. Batllori, J. L. García Ramos, C. Martínez Shaw, A. Regalado y M. Rius han evitado lo peor.*

No puedo terminar esta Introducción sin añadir que fue luego la propia intervención de monseñor Rivera lo que me orientó en la redacción de mis notas. De hecho, todo este libro viene a ser una glosa a su contraposición entre Conquista y Evangelización, o entre Descubrimiento y Desarrollo de América. En efecto, la tradición medieval y religiosa que empujó a la conquista y al establecimiento en América de centros de poder (y no sólo de centros económicos, plantaciones o factorías) empalma sin solución de continuidad con una modernización «superestructural» (administrativa: Reyes Católicos; cultural: Cisneros; lingüística: Nebrija) y con una colonización «infraestructural» asimilista e igualitaria. En contraste con la anglosajona, a la vez más empapada de espíritu económico y más impermeable a la diversidad cultural, la colonización española se caracteriza tanto por su superficialidad político-administrativa como por su profundidad étnico-cultural. Dos factores que, como veremos, se alían para dificultar el desarrollo y la modernización a los que se refería monseñor Rivera.

No se trata pues de continuar aquí las hispánicas «meditaciones del propio ser» de Américo Castro u Ortega y Gasset y su lamento por la desmembración de las Españas. Ni tampoco de repetir las modernas «atribuciones a la ajena responsabilidad» de tantos iberoamericanos que achacan todos sus males a la nueva dependencia gringa. Aquella emancipación y esta nueva dependencia no son tanto el producto de un destino interno o externo (el «carácter» español, la «dominación» norteamericana) como de una compleja sinergia o amalgama: de un Laberinto de la hispanidad cuyo formalismo clásico funda su caos igual que su porosidad católica funda su orden barroco. Por lo demás, se trata de un laberinto que, como el descrito por Octavio Paz, no representa sólo la situación de un pueblo o de un país: es también emblema de esa condición humana —evocada en el coro de Andrómaca— cuya competencia es tan a menudo el envés de su inepcia, y sus éxitos el revés de sus proyectos. Las limitaciones de este laberíntico proyecto —hoy obvias— no han de impedirnos, en fin, reconocer las lecciones y orientaciones que en él se esconden todavía, y que los norteamericanos harán bien en atender si quieren enfrentar de un modo menos errático sus relaciones con el mundo. Éste era, esquemáticamente, el mensaje que pretendía transmitir en Washington.

13

Hasta aquí la oportunidad «ambiental» que influyó en el contenido y dirección de mi discurso. Pero decía al principio que otra razón de oportunidad, «ideológica» ésta, había acabado de orientarlo hacia la hipótesis de que españoles y anglosajones, iberoamericanos y norteamericanos deben aprender cada uno del tradicionalismo del otro; nosotros, de su tradicionalismo político —vernáculo y foral—; ellos, de nuestro tradicionalismo cultural —clásico y clerical—. La hipótesis me parecía ideológicamente oportuna ya que permitía desmarcarse de una historiografía banalmente progresista cuyos grumos conceptuales podían apelmazar la visión del pasado tanto o más que los cotilleos de la petite histoire *o las grandes gestas de la Historia Nacional. Y pensé que una interpretación más tradicionalista de los hechos podía servir, si más no, para ello. La escuela de Frankfurt había utilizado con este fin a Freud y al idealismo alemán —bien podía apelar yo a Suárez y al barroco español—.[1] En* De la Modernidad *había iniciado la crítica al beato modernismo artístico, político y cultural —era hora seguramente de volver la mirada atrás para seguir su génesis.*

He señalado los dos motivos ocasionales que orientan estas páginas. He de añadir ahora que responden también a una profunda convicción. Esta convicción, que constituye la tesis misma de mi Moral, *reza que lo realmente progresista es enfrentarse ante todo a los propios prejuicios, y no sólo a los ajenos; a los espejismos vigentes, y no sólo a los fantasmas trasnochados. Que ser Ilustrado no es tratar de hacerse un pasado a la medida de las propias convicciones personales, necesidades intelectuales o compromisos teóricos, sino, como decía Kierkegaard, «intentar ser objetivos con nosotros mismos y subjetivos con los demás». Es saber que, si en la adolescencia podemos aún afirmarnos y definirnos frente a los otros, a partir de cierto momento sólo es lícito ya hacerlo frente a uno mismo. Es ser capaces de enfrentarnos no sólo a la «culpable ignorancia» de que hablaba Kant, sino también a la no menos culpable alucinación progresista en que nos sumieron sus seguidores. Es reconocer, en fin, el coste de todo avance, la ambivalencia de todo progreso, el desencantamiento inherente a toda racionalización, la relatividad de toda superación. Esto es, también y sobre todo, ser Ilustrado. Lo demás es continuar remedando el castizo*

> En una alforja al hombro,
> llevo los vicios.
> Los ajenos delante,
> detrás los míos.

Sant Martí d'Empúries, 25 de agosto de 1986.

1. Encuentro e invención de América

«A pesar del descubrimiento de América —ha afirmado monseñor Rivera y Damas, de San Salvador—, España no favoreció el proceso de industrialización *(sic)* ni incrementó el desarrollo en los países conquistados.» Evidente. ¿Pero no es posible que fuera así *por causa* del «descubrimiento» más que *a pesar* del mismo? Se ha dicho, en efecto, que el nuevo territorio conquistado permitió a Castilla seguir confiando en el tributo más que en la explotación racional, en la conquista del territorio más que en el trabajo, y montar sobre todo ello, como hoy México con su petróleo, una fabulosa deuda externa. El espíritu renacentista que llevó España a América, la moderna legalidad con que organizó su administración y la racionalidad con la que diseñó las nuevas ciudades, sirvieron paradójicamente para dar nuevas fuerzas a un Estado patrimonial y un proyecto social formados en la Reconquista y en el ideal de las Cruzadas. España reexportó la plata de América para financiar sus operaciones militares contra los países protestantes y para importar de ellos sus manufacturas. Y así fue cómo su protagonismo en la revolución geográfica acabó poniéndole en la cola de la próxima revolución comercial e industrial: *Novus orbis victus vos vicit.*

A continuación monseñor Rivera ha establecido una clara distinción entre Evangelización y Conquista, aunque no creo que con ella haya hecho plena justicia a los pueblos y civilizaciones indígenas. Según ésta, la evangelización correspondería a una relación entre culturas análogas o simétricas (vg., la judía y la romana), mientras que la conquista se produciría cuando la cultura cristiana se enfrenta a «esas culturas incipientes o en gestación a las cuales la historia mantiene en la barbarie o en sus aledaños y en las que el cristianismo introduce el tríptico mágico integrado por la fe, la libertad y la civilización» (Sánchez Albornoz). «Pueblos primitivos —precisa monseñor Rivera— no preparados aún para el cristianismo y donde éste sólo arraiga cuando le acompaña la acción permanente de una raza superior, es decir, cuando ese pueblo primitivo se confunde por la vida común y por el cruce con un pueblo civilizado que lo domina y educa, como ocurrió con los pueblos dominados y subyugados por España.»

Conviene detenerse aquí para recordar a quién se refieren estos textos. No se está hablando sólo, aunque lo parezca, de los casanares, los sioux o los hurones. Se alude también a pueblos como los aztecas, los incas o los mayas, que, sin rueda ni animales de carga, desarrollaron sofisticados sistemas de estratificación social, burocracia estatal, estructura urbana, arquitectura monumental y un calendario más exacto que el europeo. Antes de 1492, estos pueblos habían organizado una agricultura sedentaria, una red de comunicaciones y un sistema de extracción de tributos capaces de unificar un territorio no menor que el México actual y que dedicaba su excedente a la construcción de grandes ciudades y centros ceremoniales. Un genio monumental que se alía curiosamente con la sensibilidad para lo mínimo y la destreza en el detalle que atestiguan las celosías de Palenque o Monte Albán, los vasos y figuras de Colima o las estatuas de Tenochtitlan, donde, como dice Bernal Díaz, «tres indios hay que, si fueran en tiempo de aquel afamado Apeles, y de Miguel Ángel o Berruguete, los pusieran en el número dellos».

Como se ve, no es necesario ser un piadoso indigenista —Bernal era un soldado— para reconocer en estas tierras algo más que pueblos bárbaros o culturas incipientes. Nada menos «incipiente», por lo demás, que una cultura como la maya que, tras descubrir la bóveda y el calendario, una numeración que incluía el cero y una escritura parcialmente fonética, estaba ya en decadencia desde la época de Carlomagno. Como nada menos «primitivo» que la joven cultura *nahuatl* (esos dorios de Mesoamérica) que, sobre la base constructiva y literaria de los olmecas, toltecas y teotihuacanos, habían edificado un imperio político-militar y elaborado una compleja teogonía moral en la que se sintetiza —vasconcelismo *avant la lettre*— la visión del mundo occidental y la oriental. Los retazos de esta teología, recopilados por A. M. Garibay, nos ofrecen el vestigio de una cosmovisión tan original como actual. Yo mismo, que me había acercado a ella por interés «antropológico», pronto me sentí personalmente concernido e interpelado. El sentido oriental de pertenencia e interdependencia cósmicas —simbolizado por el *Quincux*— se amalgama aquí con el individualismo y voluntarismo occidentales representados por Quetzalcoatl. Él es quien, como Adán o Prometeo, rompe con su pecado el orden natural, para a continuación, como Cristo, inmolarse e interpelarnos al sacrificio: a colaborar personalmente con el cosmos —el «nuevo sol»— en su diaria lucha contra el caos y la entropía.

Tampoco es necesario encaramarse en la astronomía o en la teología para apreciar esta cultura. Ya Guillermo von Humboldt se maravilló de que la lengua nahuatl constituyera «un sistema completo y perfecto» para expresar todos los matices que las múltiples lenguas por él conocidas no podían expresar: «sólo la lengua mexicana agota todos los casos posibles y penetra en matices tan finos que, por ejemplo, al decir "yo aprendo cierto saber", un solo pronombre añadido indica si lo aprendo yo solo *(ni-no-ne-machtia)* y, al contrario, si alguien me enseña *(ni-no-machtia)*». Las más austeras descripciones de la vida social azteca nos asombran también por su sofisticación. No es de extrañar que los soldados de Cortés se sintieran embarazados con el lavamanos que les presentaban antes de las comidas, que no supieran utilizar el «braserico» con que se mantenían los platos calientes en la mesa y que acabaran escandalizándose ante la higiene que dominaba la vida cotidiana: «lavarse el cuerpo tres veces al día, o al menos dos, ¿quién habrá que no diga que los indios judaízan?» (padre José Gumilla, S.I.). ¿Y cómo iban a entender la función del zoológico de Moctezuma o de los *Coatcalli* de dioses exóticos desafectados? ¿Cuántos príncipes o Papas renacentistas habían tenido ya la idea de clasificar los animales en cautiverio u ordenar sistemáticamente en un museo las imágenes clásicas...? Pero es seguramente en las reglas de conducta y urbanidad donde este refinamiento es más asombroso. Desde su exquisita atención y respeto a los niños pequeños para mantener «la serena fe en su estirpe» (sólo Fichte, en su Tercer Discurso de 1807, se acerca a la precisión y finura de estos preceptos), hasta las reglas de discreción entre ciudadanos y el repudio de toda grosería aun entre extranjeros. Las recomendaciones en este sentido se reiteran en el Códice Florentino traducido por Sahagún, y contrastan tanto con la verecundia clásica como con el honor medieval europeo. Lo que para Teognis (Elegía 553) es un porte humillante:

> Nunca lleve el esclavo la cabeza derecha,
> antes ande inclinado, hasta que el cuello se le doble,

forma parte para los aztecas de la exquisitez y el refinamiento propios del porte aristocrático:

> Evita el andar despacio —reza el Libro VI, cap. XIX del Códice—, pues es señal de pompa, y el andar de prisa que tiene resabio de desasosiego y poco asiento; no lleves inclinada mucho la cabeza o encorvado el cuerpo, ni tampoco vayas muy levantada la cabeza y muy erguida, ni hagas con los pies meneos de fantasía por el camino, ni vayas tampoco arrastrándolos, como hacen los *vaviláxpol* o *xocotézpol*, que quiere decir persona pesada y que anda como mujer preñada.

Los consejos del Códice insisten en las formas de la mesa:

> No des grandes bocados de pan, usa sólo los tres dedos de la mano derecha para coger la comida, no despedaces el pan ni arrebates lo que está en el plato (¡Compárese con las normas europeas de la misma época descritas por N. Elías!),

y sobre todo de la conversación:

> Hablarás reposadamente, no alzarás la voz como rústico, vocinglero y desentonado, ni hablarás muy bajo; sea tu palabra suave y blanda, oye más que cures hablar, no mires con curiosidad el gesto de la gente... (Expresiones casi literales pueden leerse en *De Officiis* de Cicerón y *De Civilitate* de Erasmo).

Los textos jesuíticos dan testimonio de esta misma cortesía, no ya entre los refinados aztecas o incas, sino entre los más salvajes sálivas e iroqueses: «Nunca hablan todos a un tiempo, sino uno tras otro y escuchándose pacientemente» (padre Pablo Lejeune); «muestran más inteligencia en su charla, cortesía y sutileza que los más educados comerciantes franceses» (padre Francisco de Perú); «tienen el habla más dulce del mundo», había escrito ya Colón de los desafortunados caribes.

Por lo demás, la dulzura y contención en el lenguaje y el ademán han persistido en el mexicano moderno que, frente a la contundencia fonética y gestual del castellano peninsular, se caracteriza por el ritmo lento, el tono sosegado, las consonantes licuadas, el estilo indirecto, el gusto por los diminutivos y sufijos (el *zin* nahuatl) o la proliferación de eufemismos. De ahí que la brusca llaneza con que los españoles pretenden ser naturales y ponerse a igual con los mexicanos sea a menudo sentida allí como un agresivo «hablar golpeado». Precisamente esta irritación ante el volumen y desenvoltura con que hablan los españoles fue utilizada por Max Aub como leitmotiv de su *Verdadera historia de la muerte de Francisco Franco*: el joven camarero mexicano que viaja a España para matar al dictador con el solo objetivo de liberarse, por fin, de la ensordecedora peña de exiliados que asola su bar cercano al zócalo: rocambolesco desquite de la «pena» indígena frente a la verecundia hispana. Y es que hay cosas, lo sé por experiencia, que México nunca acabará de perdonar. Algo del terror ante la prepotencia hispana dura y debe perdurar como infinito recelo o reticencia. Un sentimiento que ya el padre Gumilla explica por el desconcierto que produce la ambición y voracidad de «los advenedizos» entre los primitivos habitantes del país, que «en todo sospechan ya que hay engaño, tienen especialísima habilidad para mentir, y han inventado arbitrios para huirse, caminando hacia atrás en tierras húmedas para fingir que vienen, al mismo tiempo que van...»

LA DEFINITIVA PRUEBA de la superioridad de la cultura europea, se dirá, sigue sin embargo estando ahí: fue España la que desembarcó en América, no a la inversa. Y es verdad que este hecho, sencillo y definitivo, ha llevado a pensar en Europa y su cultura como el sujeto agente del encuentro entre ambos mundos.[2] De ahí el propio término «descubrimiento»: una manifestación y puesta a la luz de lo que permanecía oculto a la razón —y tal vez a sí mismo.

Pero a quinientos años vista, este convencional reparto de papeles empieza a estar menos claro. Unos y otros —europeos y americanos— nos aparecen como agentes de un destino que los rebasaba por igual: elementos de un proceso que ni unos ni otros habían propiamente confeccionado, partes de un encuentro puro —seguramente, si no hay vida en las estrellas, el último encuentro radical de la historia— cuyo carácter traumático rebasaba la voluntad misma de las partes, que no habían desarrollado anticuerpos físicos ni culturales que preparasen la

El sentido oriental de pertenencia e interdependencia cósmicas —simbolizado por el «Quincux»— se amalgama aquí con el individualismo y voluntarismo occidentales representados por Quetzacoatl (en el grabado).

Es esta excepcional conciencia «crítica» (de Hernán Cortés) lo que explica que, en tres años, 508 hombres con 16 caballos, 10 cañones y unos pocos mosquetes y arcabuces dominen un imperio cuya capital, Tenochtitlan, es cinco veces mayor que Madrid. (En el grabado, «La gran Tenochtitlan» de Diego Rivera, espléndida reconstrucción de sus costumbres y creencias en la escena de MERCADO, de sus TEMPLOS y PALACIOS más descollantes y de su UBICACIÓN ARQUITECTÓNICA, laguna, islas y volcanes en lontananza.)

El «descubrimiento» significó la «invención» de una realidad nueva, ya que en 1492 (en el grabado, Colón visto por Theodore de Bry) no existía América, pero tampoco España. Y fue sólo por su encuentro que ambas llegaron a constituirse en lo que son.

amalgama. De ahí que ésta fuera necesariamente trágica y que ni de una parte ni de otra haya podido ser vivida más que rebozada en el mito. Mito, por un lado, del Descubrimiento de aquellos que, al parecer, no se conocían ni a sí mismos; de la Civilización y Evangelización frente a lo que Guzmán llamó «la inconsciencia moral indígena —manifiesta en el comer carne humana, piojos, arañas y gusanos crudos, ser más sodomíticos que generación alguna, no tener barba, emborracharse con humo y no usar dinero— a la que hay que imponer su propio bien que ellos no conocen».[3] Mito, por otra parte, de una maravillosa cultura autóctona que fue brutalmente cercenada y en la que «el padre se convierte en violador, el fundador en usurpador, el vencedor en asesino»: el anti-mito de Cortés que, según O. Paz, impide aún «la reconciliación de México con su otra mitad».

En realidad, tanto unos como otros nos aparecen hoy más como oficiantes o comparsas de su propia cultura que como sujetos susceptibles de haber obrado de modo demasiado distinto. Incluso la superioridad técnica y estratégica de los españoles, la única incuestionable, no es sino la impronta que sobre ellos —a través de ellos— operan factores que pocas veces conocen y en ningún caso controlan. Es el famoso «crímenes fueron del tiempo y no de España» de Quintana, cuyo énfasis podría igualmente cambiarse en un «gestas fueron del tiempo y no de España».

Con ser importante —y, sin duda, para los indios, impresionante—, esta superioridad técnica no podía ser definitiva frente a la abrumadora mayoría indígena, su conocimiento del terreno y sus armas o corazas más ligeras, que los propios españoles, hundidos en los pantanos por el peso del hierro o comidos por los mosquitos dentro de la armadura, acababan a menudo adoptando. Cierto que en muchas situaciones la pólvora resultó decisiva frente a la lanza, el bergantín frente a la canoa, la caballería frente a la infantería, el metal, en definitiva, frente a la piedra —y en este sentido es legítimo hablar de un enfrentamiento no entre dos culturas, sino entre dos edades de la humanidad—. Pero lo que vence y desorienta definitivamente a los imperios del Sol es ante todo la «guerra total» de Cortés frente a la «lucha ritual» y pactada *(guerra florida)* con la que teotihuacanos y tlaxcaltecas se ejercitaban y surtían periódicamente de prisioneros. Vence así la masacre táctica frente al sacrificio litúrgico, la visión lineal frente a la interpretación cíclica de la historia, el «sistema» europeo frente al «orden» sideral americano, la Voluntad frente al Destino. Una sociedad perfectamente integrada y teocrática sucumbe ante una cultura más individualista y secularizada puesta al servicio de un Dios celoso y excluyente cuya «psicología» los aztecas no alcanzaban a comprender. Un conflicto dramático, a la vez geológico y gnoseológico, donde los españoles representan la experiencia abierta (adaptativa) y la razón orientada (instrumental), frente a la experiencia cerrada (tradicional) y la razón abierta (cósmica) encarnada por los aztecas.

Y digo «representan» o «encarnan» porque tanto el ganador como el perdedor nos aparecen hoy más como actores que como guionistas de un proceso que les pasa y rebasa a ambos por igual —«un proceso, como ha dicho Savater, cuya fatalidad apriorística es más obvia que su sujeto»—. La superior eficacia española no es sino el producto de la multiplicidad étnica y cultural del crisol europeo (clásico y cristiano, árabe y judío, gótico y celta...) habituado y obligado por su propia historia tanto a la confrontación como a la adaptación y comprensión de lo diverso. Esto es lo que permite a Cortés entender el lenguaje, aprender las costumbres y manipular los signos del enemigo explotando sus disensiones internas y sus creencias ancestrales: usar su fe en la Serpiente Emplumada nada menos que para desplumarles. Y es también lo que, con una sorprendente lucidez, le permite intuir esta raíz antropológica de su propio genio al valorar el de sus adversarios: «Pues considerando —escribe en sus *Cartas*— que esta gente son bárbaros tan alejados de toda comunicación con otras naciones racionales, es cosa admirable ver cuán lejos han llegado en todas las cosas.» Es esta excepcional conciencia «crítica» lo que, junto a su genio estratégico, le permite ganar la batalla de Otumba ya sin ventaja estratégica alguna, y explica en definitiva que, en tres años (1518-1521), 508 hombres con 16 caballos, 10 cañones y unos pocos mosquetes y arcabuces, dominen un imperio cuya sola capital, Tenochtitlan, es cinco veces mayor que Madrid. Otras son las «cualidades» personales de Pizarro pero igual su éxito: con menos de 200 hombres se apodera de un imperio que dominaba a más de 200 millones de personas. Y lo que ambos intuyen inmediatamente es que capturando a sus jefes puede utilizarse contra ellos la propia organización totalitaria de Tenochtitlan o Tahauantinsuyo —«una estructura vertical y totalitaria», comenta Vargas Llosa, «que fue seguramente más nociva para su supervivencia que las armas de fuego y el hierro de los conquistadores»—. A quienes una y otra vez pretenden explicar la historia por la mera superioridad técnica española, creo que basta con recordarles la que se arma en Tenochtitlan cuando Cortés ha de dejar la ciudad reclamado desde Veracruz para dar cuentas a los representantes de la Corona, y cómo tiene que volver para recuperar una vez más la iniciativa perdida por el memo inventor del salto de pértiga. Es entonces cuando este «escudero harto pobre y humilde», este «capitán de bandoleros», como lo llamó Heine, se revela efectivamente «el único héroe a la altura del arte».

Muchas son las hipótesis desde las que se ha intentado explicar el fundamento material de este peculiar desarrollo tecnológico e ideológico europeo. Aquí se encuentran las técnicas orientales (pólvora, papel, cigüeñal, estribo) con las ciencias árabes, la estructura legal romana, la dispersión hidráulica y una peculiar cabaña de herbívoros de buen tamaño. La geografía americana, poderosa y hostil, no permite el excedente de energías que está en la base de la «iniciativa individual» europea y se impone, por el contrario, el colectivismo social y una mitología más geográfica que histórica. «Al revés de Europa —ha escrito Ravines—, en Latinoamérica la naturaleza se vuelve abstracta de puro excesiva y la existencia humana aparece como la función simple de un ambiente implacable y ciego (...) en lucha siempre contra el nihilismo de la inmensidad.» Sea de ello lo que fuere, lo cierto es que sólo en Europa se llegó a la formación de ciudades y burguesías autónomas que pudieron racionalizar la producción y desarrollar el comercio a partir de una iniciativa individual que está en la base tanto de su primera expansión geográfica como de la siguiente revolución industrial.[4]

Ahora bien; seguir llamando a todo esto «descubrimiento» supone mantener los criterios idealistas con que lo analizó Hegel en 1820 y olvidar, al mismo tiempo, sus más lúcidas observaciones al respecto. Es seguir creyendo, por una parte, que antes o fuera del Estado europeo no hay sino pueblos que, como las termitas o las abejas, no tienen historia ni conciencia de sí mismos —que son «prehistoria» o «historia geográfica» que debe ser descubierta y «salvada de su propia inercia e inepcia» por los portadores de la antorcha del Espíritu—.[5] Pero es también olvidar la intuición hegeliana de que las condiciones de vida americanas hacían a estos pueblos vulnerables al mero contacto exterior, y lo transformaban en genocidio. Su cultura, dice Hegel, «había de perecer tan pronto como el Espíritu se acercara a ellos (...) desapareciendo al soplo de la actividad europea». Y es el propio Hegel quien señala algunas de las causas («los animales comestibles no son allí tan nutritivos como los del viejo mundo, etc...») con que se ha venido después a explicar la vulnerabilidad fisiológica y cultural de los pueblos indígenas. Lo que no podía imaginar Hegel es que en muchos casos se trata del expreso designio de una raza que opta deliberadamente por su extinción antes de aceptar una vida servil. «Ellos —atestigua el padre Gumilla—, no se acercan a sus mujeres para no engendrar esclavos»; ellas, «por no parir criados y criadas para los advenedizos, se resolvieron a esterilizarse con yerbas y bebidas que tomaron para su intento».

Fue en 1892, en plena resaca de la pérdida de las colonias, cuando se empezó a celebrar en España el «descubrimiento» de América —que fue así, propiamente, el descubrimiento de que la había perdido—. Creo que luego de cien años hemos podido ya elaborar aquel trauma y olvidarnos de «descubrimientos» —y de «genocidios» complementarios— para pasar a comprendernos, unos y otros, como artífices del último y dramático reconocimiento entre culturas que acabó de cerrar nuestro mundo. Un *reconocimiento* que comportó también el *encubrimiento* «heisenbergiano» de un continente (destinado desde entonces a constituirse en «un ser pensado e imaginado por otros» [L. Zea]) e incluso la producción o *invención* de una realidad nueva (ya que en 1492 no existía América, pero tampoco España y fue sólo por su encuentro que ambas llegaron a constituirse en lo que son).

¿Mejor que el encuentro no hubiera acontecido? Es posible. Pero como en aquella operación que, según se dice, «fue un éxito, sólo que el paciente falleció», el fracaso de la empresa colombina podría haber sido también una suerte, sólo que en este caso ni América ni España habrían existido. Otras cosas ocuparían hoy su lugar.

2. Evangelización: genocidio y reconocimiento

Pero si resulta difícil, de un lado o de otro, sentirse *sujeto* de aquel encuentro, no creo que lo sea ya tanto el reconocerse responsable, para bien y para mal, del desarrollo que de él resultó, cuyos puntos culminantes son sin duda la *Evangelización* y la *Emancipación* de América. Dos momentos que hay que distinguir, no, como se ha hecho, para defender el carácter ilustrado de la Emancipación frente al oscurantista de la Evangelización, sino para verlos como dos aspectos contrapuestos y complementarios —como sístole y diástole de un mismo proceso.

Empecemos por la Evangelización. No puede negarse su complicidad e incluso colaboración en una historia no apta para menores, que J. L. Coll resumía eficazmente con su «España descubrió a América, para que aprendan». Se trata de un proceso de explotación, destrucción, y piensan los mal pensados que incluso de guerra bacteriológica (la viruela, el sarampión, el tifus y la malaria que traen «los advenedizos»), aunque nunca haya podido comprobarse entre los españoles una propuesta como la de Jeffrey Amhest de inocular la viruela a los pieles rojas vendiéndoles mantas infectadas de pus. Según los cálculos de W. Borah, revisados luego por Nicolás Sánchez Albornoz, la población india a principios del XVII es una décima parte que en tiempo de la conquista; en Nueva España queda un millón de los veinticinco que había a la llegada de Cortés. Pero la comparación con la otra colonia hace palidecer incluso estas cifras: en ochenta años de presencia franciscana (1770-1850) los indios de California pasan de 200 000 a 130 000; en treinta años (1850-1880) los anglos reducen estos 130 000 a 20 000. Los ejemplos de aquella complicidad son también numerosos y bien documentados: desde su directa colaboración en la superchería legal que fueron los Requerimientos (ininteligible mezcla de requisitoria jurídico-teológica y de notificación bélica, que debía anteceder todo ataque)[6] hasta la sanción político-teológica que dieron Sepúlveda u Oviedo a la expoliación y explotación de los nativos. Y es probable que aun los contraejemplos que en seguida veremos de abnegada protección y amor a los indios, de hecho tuvieran a menudo una función de coartada análoga a la que Russell atribuía a la piedad de Hildebrando, de san Bernardo o de Francisco de Asís: impedir el descrédito moral de la Iglesia y legitimar así sus fechorías. Dicho esto, hay que reconocer que todos los ejemplos que en este sentido se aduzcan no podrán nunca enmascarar la influencia positiva —y progresiva— del talante cristiano que impregnó la colonización y la conquista.

Frente a la *superioridad* implícita en todas las conquistas clásicas y la pura *instrumentalidad* con que se plantean las modernas, la evangelización hispana se basa en el supuesto de la libertad e igualdad de los pueblos sometidos. La «materia prima» de la evangelización no son los siervos sino las almas. Cuando Todorov acusa del peligro de genocidio cultural que se sigue del reconocimiento, por parte de los dominicos y franciscanos, de una «naturaleza ya cristiana» en el fondo de la psicología y la religión indígenas, se le escapa que esta asignación de una «naturaleza cristiana» supone primero, en clave del siglo XVI, el reconocimiento de la «naturaleza humana» de los indios, luego, en términos del padre Vitoria, el derecho a no ser convertidos a la fuerza, y por fin, en boca de fray Servando Teresa de Mier, su «derecho a la independencia». El evangelizar al conquistado es, junto al casarse con él, la más clara muestra de que se le toma como sujeto y no como objeto, como igual y no como bárbaro. Que todos pueden y deben llegar a ser cristianos quiere decir que tienen los mismos derechos que los conquistadores a lo que éstos juzgan el conocimiento de la verdad y la salvación personal. «El español —ha dicho Nicol— no erige catedrales *para él*, al lado de las pirámides que servirían *para el indio*.» Frente a la colonización clásica o la moderna que aíslan las culturas y los pueblos conquistados en una «reserva», la colonización católica empieza por considerarlos sus iguales ante Dios. Y las consecuencias jurídicas de ello son evidentes. «La conquista romana —observa Américo Castro— tarda dos siglos en conceder la ciudadanía a los peninsulares; la hispana iguala jurídicamente desde el primer día a los conquistados con los conquistadores, convierte a aquéllos en súbditos con iguales derechos que sus debeladores y trasplanta a ёeste lado del mar su panoplia de instituciones no siempre justas y generosas, es cierto, como tampoco lo eran en Castilla...»

ES DESDE la controversia de 1550 entre Sepúlveda y Las Casas cuando se enfrentan ya explícitamente ambas concepciones. La aristotélica y racista de Sepúlveda para la que los indios, como los bárbaros, «sólo participan de la razón en la medida en que ésta está implicada en la sensación» (Aristóteles, *Política*, 1254), por lo que están naturalmente destinados a ser el esclavo del señor (de las *gentes humanitiores*), como lo es la materia de la forma. Y la cristiana de Las Casas según la cual no hay ninguna diferencia en el llamamiento a la salvación de todos, sabios o salvajes, pues la gracia de Dios todo puede corregirlo. Pero lo más sorprendente es cómo desde la propia lógica de Las Casas se supera el espíritu fanático o mesiánico al que fácilmente tiende el universalismo cristiano y se abren las puertas no ya a la *tolerancia*, sino incluso al *relativismo* cultural que todos los manuales asocian a la Ilustración. Y es precisamente en contraposición a los clásicos que se desarrolla el argumento de Las Casas:

Según Estrabón, libro XIV, la principal razón por la que los Griegos llamaban a los otros pueblos bárbaros es porque pronunciaban mal la lengua griega. Pero desde este punto de vista no hay hombre ni raza que no sea bárbaro en relación a otro hombre o a otra raza (...) Así, igual que nosotros consideramos bárbaros a la gente de las Indias, ellos nos juzgan igualmente porque no nos entienden.

Es desde ahí que tanto Las Casas como Sahagún y Motolinía empiezan a defender, frente a la propia religión que ellos practican, la genérica religiosidad de los indios y aun las formas específicas que ésta toma (luego los jesuitas llegarán a sostener que *Dios es el protagonista del politeísmo*). Paralela a la «épica vacilante» de algunos conquistadores (Fuentes), asistimos aquí a una «evangelización vacilante» que duda en calificar a los ídolos de dioses o de diablos, y a sus oficiantes de sacerdotes, nigromantes o hechiceros.[7] En el extremo de este sorprendente relativismo cultural, Las Casas llega a defender incluso los sacrificios humanos y el canibalismo (los grandes argumentos de Sepúlveda y Oviedo para demostrar la inferioridad y bestialidad de los indígenas). Y aquí el razonamiento de Las Casas es tan radical como implacable:

La manera más alta de adorar a Dios es ofrecerle sacrificios (...) Pero la naturaleza nos enseña también que es justo ofrecer a Dios, del que nos reconocemos deudores por tantas razones, las cosas preciosas y excelentes, a causa de la excelencia de su Majestad. Pues bien, según el juicio humano y según la verdad, nada hay en la naturaleza más grande ni más precioso que la vida del hombre o el hombre mismo. Es por ello que la naturaleza misma enseña a aquellos que no tienen la fe, la gracia o la doctrina, a aquellos que viven dirigidos por la sola luz natural, que, a despecho de toda ley positiva que vaya en sentido contrario, ellos deben sacrificar víctimas humanas al verdadero Dios o a los falsos dioses que ellos piensan que son el verdadero, de manera que ofreciéndole una cosa supremamente preciosa le pueden manifestar su gratitud por los múltiples favores que han recibido...[8]

Como veremos con más detalle, este relativismo y sentido de adaptación cultural llega a su máxima expresión con los franciscanos y jesuitas entre las tribus de hurones o casanares. Es después de que al padre Brebeuf S.I. le hayan desollado y comido partes de su cuerpo mientras estaba vivo, que el padre Pablo Lejeune, testigo de la tortura, escribe a su general:

No os dejéis escandalizar por estos actos de barbarie. Antes de que la fe fuera recibida en Alemania, España o Inglaterra, nuestras naciones no eran más civilizadas que éstas.[9] No les falta inteligencia a los Salvajes, sino educación e instrucción...

Este relativismo cultural y educativo impregna la obra de Vitoria («el que nos parezcan tan idiotas y romos proviene de su mala y bárbara educación, pues también entre nosotros muchos hombres de campo bien poco se diferencian de los brutos animales», *Relectio de Indis*, par. II, n. 16), donde alcanza una formulación jurídica y sistemática que resume eficazmente E. Caballero. Vitoria rechaza el bautizo de los niños indios contra la voluntad de los padres (lo que atentaría contra su patria potestad), la conversión forzada por las armas (que propiciaría el sacrilegio de la conversión simulada —argumento retomado por Suárez en *De Fide*, XVIII, n. 1538) y aun, como Las Casas, la apelación al canibalismo y otras «abominaciones» para justificar la conquista («ya que también los cristianos ofenden diariamente a Dios con blasfemias u homicidios y tal principio conduciría a una guerra permanente entre príncipes cristianos en base a supuestas faltas que sólo Dios puede juzgar»). Vitoria da entonces una fundamentación jurídica a la intuición caribe de que al disponer de sus tierras «el Papa debe de estar borracho y el Rey de España loco». El rey no tiene ningún derecho a invadir terrenos ocupados por los nativos (que no son, pues, *res nullius*) ni a imponer la doctrina de Cristo a sangre y fuego: sólo el rechazo a oír (no a aceptar) el Evangelio, o la defensa física de los evangelizadores, puede legitimar la violencia —nunca la propia expansión del mensaje cristiano—. Por lo que respecta al Papa, «éste no es soberano temporal de todo el orbe» —como no lo fue Cristo a quien él representa—, de modo que «los paganos no están de ningún modo sometidos a él y por esto no puede dar a los príncipes un dominio que no tiene» (vid. también Suárez, *Defensio Fidei*, III, V, 307 y 313). Una posición que poco después resume Suárez en *De Fide* (d. XVIII, n. 1559):

> Como un hombre privado no puede obligar o castigar a otro también privado, ni un rey cristiano a otro rey cristiano, ni un rey infiel a otro pagano, tampoco la república de los infieles, que es soberana en su orden, podrá ser castigada por la Iglesia a causa de sus crímenes, aunque vayan contra la razón natural. Tampoco podrán, pues, ser obligados a abandonar la idolatría y otros ritos semejantes. Y no importa que estos pecados vayan contra Dios. Dios no hizo jueces a los hombres para vengar las injurias que se le hicieran en todos los aspectos.

Las «Lecciones y Relaciones» del maestro de Salamanca rechazan en fin las *dos* fuentes de legitimación que tiene la Corona para la Conquista: las causas de la guerra justa —*de bellorum iustitia et honestetate*— basadas fundamentalmente por Sepúlveda en la conversión de los infieles, y la bula *Inter Caetera* de 1493 por la que el Papa concedía a España «las islas y continentes (...) hacia el Oeste y el Sur, con todos los derechos, jurisdicciones y pertenencias».[10] Es contra los propios juristas laicos, Palacios Rubios y Sepúlveda, que Vitoria niega que las bulas papales justifiquen los derechos de España sobre América. La paradoja no puede ser más significativa ni radical: los juristas basándose en las concesiones papales; el dominico justificándolo sólo por el derecho natural de todos los hombres a viajar y comerciar... Rafael Sánchez Ferlosio me responde que con ello Vitoria está formulando lo que será la *ratio* y justificación del futuro imperialismo económico de los países del

Paralela a la «épica vacilante» atribuida por C. Fuentes (en la foto) a Bernal Díaz, asistimos aquí a una «evangelización vacilante» que duda en calificar a los ídolos de dioses o de diablos y a sus oficiantes de sacerdotes, nigromantes o hechiceros.

Es contra los propios juristas laicos, Palacios Rubios y Sepúlveda, que el dominico Vitoria (en el grabado) niega que las bulas papales justifiquen los derechos de España sobre América. La paradoja no puede ser más radical: los juristas basándose en las concesiones eclesiásticas; el dominico en el derecho de todos los hombres a viajar y a comerciar.

«Cuauthemoc se hubiera asombrado (escribe O. Paz, en la foto) de encontrar aliados y defensores en los herederos de Cortés.»

Norte. A mí me parece tanto más admirable el hecho de que esta anticipación histórica resulte de una audaz crítica al imperialismo de su tiempo.

Vitoria se opone así a los intereses temporales de su religión y de su país desde una actitud paternalista muy anterior −también mucho más liberal y radical− a la ilustrada. Luego veremos el intento jesuítico por traducirla a la práctica. Baste decir aquí que se expresa en una teoría político-jurídica de la soberanía que «se diferencia a la par de la estrecha monarquía de la Edad Media y del ilimitado absolutismo descrito más tarde por Hobbes» (J. H. Parry). Y es la costumbre o el derecho natural (de los que Vitoria deriva el *ius gentium*) lo que les sirve a Mariana, a Suárez o al mismo Vitoria para defender las libertades y el derecho de insurrección tanto frente a los viejos fetiches como frente a los nuevos: ante los monarcas de designación divina, claro está, pero también ante el nuevo Estado civil y la nueva Ley positiva que iban a fundar el absolutismo «contractual». Y ahí reside la dimensión liberal e incluso radical de la escolástica española tardía: en su intento de neutralizar, el uno con el otro, al rey y al papa, la ley divina y la positiva (vid., por ej., *Defensio Fidei*, III, V, 290, y todo el cap. VIII).

Una dimensión, claro está, en la que el pacato tradicionalismo español nunca se atrevió a seguirla. Buen ejemplo de ello es la interpretación que hace Ramiro de Maeztu de la «obligación de desobedecer» sostenida por el padre Vitoria. El texto de Vitoria dice literalmente que «cuando se sabe que una guerra es injusta, no es lícito a sus súbditos seguir a su Rey, aun cuando sean por él requeridos, porque el mal no se debe hacer, y conviene más obedecer a Dios que al Rey». Y el prudente comentario de Maeztu en *Defensa de la Hispanidad* es el que sigue:

> En el caso del Padre Vitoria, ha de tenerse en cuenta que se trataba del primer maestro de teología moral de su tiempo y que de entre sus discípulos salían los confesores de los Reyes de España, que se contaban entonces entre los poquísimos súbditos que conocían lo bastante los motivos de cada guerra para poder resolver en conciencia sobre su justicia o su injusticia. De hecho hay dos clases de hombres: los gobernantes y los gobernados. Los gobernantes están en la obligación de que su patria esté siempre al lado de la razón, de la humanidad, de la cultura, del mayor bien posible. Los gobernados no tienen normalmente razones para poder juzgar a conciencia de la justicia o injusticia de una guerra.

Así es cómo la audaz provocación del padre Vitoria se transforma con Maeztu en una piadosa invocación a la obediencia. Igual que, en manos de Juliá Andreu, el alegato de Quevedo contra la tiranía se transforma en la siguiente lección:

> El contenido doctrinal del *Marco Bruto* de Quevedo −que es la tesis y misión de la Falange− advierte que todos los grandes problemas de nuestra vida deben plantearse y resolverse de acuerdo con un criterio estrictamente español, fanáticamente español. Han terminado para siem-

pre más aquellos largos siglos de decadencia durante los cuales desvirtuáronse nuestras magníficas características raciales. Las bellas teorías liberales aún en auge en los países neoliberales de esta pobre Europa, nos han corrompido ya durante demasiado tiempo (...). Es preciso que renunciemos a la pretendida «racionalización del poder» o al «estado de derecho» y a las demás monsergas de los técnicos judíos (...). Ahora es cuando les ha llegado la vez a los propagadores del imperialismo hispánico. Cuando José Antonio sentaba las bases fundamentales de la política falangista, recogía de nuevo todo un acervo doctrinal elaborado de forma perfecta y definitiva por los hombres que vivieron, lucharon y escribieron durante los siglos de grandeza patria.

Durante muchos años Fernando Morán estuvo insistiendo en que era urgente «recuperar los símbolos que nos había arrebatado la reacción». Es hora ya de que le hagamos caso.

LA DEFENSA de la independencia política y de la diversidad cultural, decíamos, surge no contra, sino en el seno mismo de una actitud evangelizadora que el propio Las Casas contrapone —injustamente—[11] a la de los árabes: es cosa de mahometanos, dice, el uso de la coacción en el trabajo misionero.[12] No se trata con ello de negar, claro está, los autos de fe y la destrucción de libros y vestigios a la que se aplicaron tantos religiosos con santo celo. Pero sí de constatar lo siguiente: la irrupción de la técnica y estrategia europeas no acabaron de «volatilizar» aquella civilización tan vulnerable a cualquier factor exógeno (Hegel, antes que Lévi-Strauss, intentó explicar este fenómeno), gracias a una actitud antropológica *avant la lettre* inherente al espíritu de evangelización. Por una vez la Antropología es el talante natural (y no sólo la mala conciencia) de la expansión europea. Un talante que contrasta tanto con el de las conquistas clásicas como con el de las modernas colonizaciones protestantes o ilustradas, imbuidas todas ellas del «espíritu aristocrático» y del «pathos de la distancia» de cuya crisis acusaba Nietzsche, y con toda razón, al espíritu cristiano. Nunca, antes ni después de la evangelización española del siglo XVI, «una cultura conquistadora se ha impuesto semejante obligación de conocer, analizar y relatar la tradición cultural y espiritual de los pueblos conquistados». Y ello no por obra y gracia de unos pocos «espíritus modernos» que, en contra de la evangelización, se interesaran «científicamente» por estas culturas, sino gracias al propio talante evangelizador de sus protagonistas. La alianza de este espíritu con el universalismo cristiano es lo que explica la paradoja, señalada pero no entendida por Todorov, de que sea un mismo franciscano, Diego Landa, el que participe en la quema de los libros mayas y el que salve para la posteridad su conocimiento escribiendo la *Relación de las cosas del Yucatán* y estableciendo un «alfabeto» para interpretar la mezcla de ideogramas y signos fonéticos del sarcófago de Pascal; que sea el celoso y escrupuloso Diego Durán, el dominico obsesionado en extirpar los residuos paganos de la vida cotidiana indígena, quien en su *Historia de las Indias de la Nueva España* muestre una escandalosa identificación con los ritos y creencias que denuncia. Y lo que nadie se atreve ya hoy a negar: que el monumento antropológico más grande de todos los tiempos es la *Historia General de las cosas de Nueva España* del bello y piadoso Bernardino de Sahagún. Por primera vez en la historia, el estudioso franciscano emprende el trabajo sistemático de buscar fuentes de información, contrastarlas y compararlas, traducir los pictogramas, establecer correlaciones entre imágenes, fábulas y parábolas, etc. Un trabajo de campo y hermenéutico a la vez, que permite salvar el recuerdo y testimonio de lo que probablemente se hubiera perdido dentro de su propio sistema de transmisión oral-pictográfico. Más allá de la Antropología y de la Enciclopedia, incluyéndolas a ambas, se trata, como observa A. M. Garibay, de una verdadera Historia en el sentido griego de *Istoreo*: «ver y hablar de lo que se ve, explorar directamente y recontar lo explorado, allegar datos y proporcionarlos a quien no los adquirió». Una historia, por lo demás, donde la objetividad «científica» se mezcla con la nostalgia e incluso identificación con la cultura que describe: «Esto es a la letra —escribe— lo que les ha acontecido a estos indios con los españoles, pues fueron tan atropellados y destruidos ellos y todas sus cosas, que ninguna apariencia les quedó de lo que eran antes. Así están tenidos por bárbaros y por gente de bajísimo quilate cuando según verdad, en las cosas de policía, echan el pie delante a muchas otras naciones que tienen gran presunción de políticas.»

«Cuauthemoc se hubiera asombrado —escribe Paz— de encontrar aliados y defensores en los herederos de Cortés (… pero), después de todo, las ideas de la enciclopedia y del liberalismo pertenecen a la misma tradición occidental que el catolicismo de Cortés y de los misioneros.» Lo que he tratado de sugerir es, por el contrario, que esta «alianza y defensa» nace no *contra* sino *de* este catolicismo misionero con, 1) un *sentido de la libertad y la igualdad* —de que «nadie es más que otro si no hace más que otro», como dice don Quijote a Sancho— ausente en el imperialismo clásico, y 2) una *sensibilidad litúrgica y formal* —en el límite, etnológica— de la que careció tanto la razón instrumental del imperialismo ilustrado como el pragmatismo económico anglosajón.

Es el propio rey Juan Carlos I, en fin, quien ha descrito sucintamente el envés y revés de este proceso: «Al llegar España a América, nuestra gente se encontró con una realidad concreta y muy diversa, que les indujo a la admiración y les incitó a la fabulación, al dominio y al estudio, tanto como a la empresa evangélica. En ese encuentro, ciertamente, al tiempo que hermanamiento por el mestizaje, hubo violencia, a la vez que fundación, hubo destrucción, pero hoy conocemos esta portentosa realidad natural y cultural de la América precolombina gracias a la muy notable pléyade de cronistas, minuciosos notarios de cuanto veían y escuchaban.»

3. La conversión a América

Náufrago en las costas del Yucatán, Gonzalo Guerrero y algunos de sus compañeros consiguen alcanzar Isla Mujeres donde son encarcelados y esclavizados por los indios. Un compañero de Guerrero, Aguilar, vuelto a las carabelas de Cortés, servirá años más tarde de co-intérprete junto a la Malinche, influyendo decisivamente en el curso de la conquista.[13] Guerrero, no. Guerrero se deja crecer el pelo, se agujerea las orejas, se casa y es padre de los primeros mestizos, por los que no duda en pasarse de bando y morir luchando en Chetumal contra las tropas españolas de Montejo. «Id vosotros —cuenta Bernal Díaz que había respondido unos años antes a los españoles que querían rescatarlo—: yo tengo la cara tatuada y las orejas agujereadas. ¿Qué dirán los españoles viéndome así? Y ved, además, qué bellos son mis niños.» Primer apóstata; o primer converso. La historia de la seducción de América comienza.

La Conquista y Evangelización encuentran así desde el principio su contrapunto en lo que ha llamado Lezama Lima la *Contraconquista*. Un proceso que pronto empieza a producir conversiones en sentido contrario, de quienes se dejan conquistar por sus *graeculi* o simplemente se pasan de bando. Y no pienso sólo en Las Casas o Vasco; pienso incluso en los desertores del ejército de Pizarro que defienden contra los españoles la fortaleza de Vilcabamba a las órdenes del indio Manco, o en los dominicos españoles que, traicionando los intereses de España, consiguen en 1537 que Paulo III promulgue las bulas *Veritas Ipsa* y *Sublimis Deus* condenando como herética la tesis sobre la irracionalidad de los indios y como pecaminoso todo empleo de esclavos... Pero no hay que llegar tan lejos para reconocer los síntomas de este nuevo virus. Es en la propia narración de la conquista de Bernal Díaz donde Carlos Fuentes detecta el primer ejemplo histórico de una fisura en lo épico —de una *épica vacilante* donde ya no es el coro quien introduce correctivos al juicio apasionado del héroe, pues es él mismo quien describe la situación con distancia, con magnanimidad y piedad.

No es esto, con todo, lo más notable. Más sorprendente es aún el hecho de que la monarquía española tan a menudo rechace e incluso prohíba la publicación de los libros que, como el *Democrates alter*, cantan sus justos títulos, y se deje seducir, en cambio, por los conversos o iluminados que le aconsejan crear protectorados «a término» (de 6 a 18 años, después de los cuales deberían retirarse) o, lisa y llanamente, un

31

Estado ideal independiente: un reino de Dios sobre la tierra. Mucho ha de insistir Sepúlveda en las almas que iba a perder el cielo, para cambiar la decisión de Carlos V, a quien Las Casas había convencido de ceder el Perú a los incas «para liberar a los indios del poder diabólico (es decir, español) a que están sometidos, devolverles su libertad primera y restablecer todos los reyes y señores naturales». Pero el fracaso de Las Casas, su serie de fracasos, nunca resultan baldíos e influyen desde el principio en una división del territorio respetuosa también con su idiosincracia y sus gentes: pronto aparecerá la ordenanza que exige que las encomiendas se ajusten a las tribus y clanes tradicionales. Poco después, la cédula donde, entre otras cosas, prohíbe Carlos V los traslados masivos de poblaciones indígenas. Y por fin una nueva ordenanza que limita drásticamente el traslado individual de «los dichos naturales, que no han de salir de su temple ni natural, de tal manera que, los que son nacidos y criados en tierras calientes no han de ir ni ser llevados a tierras frías, ni los de tierra fría a caliente (...), por lo que no han de ser sacados obligatoriamente, para ningún efecto, de sus términos, asientos y naturales».

Desde el principio la Corona es consistente, si no siempre previsora e inteligente, en su lucha contra la esclavización, expoliación o explotación de los indígenas por parte de la «sociedad civil», primero de los conquistadores y luego de los señores y encomenderos. Ya en septiembre de 1498 rechazan los Reyes Católicos la sugerencia de Colón cuando les escribe que «de aquí puede mandarse, en nombre de la Santísima Trinidad, tantos esclavos como puedan utilizar». Los que llega a enviar el Almirante son automáticamente liberados por decreto de 29 de junio de 1500 y devueltos a América acompañados de frailes franciscanos. Y aun cuando la incipiente revolución industrial irá mostrando las ventajas económicas de «la mano» sobre el hombre, los reyes seguirán optando por tener súbditos libres y no sólo mano de obra barata. ¿No es ya todo un símbolo y un anticipo que el mismísimo Almirante vuelva a España con grilletes en los pies por haber osado «repartir» a los indios en La Española, o que uno de los Pizarro muera decapitado y otro languidezca en prisión los últimos veinte años de su vida?

Cierto que su lucha con los Repartimientos y Encomenderos es también (sobre ello volveremos) una defensa del poder o la administración frente a su tendencia a constituirse en señores feudales absolutos —y, desde esta perspectiva, las *Reducciones* indias autónomas que la Corona protege aparecerían como el paralelo americano de las *Ciudades* libres europeas—. Pero desde que en 1510 se le reconoce a Montesinos el derecho de negar la confesión a quienes den malos tratos a los indios, se desarrolla una legislación y administración que va mucho más allá —a veces incluso en contra— de los intereses de la Corona, en favor de los intereses de los indígenas. Con razón ha podido señalarse como el único poder colonial que sintió un grave problema de conciencia, y se planteó los problemas conceptuales, jurídicos y teológicos que presentaba la conquista. «Caso único —señalan L. Hanke e I. L. Aguirre— de una gran potencia colonial que consagrará gran parte del esfuerzo intelectual de

32

sus hombres, no a resolver el problema de cómo explotar con más eficiencia a los nativos, sino de cómo defender (de sus propios súbditos) a los naturales de las tierras conquistadas.» Y ello hasta el límite de llegar con Carlos V a suspenderse la conquista (decreto de 16 de abril de 1550) y prohibir nuevas expediciones mientras no se resolviera la cuestión teórico-moral de su legitimidad.

LA PROPIA historia de las Encomiendas, oscura y brutal, es en este sentido ejemplar. Todo comienza cuando la Corona declara ilegal la esclavitud y los conquistadores han de encontrar formas que justifiquen la explotación. Para ello se busca inspiración en la comisión o *comenda* medieval, según la cual la Corona «encomendaría» los indios a los señores españoles con la autorización de exigirles la prestación gratuita de «servicios personales» a cambio de que los titulares del privilegio se comprometieran a su evangelización. Ahora bien; lo que empieza por ser autorizaciones de ocho meses a tres años pronto se transforma en permisos para repartirse a los indios «de por vida», y con derecho a sucesión «por una vida más».[14] Un permiso que queda abolido por las leyes de 1523 con tres significativas excepciones: la encomienda de Cortés y las de las dos hijas de Moctezuma.

Pero es el propio Cortés quien, escandalizado por los excesos de las Encomiendas de servicios en Cuba, propone a Carlos V sustituirlas en México, siguiendo la tradición azteca, por la concesión gratuita de tributos. El emperador recibe así directamente los tributos de los indios y los cede a los encomenderos para que provean a su mantenimiento y educación: una fórmula con la que se quiere evitar que la dependencia directa y total de los indios respecto de los encomenderos acabe transformando las Encomiendas en auténticos señoríos feudales. Es pues un sistema tributario de los clanes y tribus aztecas (en cuyo propio seno, por lo demás, debía pagarse el tributo) el que propone Cortés y se abre camino en la corte de Carlos V. No, claro está, entre los conquistadores, a quienes privaba de beneficiarse directamente de la explotación del trabajo indígena y que durante casi dos siglos lucharon para evitarlo.

En este momento Cortés no sólo ha conquistado México, sino que se ha inspirado y adaptado a él. Pues no hay que olvidar que era precisamente ahora, con la incorporación de las masas ya organizadas de los imperios azteca e inca, cuando la Encomienda de servicios que él critica podía empezar a rendir sus mejores frutos a los conquistadores. «Como no se trataba ya de tribus pescadoras y recolectoras de frutos —escribe Liévano Aguirre—, sino de sociedades políticas que habían alcanzado cierto grado de madurez y estaban dotadas de una estratificación jerárquica que permitía organizar, sin grandes traumatismos, la explotación intensiva del trabajo de los indígenas, los conquistadores y sus abogados en España pusieron todo género de obstáculos al sistema de la Encomienda de tributos, que venía a privarles del control de la mano de obra nativa en los momentos en que capitulaban, ante las huestes de la conquista, los imperios americanos de población más densa y disciplinada.»

Poco antes, el dominico Montesinos había empezado acusando a los españoles de estar en pecado mortal «por la crueldad y tiranía que usáis con estas inocentes gentes» (sermón de Pascua de 1511), para concluir en la Junta de Burgos de 1512 rebatiendo los argumentos de Hernando de Mesa sobre «la natural inferioridad e indolencia» de los indígenas.[15] Pero este primer paso de la Junta reconociendo la libertad de los naturales y recomendando su protección a la Corona no se hace efectivo jurídicamente hasta que Carlos V, siguiendo el consejo de Cortés, promulga en Valladolid la Ordenanza X de 1528 organizando la Encomienda como simple cesión de tributos a los titulares, prohibiendo los «servicios personales» y controlando la forma de tasación de tales tributos, «para lo cual se informarán de lo que antiguamente solían pagar a sus caciques (...) y habrán de dejarles con qué poder pasar, dotar, alimentar a sus hijos, reparo y reserva para curarse de sus enfermedades, de modo que paguen menos que en su infidelidad».

Pero la Corona no se limita tampoco a prohibir y controlar formalmente el trabajo esclavo, sino que trata progresivamente de eliminar sus condiciones de posibilidad, sustituyendo a los funcionarios coloniales (que tienden a «transar» con los encomenderos), protegiendo los núcleos de economía de subsistencia indígena como alternativa al trabajo asalariado en la hacienda o en la mina (cédulas reales de 22-II-1549 y 25-XII-1551) y regulando las condiciones de trabajo de aquellos que «de su voluntad y pagándoles el justo precio, puedan ir a labrar y a trabajar en las minas de oro, plata y azogue». De las *Encomiendas* de los conquistadores del siglo XVI, casi feudales, se pasará, en el XVII, al sistema de las *Haciendas* o grandes propiedades rurales que generan ya un peonaje de deudas y un proletariado social, a las que seguirá en el XVIII, tras la liberalización de Campomanes, la explotación directa de las Grandes Compañías que, inspiradas en el colonialismo inglés, tratan de establecer un sistema parecido al de la «plantación» (monocultivo y trabajo servil). Pues bien, en cada uno de estos estadios las reducciones comunales —sobre las que en seguida volveremos— operaron como freno a la pura y dura transformación de la población india en un desamparado «mercado de trabajo».

Estas leyes, claro está, no se cumplieron siempre ni mucho menos y algunas de ellas fueron luego desvirtuadas, significativamente desde que en 1545, tres años después de las famosas y radicales Leyes Nuevas, las insurrecciones de encomenderos, la crisis demográfica y la primera carestía de colonizadores obligan a autorizar temporalmente las encomiendas de tributos y las prestaciones de trabajo personal (nuevos repartimientos de 1576) en las obras públicas y las iglesias. Pero no son pocos los funcionarios «conversos» que en el ínterin comienzan a asumir la «visión de los vencidos». Un virrey como Núñez Vela, que en 1545 hace liberar y restituir sus tierras a trescientos indios conducidos desde el Perú, manda embargar un cuantioso cargamento de plata de Potosí por

Ya en setiembre de 1498 rechazan los Reyes Católicos la sugerencia de Colón (quien aparece en este retrato de la Galería Joviana tenido por copia del original) **cuando les escribe que «de aquí pueden mandarse, en nombre de la Santísima Trinidad, tantos esclavos como puedan utilizar».**

Los dominicos españoles, traicionando los intereses de España, consiguen en 1537 que Paulo III (aquí retratado por Tiziano) **promulgue las bulas «Veritas Ipsa» y «Sublimis Deus» condenando como herética toda tesis sobre la irracionalidad de los indios y como pecaminoso todo empleo de esclavos.**

Con Carlos V (visto así por Tiziano al cumplir 48 años) **llega a suspenderse la conquista y a prohibir nuevas expediciones mientras no se resolviera la cuestión teórico-moral de su legitimidad.**

haber sido extraída con esclavos, y acaba siendo decapitado por las huestes de los encomenderos Carvajal y Gonzalo Pizarro. Un juez visitador como Juan de Montaño, que es el primero en atreverse a ejecutar a un encomendero español por vejaciones a los indios, y que acabó pagándolo igualmente con su vida. Un obispo como Juan del Valle, que desde 1558 se enfrenta con las tasaciones fraudulentas de tributos y clama que los españoles están obligados solidariamente a la reparación de los prejuicios causados a los indios. Un presidente de audiencia como Venero de Leyva, que impone en Cartagena el castigo de doscientos azotes o mil pesos a quien cargue a un indio...

SE PUEDE decir todo y más, en fin, sobre la cristianización a cristazos o de la evangelización a golpe de «requerimientos». Pero no puede negarse que cada nueva etapa legislativa en favor de los indios frente a los colonizadores (y después frente a la propia Corona) aparece luego de una decisiva acción o presión ejercida por los hombres de la Iglesia. Así:

1. A las leyes de 1509 de Fernando el Católico aceptando la Encomienda y el reparto de indios responden las ya citadas requisitorias del dominico Montesinos de las que resultan las leyes de Burgos de 1512 donde se reserva ya a la Corona el derecho de encomendar y se reconoce la absoluta autonomía de aquellos «ya capacitados y cristianizados».

2. Es contra estas leyes de Burgos que dirige entonces Las Casas sus feroces ataques, recogidos por el Consejo de Indias, que de 1523 a 1529 no se limitan ya a criticar los «abusos» de las Encomiendas, sino que cuestionan su propia legitimidad justificándolas sólo como un recurso «temporal» y destinado a eliminar, como hoy diríamos, «sus condiciones objetivas de existencia».

3. Esta legislación del Consejo es a su vez criticada desde México por el obispo Zumárraga, quien consigue hacerse oír por el Consejo Real que en 1530 decreta en Barcelona que todo indio debe estar «desde ya» bajo la protección jurídica y administrativa de un funcionario de la Corona.

4. El espíritu y la letra de este decreto es a su vez denunciado por el padre Vitoria en sus conferencias de Salamanca y por los ya citados dominicos que no dudan en traicionar los intereses de su país y consiguen de Paulo III las bulas donde niega expresamente toda posible legitimación al uso del trabajo servil de los indios.

5. Y es a partir de estas críticas que se redactarán por fin las Leyes Nuevas de 1542, expedidas también en Barcelona, que suponen una drástica limitación a los derechos, no ya de los encomenderos, sino de los colonizadores en general, cuyas insurrecciones anteceden inmediatamente a la retirada de Carlos V a Yuste a ocuparse «del gran negocio de la salvación».*

---

* Esquemáticamente y para memoria, el proceso podría escribirse así: leyes de 1509 de Fernando el Católico + críticas de Montesinos = leyes de Burgos de 1512, + ataque de Las Casas = leyes de Carlos V de 1523, + acusaciones de Zumárraga = leyes del Consejo de Barcelona de 1530, + conferencias de Vitoria en Salamanca y presiones de los dominicos en Roma = Leyes Nuevas de 1542.

Concluíamos un capítulo anterior diciendo que cabe a Castilla no tanto el honor del Descubrimiento de América como el de su Reconocimiento. Y pienso que se puede cerrar éste reivindicando igualmente no tanto su Conversión de América como su Conversión a ella. Una conversión cuyos síntomas hemos visto aparecer entre los primeros apóstatas y cronistas «vacilantes», alcanzar a la misma Corona y adquirir una formulación más combativa entre los frailes y obispos. Para asistir a su culminación hemos de esperar aún al desarrollo de esa «gran querella de la familia hispana» que fue la Emancipación de América.

4. Metábasis de las instituciones amerindias: Mita, Resguardo y Mayordomía

El idealismo anda siempre bordeando el cinismo —y cinismo sería ya, sin duda, pretender que la política española en América estuvo orientada por las ideas de sus «conversos»—. En realidad, la legislación española responde —y no podía ser de otro modo— a las tensiones entre las fuerzas en presencia: conquistadores, encomenderos y colonos, por un lado, Corona e Iglesia, por otro, «tratando de conciliar intereses contrapuestos, incluidos los indios». Un estado que describe F. Chevalier «como de equilibrio o de compromiso, más o menos estable, según los países, entre comunidades indias bajo tutela eclesiástica y real, por una parte, y grandes haciendas de españoles y criollos, o modestas poblaciones mestizas, por otro». Este equilibrio de intereses se refleja en unas leyes que desde el último tercio del siglo XVI tratan de hacer compatibles los intereses de la Corona y la libertad de los indios con la creciente necesidad de mano de obra requerida por las explotaciones agrarias, las obras públicas y las minas recientemente descubiertas en Potosí y Zacatecas. Una mano de obra que la crisis demográfica y el «éxito» de los resguardos protegidos por la Corona han hecho desaparecer del mercado, y que las leyes tratarán ahora de forzar.

Como ha advertido J. H. Parry, el trabajo forzoso, una práctica común en la Europa de la época, adquiere en América un «valor añadido» no sólo económico sino también político, militar y cultural. *Político,* pues sólo la perspectiva de grandes beneficios basados en el trabajo servil podía estimular a que se enfrentaran los enormes esfuerzos y riesgos de la aventura colonial. Valor también *militar,* pues los encomenderos y sus cuadrillas llegan a menudo donde la Corona no llega —así la rebelión de los indios de Nueva Galicia en 1540, dominada por los propios encomenderos poco antes de que las Leyes Nuevas acaben con todos sus privilegios—. Valor *cultural,* en fin, ya que los colonizadores ven en el espíritu de colaboración, continuidad y responsabilidad que el trabajo impone un papel civilizatorio frente a la tendencia indígena a la indolencia, la dispersión y la economía de subsistencia —esa tendencia al «aplatanamiento» recientemente exaltada por Rafael Sánchez Ferlosio.

Hemos visto que las cédulas 22-II-1549 y 25-XII-1551 de Carlos V pretendían aún que los indígenas no trabajasen sino donde y con quien quisieran, por el tiempo convenido en un contrato de trabajo y a un «precio justo» (es decir, superior al de mercado) señalado por el virrey.

Pero hemos visto también que estos decretos, que costaron la vida a más de un virrey y visitador, no consiguieron sin embargo atraer a los indios para que trabajasen a jornal. Es a partir de este rotundo fracaso que la Corona accede a organizar un sistema de reclutamiento obligatorio (la Mita) inspirado en la propia tradición de los incas, pero que va contra el espíritu y la letra de las Leyes Nuevas de 1542.

Ahora bien, tanto la *Mita* como el *Resguardo* y la *Mayordomía* son instituciones indias recuperadas por los españoles y que han servido para argumentar que el respeto o «tradicionalismo» de la colonización española no es sino un maquiavélico recurso para la mejor explotación de los indígenas. Veámoslo separadamente.

CON LA MITA o «turno» (1560-1630) reaparece el repartimiento de los indios pero no ya al servicio privado de un encomendero sino como *servicio público* regulado por los virreyes o las audiencias. Cada aldea o Resguardo indio tiene que proveer por rotación una cuota fija de su población masculina —el 15 % en la agricultura, el 4 % en las minas— para realizar los trabajos específicamente autorizados por la Audiencia. De estos trabajos se excluían expresamente los considerados duros o insalubres (trabajo en fábricas textiles o molinos de azúcar, pesca de perlas, drenaje de pozos, carga de bultos...). El derecho preferente, señala Parry, lo tenían las obras públicas —carreteras, puentes, edificios públicos— juntamente con iglesias, conventos y hospitales. A partir de 1580 la mano de obra de los repartimientos pocas veces es agotada para la construcción de edificios privados, o incluso para edificar iglesias y conventos, dedicándose casi exclusivamente a obras como el drenaje del lago de Texcoco o del canal de Hueuetoca.

La explotación y los abusos a que da lugar la Mita están fuera de toda duda. Lo que está aún por aclarar es si ello se debió más a la brutalidad de los capataces o al propio cúmulo de reglamentaciones y controles con que la Corona trataba de evitarlo. Unos controles que tendieron a provocar bien la sobreexplotación de una mano de obra de la que los amos sabían que sólo podían disponer por unos días, bien el paso de las haciendas a la «economía sumergida» contratando «trabajo negro» del que se podía disponer continuamente, en cualquier momento y para cualquier empleo —minas o carga, azúcar o tejidos— y que pronto generaría esa nueva forma de servidumbre llamada «peonaje por deudas».

Otra estructura social que los españoles tratan de preservar es el Resguardo indígena, incluido el sistema de Cargos o Mayordomías por el que éste se regía. Como vimos, el Resguardo es un barrio o aldea indígena autogestionado, que la Corona reconoce y favorece, primero como «escondite» legal frente al puro y duro repartimiento de indios en la Encomienda de servicios, luego como base y/o alternativa al trabajo asalariado en la hacienda y por fin, con la Mita o «turno», como protec-

Library of
Davidson College

ción frente a la tendencia a constituirse en un indefenso peonaje por deudas.[16] Basado en la propia estructura de los *calpulli* indios, el Resguardo fue, según O. Paz, «una institución económica, política, social y religiosa (... que) durante el período colonial logra convivir con otras formas de propiedad gracias a la naturaleza del mundo fundado por los españoles: un orden natural que admitía diversas concepciones de la propiedad, tanto como cobijaba una pluralidad de razas, castas y clases».

No es ésta, claro está, una interpretación estrictamente marxista ni funcionalista de los hechos para la que la porosidad y capacidad de asimilación de la cultura española no podrían ser sino patrañas. Y así es cómo, contra toda evidencia, un antropólogo «materialista» sostiene que los Resguardos o Reducciones y su sistema de Cargos fue una realidad «completamente católico-española del siglo XVI... sin conexión alguna con la tradición aborigen y sin otra función que responder al interés mancomunado de la Corona, la Iglesia y los hacenderos» (Marvin Harris, *Raza y trabajo en América*). Pero bastaría a Harris distinguir, dentro de su propia tradición teórica, entre «intención» y «función», para reconocer que, aun cuando, como vimos, respondió a estos intereses, la sola confluencia y conflicto entre los mismos constituyó *de facto* una división de poderes o *balance of power* del que resultó «objetivamente» beneficiada la población indígena. Por lo demás, no es cierto, como él afirma, que las Reducciones sean una continuación de los primitivos Repartimientos de indios. Incluso durante el período de la Mita operan como limitación y control público de los «trabajos personales», y tanto antes como después en el sentido exactamente inverso al de los Repartimientos: como Congregaciones autónomas de población indígena. Al «reducir» a los indios (reunirlos y sedentarizarlos) se dificultaba al menos su explotación individual, su control por los encomenderos y la ruptura de su tradición cultural: en lo primero estaba sobre todo interesada la Corona; en lo segundo, la Iglesia. Baste recordar la serie de reducciones propuestas por los frailes y orientadas sin excepción a la autodeterminación de estas comunidades y la continuidad de sus señores naturales: la de Las Casas con los franciscanos en Venezuela de 1515 a 1522; la del propio Las Casas con los dominicos (1561) y en Vera Paz (Guatemala); las de los franciscanos otra vez en el Orinoco y Paraguay (1575) que se anticipan a los jesuitas en su defensa de las tradiciones y la lengua guaraní.

El propio Harris tiene que reconocer por fin, cuando deja de hacer juicios de intenciones, que la protección real de unas tierras comunales indígenas que no podían ser vendidas ni prendadas produce «uno de los contrapuntos más fascinantes de la larga fuga colonial: el que muchas tierras fértiles y bien irrigadas, largamente codiciadas por los hacenderos, permanecieran en manos nativas hasta el siglo XIX». En efecto: es en este siglo cuando, en nombre de la ideología liberal, se expropian las tierras de la Iglesia y se disuelve la propiedad comunal india, con lo que «prácticamente cada acre de tierra de alta calidad en México, Guatemala, Ecuador, Perú y Bolivia pasan a formar parte de la hacienda de un

Library of
Davidson College

Como Marx al proponer la propiedad colectiva de los medios de producción, los indios zapotecas zinacantecos no planeaban la acumulación de la riqueza como una injusticia, sino, ante todo, como un desequilibrio, una «desmesura» que pronto se podía convertir en un peligro público.

En 1803, con todas sus encomiendas y mitas, Humboldt había encontrado unos indios «pobres pero libres... [cuyo] estado es preferible al de los campesinos de gran parte de Europa septentrional».

Yo conocí en Chiapas (señala el autor; en la foto, en el Parlamento europeo) **a uno de los Mayordomos a quien la aldea había pagado con prestigio la desposesión de sus bienes, y que vivía a la vez de la caridad y la veneración públicas: «pobre, pero honrado»** en un sentido radical e inimaginable entre nosotros.

hombre blanco o mestizo». Baste recordar como ejemplo el efecto de las leyes desamortizadoras de Melgarejo en el Perú de 1867: en cuatro años 680 hacendados poseen las tierras de las que vivían 75 000 familias indias o mestizas. Medio siglo antes, en 1803, con todas sus Encomiendas y Mitas, Humboldt había encontrado unos indios «pobres pero libres... (cuyo) estado es preferible a los campesinos de gran parte de Europa septentrional». Pero Harris se enfrenta aún a un segundo problema para su tesis. Junto a este indio que vive en sus tierras comunales ha surgido también un mestizo que a estas alturas alcanza en Iberoamérica una cota de poder político y económico que nunca tendría en los Estados Unidos. Y una vez más trata Harris de diluir la explicación cultural de fondo, apelando ahora a la jerga antropológico-estructural: Mientras que en Iberoamérica opera el *hiperlinaje* por el cual el segmento inferior —el mestizo— está estructuralmente asociado al segmento superior, en los Estados Unidos opera el *hipolinaje* según el cual «todas las personas con un grado demostrable de parentesco indígena o negro, visible o no, son consideradas como pertenecientes a la clase subordinada»... Como se ve, se trata de una brillante racionalización del *apartheid* en que se basa la colonización angloamericana; una explicación académica de por qué no existe en territorio norteamericano más arte colonial que el de origen español, por qué no prospera allí la cepa de los relatores de Tlatelolco o los informantes de Sahagún y por qué no llega ni a nacer la que daría lugar a sor Juana y a Garcilaso de la Vega, a Morelos o Cárdenas.

PERO LA LEGISLACIÓN española no sólo protege los Resguardos para evitar el *peonaje* obligatorio, sino que consagra sus propias instituciones de gobierno —las Fiestas, Cargos y Mayordomías— a evitar la emergencia del *cacicaje* indígena. Un sistema que para Harris, una vez más, no responde sino a los intereses económicos de los españoles: «Todo el sector no indio mantiene un poderoso interés creado en la preservación del sistema de Fiesta: el sistema impide la aparición de jefes nativos genuinos, porque absorbe el exceso de riqueza de los indios, cercenando las perspectivas de acumulación de los recursos de capital entre los indios de la aldea. La riqueza que es absorbida se usa entonces para el mantenimiento de la jerarquía de la Iglesia y para estimular el ingreso del indio en el mercado de mano de obra fuera de la aldea.»

A partir de aquí la incongruencia de Harris es ya manifiesta. ¿Cómo puede sostener primero que los españoles «se inventan» unos Resguardos «sin conexión alguna con la tradición aborigen» para afirmar a continuación que «preservaron su sistema de Fiesta» para impedir la formación de jefes indígenas? Por otra parte, y si ésta es realmente su intención, ¿por qué rechazaron el sistema inca de las Biarquías, mucho más idóneo para estos fines? Los incas, en ecto, tenían la costumbre de dividir las tribus conquistadas en dos mitades aproximadamente iguales, poniendo al frente de cada una un jefe, *con una leve diferencia de rango entre ambos.* Éste era, según Simmel, «el medio más perfecto para provocar una rivalidad entre los dos cabecillas, impidiendo así toda acción conjunta en el territorio sometido».[17] Y éste es también un medio que usó la propia Corona española con sus funcionarios (dividiendo equívocamente la autoridad entre el Virrey y las Audiencias, que se vigilaban así mutuamente) y con los nobles (creando, como aconseja Olivares al rey, grados que estimulen la emulación e imposibiliten la alianza entre los aristócratas), pero nunca, curiosamente, frente a los indígenas.

Pero ¿qué es en realidad el sistema de Fiestas y cuál es entonces su verdadera función? En un libro anterior *(Ensayos sobre el Desorden)* yo lo asociaba al ostracismo griego, y para mostrar este parentesco estructural tendremos que hacer una breve digresión por el mundo clásico.

En la constitución de los turios descrita por Aristóteles, el cargo de jefe no podía volver a desempeñarse sino luego de un intervalo de cinco años. De ahí que cuando los enfermos de «vocación política»[18] se aferraban al poder y hacían peligrar la libre circulación del mismo, aplicaran los clásicos el ostracismo como mecanismo de seguridad. Atenas y las ciudades democráticas del Argos desterraban así por un tiempo determinado «a quienes parecían sobresalir excesivamente en el poder, bien por su riqueza, bien por sus numerosas relaciones o por alguna otra influencia política», y en todo caso «procuraban que los que habían acumulado demasiado poder pasaran en el extranjero el tiempo que no estaban en el cargo» *(Política,* V, 8).

El ostracismo clásico era pues un mecanismo contra la consolidación del poder político. La Fiesta y Mayordomía amerindia era un mecanismo análogo que aseguraba contra el monopolio económico y administrativo del poder. Igual que Platón cuando prohibía que ningún ciudadano tuviera una propiedad o riqueza cinco veces mayor que la mínima, igual que Marx al proponer la propiedad colectiva de los medios de producción, los indios zapotecas o zinacantecos no planteaban la acumulación de la riqueza como una injusticia, sino, ante todo, como un desequilibrio, una «desmesura» que pronto se podía convertir en un peligro público. De ahí que aún hoy, cuando en los poblados indios de Oaxaca alguien acumula excesivas riquezas y tiende naturalmente a controlar los medios de producción (herramientas de trabajo, animales de tiro, tierras comunales), el pueblo decrete su ruina ritual nombrándolo *Mayordomo* o patrocinador de la *Fiesta* del santo patrón: un patronazgo en el que el agraciado debe gastar su fortuna si no quiere verse desprestigiado y acusado de impiedad o brujería. Con ello el pueblo se aseguraba —y, en la medida en que las leyes españolas protegieron el sistema, se asegura todavía— contra la acumulación hereditaria y la emergencia de clases, redistribuyendo periódicamente los beneficios acumulados. Una vez honrado y arruinado por la responsabilidad del cargo de mayordomo, el individuo adquiere un prestigio y estatus del que vive el resto de sus días. No son sólo sus riquezas, es su personalidad misma la que ha sido «socializada» y recuperada para la comunidad... Yo conocí en Chiapas a uno de los mayordomos a quien la aldea había pagado con prestigio la desposesión de sus bienes, y que vivía a la vez de la caridad y la veneración públicas: «pobre, pero honrado» en un sentido radical e inimaginable entre nosotros.

Ésta es la función homeostática del sistema de Fiestas y Mayordomías que los Austrias quisieron respetar con sus leyes y que sólo en el siglo XIX adquirió la función inversa —y perversa— que le atribuye Harris desde el principio. En efecto: ya fray Toribio de Benavente (Motolinía) había advertido que en Nueva España había «algunos indios que trabajaban dos o tres años y adquirían todo lo posible con el propósito de honrar al demonio de la fiesta, fiesta en la que no sólo gastaban todo lo que tenían sino que incluso se endeudaban teniendo que trabajar uno o dos años más para pagar la deuda». Y es precisamente en esta deuda acumulada donde residía la fragilidad y la posibilidad de manipulación de aquellos mecanismos reguladores para crear un nuevo «peonaje de deudas». Los Austrias trataron de impedirlo limitando a un 15 % del sueldo el endeudamiento autorizado, pero a partir de la liberalización de Campomanes el proceso se hizo imparable. Cuentan Mendieta y Flannery, por ejemplo, cómo el cacique Marcial López compró a los sacerdotes y corrompió a los ancianos del Valle de Oaxaca para que designaran mayordomo a gente poco solvente: con la garantía de sus huertos, él les prestaba el dinero para los gastos de la Fiesta a la que debían proveer. Gracias a las hipotecas vencidas, Marcial López acumuló en pocos años la mayor parte de los bienes de la comunidad.[19]

5. Embrollo y desarrollo

Los españoles no se lanzan al simple y lineal «desarrollo» de América precisamente porque empiezan dejándose «enrollar» y seducir por ella. Sin duda hubiera sido más práctico y eficiente no dejarse envolver en esta crisis de identidad y ver América y a sus habitantes como la tabla rasa donde potenciar sus intereses y proyectar sus ideales, establecer sus feudos y levantar sus familias. Y así parece que iba a ser al principio, cuando sobre el nuevo territorio virgen imponen lisa y llanamente la estructura social medieval de la «comenda», la «nueva planta» renacentista de las ciudades, las analogías toponímicas de la península, e incluso sus propios mitos y leyendas.[20] Pero lo cierto es que bien pronto los hispanos comienzan a cruzarse con los indígenas no ya eventual sino deliberadamente —las Leyes Nuevas reconocen todos los derechos a los mestizos y ya desde 1503, con Ovando, se estimula los matrimonios cruzados—, a cuestionarse la legitimidad de la conquista, a defender teológicamente libertad e igualdad de los indios, a aprender su lenguaje y a asombrarse por su diversidad cultural.

No es éste el caso en la colonización anglosajona. «En América del Sur y Méjico —escribe Hegel en 1820— los habitantes que tienen el sentimiento de la independencia son los criollos, nacidos de la mezcla con los españoles y con los portugueses... De ahí que los ingleses sigan en las Indias la política de impedir que se produzca una mezcla criolla, un pueblo con sangre india y sangre europea, que sentiría el amor del propio país.» Hegel atribuye aquí a razones tácticas el comportamiento anglosajón, como antes y después se ha pretendido dar explicaciones coyunturales del español:

— a diferencia de los «padres fundadores», los conquistadores viajan solos, lo que les lleva a aparejarse con indias;

— a diferencia de los anglosajones, que se encuentran con tribus nómadas consideradas por los propios nativos como bárbaras (chichemecas), los españoles se topan con imperios altamente desarrollados como el inca o el azteca.

Pero ni unas ni otras razones bastan para explicar lo que es una diferencia cultural mucho más compleja y profunda. ¿Acaso los anglosajones empezaron a ver lo que ocurría con el nacionalismo criollo en Sudamérica para optar por la vía de la extinción o concentración de los indios en reservas? ¿No defendieron tanto o más los jesuitas a las tribus salvajes del Orinoco o los llanos del Casanare que Las Casas a los tributarios del imperio azteca? ¿Y no tendrá ello algo que ver con el hecho paradójico de que el comportamiento racional y sistemático que explica una rápida y eficiente conquista *no* se traduzca en los siglos siguientes en una modernización de las colonias españolas paralela a la de las anglosajonas?

La capacidad de Cortés para manipular los mitos, explotar las desavenencias, utilizar el lenguaje, usurpar los símbolos y aprovechar las supersticiones de los aztecas es sin duda uno de los más espectaculares ejemplos de esta «vivacidad astuta y ciencia mundana» (la definición es de su enemigo Las Casas) que caracteriza al moderno talante renacentista europeo. Se trata, frente al talante aún holista y mágico de los aztecas, de una actitud individualista y lineal que parte de una concepción «desencantada» de la naturaleza: distinción entre hechos y valores, sujeto y objeto, leyes naturales y normas sociales. Para ella el mundo es una realidad discreta y homogénea («extensa») en la que no se trata ya de participar, sino de entenderla y controlarla. El «éxito» de esta racionalidad instrumental frente a la organización y mentalidad indígenas es tan rápido como espectacular. «En 50 años —escribe Uslar Pietri— queda sojuzgado y reconocido todo el continente, plantadas las ciudades, establecidas las jurisdicciones, puestas la ley, la lengua y la religión, fundadas las escuelas, organizadas las instituciones, abiertos los puertos y los caminos y creado un estilo de vida común y permanente... En 1528 a la isla de Cabruga, en la costa de Venezuela, en donde se alzaba una ciudad con su iglesia y su palacio de Gobierno, llegaban libros de Boccaccio y Erasmo y se celebraban elecciones municipales. Faltaba un siglo para que se fundara Nueva York en 1629 y más de doscientos para que comenzara Chicago en la ribera del lago Michigan.»

Con lo que volvemos a la cuestión inicial de monseñor Rivera: ¿Cómo y por qué esta ventaja inicial no se traduce después en la modernización política y económica de Iberoamérica? Creo que es ante todo esta misma rapidez la responsable de las dificultades posteriores en su desarrollo.

1. Por un lado, la precocidad y eficacia con que se imponen aquellas estructuras legales y administrativas modernas, caras a Fonseca y Conchillos, es lo que operará luego como freno de las nuevas estructuras mercantiles y liberales. En el mundo animal este fenómeno se conoce como *neotenia* o crecimiento prematuro. Sobre él tendremos que volver.

2. Por otro, la rapidez con que se produce la mezcla racial y cultural no permite una asimilación unidireccional, sino que la cultura «moderna» queda allí impregnada para siempre más de los valores y reflejos autóctonos que la irán trabajando desde dentro. Lo vimos ya en el lenguaje, y no hace falta ser muy perspicaz para reconocer en buena parte de la corrupción institucionalizada de las actuales administraciones iberoamericanas el eco de una heroica resistencia a las relaciones burocráticas e impersonales impuestas desde fuera por parte de una cultura que trata de repersonalizarlas aunque sea con la «mordida».

«En 50 años queda sojuzgado y reconocido todo el continente, plantadas las ciudades, establecidas las jurisdicciones, puestas la ley, la lengua y la religión, fundadas las escuelas, organizadas las instituciones, abiertos los puertos y los caminos y creado un estilo de vida común y permanente.» (Uslar Pietri dixit.)

«En América del Sur y Méjico —escribe Hegel (en el grabado) en 1820— los habitantes que tienen el sentimiento de la independencia son los criollos, nacidos de la mezcla con los españoles y los portugueses... De ahí que los ingleses sigan en las Indias la política de impedir que se produzca una mezcla criolla.»

En términos de Max Weber (en la imagen) «el comercio colonial no estimuló el trabajo ni el desarrollo tecnológico, ya que descansaba sobre un principio expoliativo y no sobre un cálculo de rentabilidad basado en las posibilidades del mercado».

3.   Por último, es esta misma facilidad y éxito de la conquista la que en mal momento reforzará el espíritu heroico frente al industrial, la busca del botín o del tributo más que de la explotación racional, de los honores más que de las ganancias; el idealismo verbal siempre dispuesto a decretar grandes principios (Justicia, Libertad, etc.) frente al sentido previsor y laboral que caracterizó el desarrollo de los países angloamericanos.

La rápida conquista española (en oposición a la lenta colonización anglosajona) tuvo también sus efectos perversos en el desarrollo de la propia península, para la que resultó, como veremos, un auténtico «regalo envenenado». Formalmente, este proceso no es nada nuevo: las propias competencias que posibilitan la expansión o crecimiento resultan letales cuando no se transforman para adaptarse al nuevo medio generado por ellas. Fichte interpretó de un modo parecido la crisis de la ciudad-estado helénica: la democracia griega vence al despotismo persa, pero sus propios hábitos, más «ciudadanos» que «estatales», le llevan a constituir en Asia ciudades coloniales que se pelean entre sí debilitando la metrópolis, y dejándola así en condiciones de ser dominada por los romanos... De un modo análogo, la expansión y unificación romanas crearán las bases ideológicas y el vehículo de expansión para la nueva religión cristiana: primero el Estado universal paulino (que usa aún la estructura del Estado romano para cristianizar «desde fuera» a los pueblos) y luego los Estados germánicos cuya identidad e independencia surgen ya del propio Cristianismo que por primera vez «se da *su* Estado».

En el caso de España sucedió, en términos de Max Weber, que «el comercio colonial no estimuló el trabajo ni el desarrollo tecnológico, ya que descansaba sobre un principio expoliativo y no sobre un cálculo de rentabilidad basado en las posibilidades del mercado (...). Así, la afluencia de metales preciosos a España supone una paralela regresión del sistema capitalista en este país. La corriente de metales preciosos pasó por España casi sin tocarla, fructificando, en cambio, en países que ya desde el siglo XII se hallaban en trance de transformar su constitución del trabajo, circunstancia que favoreció la génesis del capitalismo». Y el círculo se cierra al fin cuando, como dice Sergio de la Peña, América, que condicionó el mantenimiento de España en el subdesarrollo, acaba recibiendo de ella influencias subdesarrollantes.

Más allá y más al fondo que este «efecto boomerang», está sin embargo el hecho de que España aparece una y otra vez enfrentada a las fuerzas culturales «modernizadoras» cuyo denominador común es la progresiva independencia de la sociedad civil municipal y la clara delimitación entre el orden temporal y el espiritual. El mismo año que Cortés toma Tenochtitlan, su espíritu «comunero» e individualista es derrotado en Villalar (vid. infra pp. 114-115). Los castellanos expulsan a los *judíos* el año del primer viaje de Colón, tratan de impedir con el testamento de Isabel I la participación de los *catalanes,*[21] utilizan el oro de América para luchar contra los *protestantes* y tienen que defender luego su independencia frente a los hijos de la *Ilustración*.[22] Se oponen pues en todos los frentes a las fuerzas que preparan el desarrollo moderno mediante el desencantamiento del mundo y la destilación complementaria de una Razón y una Piedad, una Virtud y un Interés puros. La experiencia jesuítica en América es, como veremos, un heroico y frustrado intento de conquistar esta modernidad sin renunciar a aquel talante. Pero veamos antes este proceso.[23]

Es FRENTE A la Iglesia católica que va a proseguirse y afirmarse ahora el proceso de desencantamiento de la realidad requerido por el nuevo sistema de producción. El protestantismo luterano se encargará de «desafectar» al mundo secular de adherencias e inercias religiosas, el calvinismo continuará dando ya una positiva sanción religiosa a los negocios de este mundo, y por fin la Ilustración se encargará de sustituir las viejas estructuras de legitimación por los nuevos dioses de la Razón, la Virtud o el Progreso. Y España, en el ínterin, enfrentada políticamente a todo ello, es incapaz de aprovechar su precocidad política para entrar con ventaja en la moderna sociedad industrial. (El primer —y heroico— intento de llevar a cabo esta modernización económica sin pasar por la política e ideológica es el de los jesuitas en Colombia, Paraguay y Uruguay; el último —y patético, aunque no estéril— es el del Opus Dei, en los sesenta, brillantemente representado en este encuentro por don Laureano López-Rodó.)[24]

El luteranismo colabora así en el proceso de sacar a Dios del mundo y sus negocios introduciéndolo en el interior del sujeto: la *piedad intensa* ha de arremangar y absorber todas sus formas mundanas hasta constituirlas en pura y dura *res extensa* donde los relojes sustituyan a las campanas, la lectura personal de la Biblia a los sermones y los príncipes a los papas. A partir de ahí va a ser el sujeto individual quien cargue con la tremenda responsabilidad y culpa ante Dios («crees que has escapado del claustro, pero ahora serás un monje toda la vida»), que hasta entonces había sido sabiamente administrada y exorcizada con jaculatorias e indulgencias, con homilías, devociones y confesiones periódicas. Al eliminar la confesión, se destruye la «quinta columna» que la Iglesia tenía para imponer sus criterios en el mundo secular, y desaparece, en beneficio del Estado, el *balance of power* que hasta entonces había existido entre Moral de Iglesia y Razón de Estado. A la laxa y confusa dialéctica Pecado-Arrepentimiento presidida por la Iglesia sustituye una «clara y distinta» delimitación de esferas: piedad interna y leyes políticas o económicas externas, rigorismo individual y pragmatismo social.

El protestantismo luterano había operado así como la «antítesis» que separaba ambas esferas pero no será sino el calvinismo el que establezca la nueva «síntesis» al predicar la armonía preestablecida entre el éxito mundano y la salvación eterna. Separadas por Lutero, las virtudes laicas vienen ahora a colonizar las religiosas y a restaurar un nuevo universalismo burgués opuesto por igual a todas las virtudes estamentales: la acción frente a la contemplación monacal, la sobriedad frente a la ostentación eclesiástica y cortesana, la predestinación en el otro mundo y el afán de lucro en éste frente a la tradicional libertad e igualdad de los hombres predicada por la Iglesia. Una inversión de papeles que culminará cuando el *erastianismo* llegue a exigir que el dogma de la encarnación o la existencia del purgatorio sean sometidos a la autoridad del Parlamento.

6. ¿Un atajo sin reforma?

¿Pero era realmente imprescindible la mediación de esta ideología reformada para ingresar en la modernidad económica y social? ¿No era el barroco una vía alternativa? ¿Acaso no podía España tomar un atajo del Renacimiento directamente a la Ilustración y a la Revolución industrial sin pasar necesariamente por ella? Sí se podía, y se pudo, pero no a ningún precio.

Hemos aludido ya a la explicación weberiana sobre el calvinismo como ideología «orgánica» del capitalismo basada en las tres virtudes cardinales laboriosidad-ascetismo-lucro: el *trabajo* cuyos productos no son consumidos *(ascetismo)* sino ahorrados e invertidos *(lucro)*. El calvinismo censuraba el goce e imbuía en el individuo una terrible ansiedad acerca de su salvación —de su «estatus» escatológico: ¿predestinado, no predestinado?— pero, como no permitía tampoco la evasión del mundo, canalizaba esta angustia en la actividad profesional y lucrativa, que pasaba a ser valorada como «signo» de predestinación.

El trabajo deja de ser así un castigo («te ganarás el pan...») para transformarse, no ya en un instrumento o medio, sino en el objetivo mismo de la vida. Todo lo gracioso, lo dado o lo gratuito se hace sospechoso para esta religión del trabajo. Sólo es Grande lo que cuesta: *per aspera ad astra*; sólo es Bueno lo que no es gratificante: el *imperativo categórico*; la Belleza sólo brota —como la *flor del Edelweiss*— en los más empinados riscos para premiar nuestra habilidad y nuestro tesón. Esta vida esforzada es al mismo tiempo signo de salvación espiritual y de responsabilidad profesional o comercial. «Los ateos no se fían los unos de los otros en sus asuntos;[25] se dirigen a nosotros cuando quieren hacer negocios; la piedad es (pues) el camino más seguro para alcanzar la riqueza.» De ahí surge el modelo del clásico empresario prekeynesiano: sobrio, previsor, honrado, celoso guardián de su reputación, rechazando los lujos o placeres con el sentimiento de haber sido fiel a su vocación secular. Toda una concepción del mundo que sintetizará ahora Franklin en sus *Advices to a young tradesman*: el tiempo es dinero; el crédito es dinero; el dinero genera dinero; el puntual pagador se beneficia del crédito; la apariencia de honestidad aumenta el crédito; el crédito debe aplicarse a la inversión productora; hay que ser vigilante y frugal en el consumo...

Éste es el ascetismo-en-el-mundo que está en la base de la gran acumulación de capital fijo en la Europa moderna. Acumulación resultante de un trabajo que no quiso por principios (en el caso de los empresarios) o no fue libre para (en el de los obreros o las colonias) consumir en inmediata gratificación todo el equivalente de su esfuerzo. Como escribía gráficamente Keynes en 1918, «la represión y el *ethos* puritano, respectivamente, impidieron a ricos y a pobres, a burgueses y a proletaos, consumir el pastel que elaboraban».[26] Para acabar de legitimar el sistema y no tener que basarlo tan sólo en la represión, faltaba, sin embargo, una justificación teórica del espíritu de lucro y de las tremendas diferencias de fortuna que generaba. Y ésta es precisamente la función de la teoría calvinista de los empresarios o «santos visibles» cuya riqueza redunda a la larga —gracias a lo que luego llamará Smith la «mano invisible»— en beneficio de los más necesitados...

Son todos y cada uno de los ingredientes de esta secularización del mundo los que parecen no existir en Castilla cuando ésta se lanza a conquistar y explotar los recursos americanos: ni la ética artesanal y ahorrativa de los moriscos («¿será un azar —se preguntaba Américo Castro— que "alcancía" y "hucha", un arabismo y un galicismo, hayan prevalecido sobre los castellanismos "olla ciega" y "ladronera"?»), ni el sentido del cálculo (¿no será por sus malas connotaciones en castellano que «calculador» no ha llegado a imponerse como traducción de *computer*?), ni la valoración del oficio (del que se avergüenza, el pobre barbero del *Buscón*, haciéndose llamar «tundidor de mejillas y sastre de barbas») o del negocio («conciencia en mercader —insiste Quevedo— es como virgo en cantonera, que se vende sin haberse»),[27] ni el ascetismo secular orientado a la ganancia (frente al que se sigue prefiriendo «honra sin barcos»), ni el espíritu de fracción (neutralizado por el nacionalcatolicismo), ni el sentido de una Commonwealth o comunidad flexible de intereses (frente a la que se defiende la rígida unidad de una «España transnacional»). Precisamente todos los ingredientes que crecen y se desarrollan, libres de presiones externas, entre los ingleses de Nueva Inglaterra —y sobre los que éstos establecen las bases del primer país moderno y democrático.

No es pues al espíritu ilustrado o a su falta que se deba atribuir el contraste entre la colonización española y la anglosajona. Es verdad que la Ilustración viene a culminar y poner el broche al proceso de reforma y secularización seguido hasta aquí, organizando el culto de los nuevos dioses seculares: la Virtud y la Razón, el Progreso y la Nación. Pero no es menos cierto que, por una curiosa paradoja, la Ilustración operó ante todo como ideología y religión del nuevo Estado mientras que fue el espíritu religioso de la Reforma protestante quien ayudó a constituir la «infraestructura» socioeconómica del mismo. La propia historia de España es una demostración *a contrario* de ello. Los españoles que conquistan América son ciertamente hombres renacentistas y los Borbones,

La Ilustración (en el grabado, caricatura de Voltaire) operó ante todo como ideología y religión del nuevo Estado, mientras que fue el espíritu religioso de la Reforma protestante quien ayudó a constituir la «infraestructura» socioeconómica del mismo.

Calvino censuraba el goce e imbuía en el individuo una terrible ansiedad acerca de su salvación. Pero como no permitía tampoco la evasión del mundo, canalizaba esta angustia en la actividad profesional y lucrativa, que pasaba así a ser valorada como «signo» de predestinación.

«La Compasión —escribe Spinoza— es de por sí mala e inútil en el hombre que tiene a la Razón como guía.» Razón «vs» Compasión, Piedad «vs» Representación, Predestinación «vs» Libertad: un credo esquizofrénico que el catolicismo más ligado a la raíz clásica y pagana tratará tozudamente de evitar.

que organizan su explotación sistemática y propician la insurrección colonial, son ya hombres de la ilustración. Lo que falta en España es el sustrato profesional (judaico o morisco) y la ideología orgánica (reforma) que en el ínterin debía haber sustentado su modernización. Lo que sobra es su barroca adicción a las liturgias de la burocracia y la hidalguía. Y entre lo uno y lo otro, lo que no les falta ni les sobra, lo que les define y les embrolla: su «clásico» respeto a las formas, su horror «aristotélico» por el puro lucro o la pura piedad, su sentido figurativo, su rechazo de las relaciones impersonales y abstractas —y también su arraigada tradición cristiana de la igualdad y libertad de los hombres... Todo lo que en definitiva les impide comulgar con el nuevo credo orgánico de la modernidad.

Un credo, si bien se mira, que no suponía sino sustituir el encantamiento del mundo por un nuevo encantamiento del sujeto: los dioses no se crean ni se destruyen, sólo se desplazan. Es cierto que en el ínterin las cosas han perdido gravidez mágica y se han transformado en materia pura o mero instrumento de la acción. Pero es ahora el sujeto individual el que hereda aquellas virtualidades y deviene a su vez mágico: un ser hechizado por su propio *fatum,* predestinado desde toda la eternidad a salvarse o condenarse, corroído por el «estremecimiento metafísico» de Pascal e incapaz de intervenir realmente en el «negocio» de su salvación. La única competencia que le queda a esta alma calvinista es el control racional y técnico de aquella realidad. La eficacia inutiliza ahora a la benevolencia: «La Compasión —escribe Spinoza— es de por sí mala e inútil en el hombre que tiene a la Razón como guía.»

El catolicismo parece querer evitar este credo esquizofrénico defendiendo tozudamente tanto la libertad del individuo como el valor de las figuras e imágenes del mundo. ¿Pero era viable un auténtico desarrollo basado en este embrollo?, ¿era posible una explotación racional que no olvidara la compasión por las personas, la atención a las cosas y la medida en las acciones?, ¿era posible entrar en la modernidad sin comulgar con su credo?, ¿cabía una modernización a la vez cristiana y pagana, es decir, católica? Es lo que empezábamos por preguntarnos al principio de este capítulo y lo que vamos a ver en los tres próximos.

54

7. Entre el legalismo y la benevolencia

Las Leyes de Indias muestran una y otra vez la preocupación por proteger a los indígenas del trato inhumano de que eran a menudo objeto. Los «conversos» de la estirpe de Las Casas no se cansan de ponderar las excelencias y aun la superioridad de la cultura indígena —lo que desde entonces no deja de provocar la irritación de quienes, como dice J. Pijoan, «hemos vivido en contacto con el indio, de Fernández de Oviedo hasta el autor, y sabemos que los indios son todavía de una inferioridad física y moral lamentable»—. Para ellos estas leyes son una filantropía casi mística. «Al indio —insiste Pijoan— no hay que tratarle como bestia, ni como esclavo, ni aun como humano; es un divino depósito que Dios ha confiado a los españoles (...) de modo que al tiempo que hace morir sin piedad a los protestantes flamencos, el pálido monarca (Felipe II) se conmueve al pensar que sus pobres indios puedan sufrir del contacto de negros y gitanos.»

El sarcasmo puede parecernos improcedente, pero hay que convenir con Pijoan que a menudo estas leyes resultaron, como numerosas ordenaciones marxistas-leninistas, «demasiado mejores» que la realidad a la que se referían. No hay que engañarse, en efecto, acerca del acatamiento real de las mismas (su reiteración es buena señal de que no se cumplen) ni tampoco, pese a lo visto, respecto a la eficacia de las actitudes bienhechoras. Tanto la defensa de los oprimidos como la idealización de los indígenas son a menudo actitudes más gallardas que prácticas, más nobles que operativas. Unos tratarán de proteger a la sociedad indígena y otros de preservarla, pero ni unos ni otros establecen las bases para su modernización y desarrollo. En muchos casos está claro incluso que esta protección hubiese sido más eficaz en manos de una aristocracia paternalista, como la que quería legitimar Sepúlveda con sus tesis racistas, que protegidos por una Corona lejana o unos frailes benevolentes que reconocían su igualdad pero no podían asegurar el respeto a la misma.

La *defensa legal* de los indios sigue con Felipe II el curso que vimos ya iniciarse con Isabel y Carlos V: exención para los indios y sus Encomiendas del pago de la Alcabala y aun de la prohibición de cargar a sus jornaleros, a fin de que puedan comerciar en condiciones más ventajosas que los criollos (lo que hoy llamaríamos *reverse discrimina-*

tion); protección de las aldeas o Reducciones indígenas para que puedan sobrevivir sin verse forzados a vender su fuerza de trabajo a las Encomiendas o Minas, etc. Al pronto se ve que estas leyes van en sentido exactamente opuesto a las famosas *Poor Law Reforms* que están en la base del capitalismo moderno y donde se trata, precisamente, de eliminar los resguardos o alternativas asistenciales de todo tipo para constituir así, por presión del hambre, un peonaje indefenso que tenga que vender su trabajo en el mercado. La legislación de Felipe II sigue por el contrario inspirada en el principio medieval, sancionado en los Concilios de Lyon (1274) y de Viena (1312), según el cual «servirse de la miseria» es un Pecado Capital. No será hasta la Ilustración cuando se descubra que este sistema va contra la modernidad y se decida atacar los resguardos de *welfare* o los precios «políticos» de los bienes primarios que, como dicen hoy los neoliberales, «no hacen sino favorecer la indolencia y el retraso permanente de los pobres».

La otra vía, la *idealización teórica* de los indígenas, tampoco resultó más práctica o eficaz que su defensa legal. Ya desde Colón y Américo Vespucci oímos hablar de estas sociedades americanas «más felices», que «viven más cerca de la naturaleza» y a las que, según Montaigne, «sobrepasamos en toda clase de barbarie». Luego, Zumárraga y Vasco de Quiroga nos dirán que hay que «preservar, aislar e incluso imitar» este orden social cuya igualdad, humildad y jovialidad «parecen propios —escribe Vasco a Carlos V— de la Edad Dorada que se describe en las Saturnales». Alguien dijo que éstos son, y no Cortés o Pizarro, los representantes del «quijotismo» español a quienes las hojas (de los libros) no les dejan ver el bosque americano... Es Luciano o Moro, no la realidad, lo que a menudo ven Zumárraga y Vasco. Una visión idílico-ideológica desde la que Vasco organiza sus dos poblados ideales (cerca de Tenochtitlan y en la laguna de Patzcuaro) que no debían evolucionar nunca pues representaban ya la perfección de la vida en su estado «natural»: clan de familias, seis horas de trabajo con división equitativa de los beneficios y servicios gratuitos, etc. Caso límite, sin duda, de aquel orden español «más preparado para perdurar que para evolucionar» del que ha hablado Octavio Paz y sobre el que no me atrevo ya a ironizar luego de haber oído a los indios de la laguna hablar aún hoy día de «don Vasco» con absoluta familiaridad y confianza.

TAMBIÉN LOS JESUITAS parecen en este período envueltos en un talante entre ideológico y filantrópico, pero su insistencia en la defensa de los negros (cuya importación había aconsejado Las Casas para proteger a «sus» indios) muestra ya un sentido más moderno y racional, si no menos heroico y abnegado, de la igualdad de los hombres. Es en Cartagena de Indias, el centro mismo del mercado de esclavos, donde el catalán Pedro Claver se decra «esclavo de los negros para siempre» y dedica su vida a convivir con los esclavos moribundos. Y es allí mismo donde el padre Luis Frías da una lección de casuismo al servicio de los negros en su sermón del primer viernes de Cuaresma de 1614, del que se sigue su procesamiento por el Santo Oficio. He aquí los autos del proceso recogidos por Liévano Aguirre:

> Dijo el dicho padre Frías que era mayor pecado dar un bofetón a un moreno (negro) que a un Cristo, y volviendo a repetir esta razón, dijo y volvió a decir que era mayor pecado dar un bofetón a un moreno por ser éste hechura e imagen viva de Dios, que no a aquel Cristo, señalando con la mano el Santo Cristo que está a la derecha del Altar Mayor, porque dar un bofetón a un negro es dárselo a una imagen viva de Dios y dárselo a un Cristo es a un pedazo de palo o de madera, imagen muerta que tan sólo significa lo que es.

Un texto que no resisto comparar con el que, sustituida esta referencia religiosa por una visión más científica o histórica, producirá Montesquieu un siglo más tarde, en plena era de las Luces:

> El azúcar sería más caro si no se hiciera trabajar a los esclavos en las plantaciones que lo producen. Los individuos de que se trata son negros de pies a cabeza; y tienen la nariz tan aplastada, que es casi imposible tenerles lástima. No es posible imaginar que Dios, que es un ser sabio, haya puesto un alma, y sobre todo un alma buena, en un cuerpo enteramente negro (...). Una prueba de que los negros no tienen sentido común es que no aprecian el oro. Es imposible suponer que estas gentes sean hombres; ello nos podría llevar a dudar de que nosotros seamos cristianos.

Pero lo que caracterizará a los jesuitas no es tanto su papel en la idealización-defensa del indio (o del negro) como su conciencia de que para superar la postración de los indígenas había que «desarrollar» su sistema socioeconómico. Nada menos pero tampoco nada más que eso:

— desarrollarlo técnica y científicamente... sin suplantarlo por un modelo extraño;

— «desencantar» sus medios... sin «hipnotizarlos» y hacerles perder la sintonía con sus propios fines;

— iniciarles en la razón técnica... sin pervertirles con la razón instrumental.

Todo un prontuario que nos advierte ya de lo que han sido y siguen siendo a menudo las ilusiones de los antropólogos y las perversiones de los colonizadores.

Frente al paternalismo legal y el idealismo caballeresco, los jesuitas se plantean el problema en términos de *desarrollo* y no sólo de *caridad* —de *producción* y no ya de mera *protección* de los indios.[28] *¿Pero cómo era posible un proyecto moderno no sustentado por la «ideología orgánica» de esta modernidad?* He aquí el impresionante reto que plantean los jesuitas al colonialismo español: mantenerse fiel a su original impulso renacentista y cristiano, que significa dejar definitivamente de ser *aún* medieval sin hacerse *ya* protestante-ilustrado; superar la ideología del monje o del hidalgo sin suplantarla por la del comerciante o el burgués.

¿Pero no nos explicó ya Marx que «sólo se supera lo que se suple»? ¿Y no sabemos desde Weber y Sombart, desde Heidegger y Habermas, que es imposible el desarrollo de la técnica sin una conversión a su «espíritu»; que la modernización capitalista no es viable sin su motor y/o legitimación ideológicos? Viable o no, el intento jesuítico de mantener el fiel entre ambos estilos de colonización —autocrática y populista, racional y comunal— es la única alternativa española seria al modelo anglosajón; una alternativa orientada a alcanzar su éxito político y económico sin pagar los costes de su teología de la desigualdad de los hombres.

Pero veamos sucintamente en qué consistió su experiencia. Empujados por los encomenderos del reino de Nueva Granada hacia las tierras selváticas y no colonizadas de los llanos orientales, a mediados del XVII los jesuitas empiezan a extenderse desde Popayán y Quito hasta el Amazonas, y a lo largo del Orinoco hasta el Atlántico. Más tarde los establecidos en el Río de la Plata se internan en los territorios guaraníes que hoy forman parte del Paraguay y Argentina hasta que consiguen en 1649 que Felipe IV incorpore directamente a los indios del Paraná liberándolos de la tutela de los encomenderos, del pago de la Mita y de los servicios personales.[29]

En pocos años los jesuitas consiguen un desarrollo espectacular de estos indios a los que empiezan a *atraer* mediante la música y las «artes mecánicas» («el atractivo más eficaz para establecer un pueblo nuevo y afianzar en él a las familias salvajes —escribe el padre Gumilla— es buscar un herrero y armar una fragua, porque es mucha la afición que tienen los indios a este oficio y grande la utilidad que les da el uso de herramientas que antes ignoraban»), a *fijar* organizando almacenes y cultivos comunes, y por fin a *formarles* y darles el entrenamiento mental requerido para la civilización mecánica en talleres de relojería y joyería. (Se trata, dicho sea de paso, de las mismas armas que utilizarán en China para tomar el poder «desde arriba» y que aquí emplean para organizar «desde abajo» una sociedad primitiva en la que, a los pocos años, proliferan ya los torneros y los sastres, los carpinteros y los impresores.)

La tierra se divide en predios para el trabajo y beneficio común (Campo de Dios) y lotes para uso propio (Campo del Hombre). Los «instrumentos de producción» —fundamentalmente los bueyes y arados— son también de propiedad común. Y no, ciertamente, por principios «comunistas» —algo por lo que fueron primero criticados y luego exaltados— sino por una ponderada mezcla de consideraciones antropológicas y pragmáticas. Por un lado, estas tribus cazadoras y seminómadas no tenían idea alguna de la propiedad individual de la tierra —ni, por lo demás, de las mujeres— según el esquema de las «comunidades prehistóricas» descritas por Morgan y Maine.[30] Por otro, los lotes de tierra privada no bastaban para el sustento del poblado pues, como escribe el padre Cardiel, «para lograr que trabajen en la agricultura es necesario forzarlos y castigarlos, aun cuando los frutos no van a la comunidad, sino que pertenecen a quienes los producen: no miden sus campos, dejan

La legislación de Felipe II (en el grabado) sigue inspirada en el principio medieval, sancionado en los Concilios de Lyon (1274) y de Viena (1312), según el cual «servirse de la miseria» es un Pecado Capital. Y no será hasta la Ilustración cuando se descubra que este sistema va contra la modernidad y se decida atacar los resguardos de «welfare» o los precios «políticos» de los bienes primarios que, como dicen hoy los neoliberales, «no hacen sino favorecer la indolencia y el retraso permanente de los pobres».

«El azúcar – dirá Montesquieu– sería más caro si no se hiciera trabajar a los esclavos en las plantaciones que lo producen. Los individuos de que se trata son negros de pies a cabeza; y tienen la nariz tan aplastada que es casi imposible tenerles lástima.»

Gino Rubert al pie de la pirámide del Sol de Teotihuacan.

morir de hambre a los caballos antes de llevarlos a pastar, se comen las vacas para no darse el trabajo de ordeñarlas, y prefieren en todo caso la artesanía, que pueden intercambiar inmediatamente, que un trabajo agrícola para cuyos frutos han de esperar varios meses».

Una parte de las ganancias comunes se gasta en fiestas o se reparte para el consumo, y otra se reserva para inversión y creación de nuevos «bienes de equipo». Ya en las primitivas colonias del llano y la selva se inicia una especialización o división intertribal del trabajo —los *sálivas* producen sobre todo cacao, los *tunebos* canela, los *casanares* tejidos, etc.— que favorece en pocos años el establecimiento de una escala de comunicaciones mercantiles a lo largo del Orinoco. Para proteger las Reducciones de las otras tribus salvajes o de los piratas holandeses (y luego de las partidas de mamelucos portugueses a la caza de esclavos y de los Jupis apoyados por los paulistas), organizan una caballería que se impone en la batalla de Mborore (1641) y que, un siglo más tarde (1754), al mando del caudillo Sepee, consigue con rudimentarias escopetas de caña detener en dos frentes distintos a los ejércitos español y portugués, hasta la masacre de Caibale en 1756, dramatizada en la película *The Mission*... A estas alturas se trata de un pueblo de 100 000 habitantes organizado por 30 —digo treinta— jesuitas.

Es comprensible, desde luego, que el estilo elitista y paternalista de los jesuitas chocara desde el principio con el espíritu más llano y espontáneo de los franciscanos que les habían precedido. En 1641 (el mismo año de Mborore) el obispo franciscano fray Bernardino de Cárdenas acaba aliándose al nacionalismo criollo contra los jesuitas. A partir de 1719 es el criollo José Anguera y el valenciano Fernando Mompox quienes toman el testigo de este nacionalismo contra las tendencias «realistas, cosmopolitas y extranjerizantes» de los jesuitas. Una nueva clase, base de la posterior emancipación, se está formando en los Cabildos y ciudades con más poder económico que político. Esta clase tiende a enfrentarse tanto a los funcionarios reales llegados de España como a las exenciones otorgadas por la Corona. Ahora bien, sabemos que los jesuitas habían conseguido por decreto de 1709 que los indios de las Reducciones no tuvieran que pagar el diezmo ni estuvieran obligados a trabajar para los hacenderos. Las quejas a la Corona por la falta de mano de obra que ello provoca son constantes, y pronto se les suman las acusaciones de Mompox a las Reducciones por contrabando, comercio ilícito y trampas en la rendición de cuentas al Cabildo.

La reclamación de Mompox es bien sintomática. Ya desde finales del XVII el progreso de las Reducciones es tal que empieza a atraer las inversiones desviándolas de las Encomiendas o latifundios criollos. A los pocos años la administración colonial tiene que acabar fijando fronteras y cuotas máximas de exportación para las misiones guaraníes a fin de proteger el sistema de producción ineficiente de los encomenderos y latifundistas. ¡Imagínense el escándalo de estos delegados de la Corona que han de establecer un sistema proteccionista para defenderse de una sociedad indígena con un superior ritmo de desarrollo! No es extraño, ciertamente, que se aplicaran a hacer correr la voz de que las fronteras sólo las ponían los otros, es decir, que los jesuitas estaban propiciando un Imperio Indio Independiente. Y para demostrarlo a la metrópoli les bastaba a los hacendados criollos describir el sistema de *Ramadas* que rodeaba las Reducciones. «Cuando las Reducciones se vieron asediadas por toda clase de proveedores y comerciantes —comenta Bach— en algunos pueblos de las Reducciones, como San Javier, San José y Santo Corazón, se construyeron fuera de la población los llamados Tambos o Ramadas, provistos de todo lo necesario, y donde los comerciantes extranjeros tenían que hospedarse. Encontraban allí buena comida, buena bebida, buena cama y todas las deseables comodidades, y ello gratuitamente; pero se les vigilaba casi como a prisioneros de Estado. En seguida de llegados, todas las entradas de la Ramada las tomaban los guardianes, a quienes estaba terminantemente prohibido hablar palabra con ellos... Tres días podía pasar el comerciante extranjero en la *Ramada*.»[31]

¿Quién podía dudar, luego de esta descripción, de que allí se estaba cociendo algo? Ahora bien, ¿qué es lo que en realidad se escondía detrás de la «Cortina de Bambú» (Liévano Aguirre) de las Ramadas? Lo que se escondía y protegía no era tanto el desarrollo y eficacia de esta sociedad indígena como el hecho de que allí *no se conocía el dinero*. Más aún: el peso, valor de cambio, había sido vaciado, transformado en «peso hueco» y convertido en pura unidad de medida.

8. El Rousseau de la acera de enfrente

En su *Filosofía del Dinero* Simmel describe el tipo de comportamiento que el dinero tiende a favorecer. La objetividad e imparcialidad con que todo lo mide propicia la consideración científica y desapasionada de la realidad. Al alejar los puntos terminales de satisfacción potencial, favorece también un talante más intelectualista o «secundario» que desarticula y mina la estructura comunal de las sociedades tradicionales al tiempo que genera las bases de la tiranía. «La propiedad común —observaba ya Locke en su *Segundo Tratado*— difícilmente se da en la parte de la humanidad que ha convenido en usar una moneda.» «La primera edad de la tiranía —recuerda B. Russell— fue aquella en que se comenzó a utilizar el sistema monetario.»

Y también la primera edad de la «lógica». El puro negocio —la *finanza*— favorece y requiere el pensamiento puro —la *lógica formal*—. Incluso las luchas y enemistades se hacen menos personales puesto que «todo es negociable» y «el enemigo de ayer puede ser el socio de mañana». A diferencia de los reyes constitucionales, que *reinan pero no gobiernan*, el dinero *gobierna sin mandar* (M. Espinosa). Símbolo de la fungibilidad universal, del «egoísmo en abstracto», el dinero des-cualifa y des-organiza los órdenes «naturales» para imponer en su lugar primero la monarquía absoluta y luego el individualismo liberal, el fetichismo del D-M-D (Marx, «Contribución a la crítica de la economía política») y la creación de partidos o *partisanos* en el sentido en que hablaba de ellos Mirabeau al rey: *Vous compterez un défenseur nécessaire à vos mesures, un créancier interessé à vos succés.*

Pues bien, lo que los jesuitas protegen es un progreso técnico y económico conquistado *contra* esta «ideología natural» de la modernización: contra el afán de lucro, la teoría de la competitividad y la escatología de la desigualdad fundada en el dinero y bendecida por el calvinismo. De ahí que haya tomado la experiencia jesuítica —y no, por ejemplo, la franciscana, más espontánea y simpática en tantos aspectos— como ejemplo de una alternativa a la colonización anglosajona. Al igual que ella, el proyecto jesuita se orienta primordialmente hacia el desarrollo económico y comercial. Pero, en contraste con ella, este desarrollo es inclusivo y no exclusivo. No se organiza, como el de los Padres Fundadores, frente a los nativos sino con y para ellos —a menudo contra los españoles—. Se trata de un moderno espíritu empresarial que pretende sin embargo preservar tanto la raíz igualitaria del cristianismo (interpretada luego en clave socialista, por el abate Lugon y por el fundador del laborismo Cunninghame Graham) como el pluralismo y el respeto clásico por la «forma y mesura» reivindicado en 1793 por el ex misionero Josep Manuel Peramás en su estudio comparativo de las Reducciones y la República o las Leyes de Platón. Un estudio, como advierte A. Armani, «que no pretendía tanto demostrar la adopción de la doctrina por parte de los jesuitas como señalar la universalidad de su buen sentido y *la posibilidad de adopción de las diversas experiencias humanas en el desarrollo y progreso de la vida social*». Lo que significa, si hemos de creer al jesuita catalán, que el desarrollo democrático y la acumulación capitalista no tenían que ser necesariamente tan de sentido único como le apareció a Max Weber por el espejo retrovisor. Las comunidades protestantes estimularon una modernidad foral y liberal, los revolucionarios franceses le dieron un toque más teórico y jacobino, y los católicos españoles podrían haber aportado una posición de equilibrio entre el carácter moral-autonomista de los primeros y el nacional-ideológico de los segundos retomando una tradición que recogía a la vez el individualismo, el clasicismo y el moralismo hispanos. Hemos visto que los nuevos terratenientes criollos y los reyes españoles no estuvieron dispuestos a aceptarlo. Veremos si alguien es hoy capaz de recoger el testigo de esta tradición para colaborar en la respuesta a la «crisis de legitimación» del Estado democrático y del bienestar.

EL RETO, en cualquier caso, era de bulto. Tanto, que en lugar de asombrarse y reflexionar sobre el intento, algunos economistas modernos han pretendido invertir la teoría de Max Weber. Así, por ejemplo, H. M. Robertson, quien en *Aspects of the Raise of Economic Individualism* afirma lisa y llanamente: «El argumento de que el calvinismo relajó la disciplina de los cristianos en su conducción de los asuntos comerciales, es enteramente falsa. Fue el jesuitismo el que relajó esta disciplina más que cualquier otro movimiento religioso abriendo el camino al más desenfrenado individualismo en asuntos económicos y dando su bendición a cualquier operación del espíritu comercial con su doctrina del Probabilismo y de la Dirección de la Intención.» La manga ancha que los jesuitas habían empezado a mostrar en Europa aceptando que los infantes no bautizados pueden ir al cielo o que la ignorancia o incapacidad de cumplir los preceptos libera de la culpa (tesis condenadas por Jansen en el *Agustinus*) tenía así que culminar en una *morale relâchée* «que acomodaba la ley de Dios a los hábitos viciosos del siglo» (Arnauld). ¿Acaso el padre Antonio de Escobar no llegó a justificar el uso de pesas falsas a quien en conciencia considerara injustos los precios impuestos por el príncipe?

Y es cierto, como veremos en seguida, que los jesuitas apelan si es necesario a las leyes del mercado para oponerse al Estado absoluto y sus reglamentaciones que impiden el necesario desarrollo industrial y comercial. Pero nadie tan radical como los jesuitas Laínez, Lugo o el mismo Escobar cuando se trata de criticar las «leyes del mercado» por las cuales el hambre hace subir los precios y la extrema necesidad eleva los intereses. Como ha señalado J. Bradrick, los jesuitas son los más duros fiscales del *Contratus Germanicus*, el *Triple Contrato* y demás fórmulas con las que se pretende legitimar la usura (*The Economic Morals of the Jesuits*). Son sus teólogos quienes se empeñan en especificar meticulosamente las condiciones —*lucrum cesans, damnum emergens* y *periculum sortis*— que solas pueden justificar el pago de un interés por el dinero superior al 5 %. Su defensa del desarrollo y de la producción, «para aliviar la pobreza», corre así pareja a su rechazo sistemático de este desarrollo económico cuando parece adquirir una lógica propia y, en nombre de las leyes del mercado o las necesidades del Estado, se enfrenta al sentido clásico y humanista del límite, a la caridad cristiana o al individualismo renacentista. Y es así, manteniendo las nuevas leyes económicas al servicio de los principios tradicionales, cómo los jesuitas establecen donde pueden un liberalismo paternalista que enfrentó con relativo éxito lo que son aún tres grandes tareas pendientes de la modernidad. Veámoslo bajo los auspicios de tres lemas o «empresas» de Gracián.

1. «*Dios... no se contentó con que los árboles rindiesen sólo frutos, sino también flores: júntese el provecho con las delicias*» (Gracián).

En primer lugar, se aborda el problema de la modernización acelerada de los pueblos retrasados, pero sin el dogmatismo e inhumanidad con que los plantearon tanto el capitalismo como el comunismo modernos. Es decir:

a) Sin la inhumanidad «económica» de la serie de *Poor Law Reforms* que hacían de la miseria y desamparo inducido de muchos la condición del progreso general, y del trabajo el contrapunto puritano del goce. Hemos visto así a los misioneros repartiendo equitativamente los intereses capitalistas de los ingenios o estancias, organizando el primer sistema de *welfare* para huérfanos y viudas, tratando de aprovechar la curiosidad o intereses de los indígenas para «instruir deleitando», e incluso montando representaciones teatrales de tendencia indiófila (el rico Epulón-castellano y el pobre Lázaro-indio) en las reducciones.

b) Pero también sin la inhumanidad «mesiánica» de los socialismos en un solo país que sacrifican el consumo de los ciudadanos a una economía militar o a la construcción de un sistema perfecto para las generaciones futuras. Y en este sentido hemos visto cómo los jesuitas se niegan a deprimir el nivel de vida de los indios en beneficio del desarrollo y la inversión —de lo que en términos capitalistas se llamó el Crecimiento y en lenguaje marxista la Revolución—... Montesquieu dijo que estas misiones «habían mostrado, por primera vez en el mundo, cómo es posible la unión de religión y humanidad». Hubiera acertado más si hubiera dicho «de desarrollo económico y humanidad»: aquello no era nuevo, esto sí.

2. *Visto un león, están vistos todos (...) pero visto un hombre no está visto sino uno, y aún éste no bien conocido* (Gracián).

Los jesuitas tratan también de adaptar y adaptarse a los usos del lugar, para lo que empiezan aprendiendo los dialectos locales, respetando las jerarquías indígenas y elaborando a partir de ellas una *conspicuous consumption* de insignias, rangos o condecoraciones que les permita suplir el estímulo económico. Pero es entre los pueblos cultos de Oriente, más que en América, donde pueden dar mejores muestras de esta curiosidad y flexibilidad que hace de ellos, como Newton, «aprendices inveterados», cuyo «camaleonismo» se adapta a los usos externos para convertir a las almas. Ante el obstáculo que suponía la división de castas, en la India abren dos frentes paralelos: los famosos «jesuitas-yoguis» que andan andrajosos entre los parias, y los que se visten con túnica de lino amarilla y recitan los Vedas o los Sutras para convertir a la casta superior. En la China traducen astutamente *Deus* por «Cielo» (T'ien) para no chocar al impersonalismo ritual confuciano. Utilizan su capacidad de predecir con exactitud los eclipses para constituirse en intérpretes autorizados de la doctrina naturalista del Tao así como para seducir a los emperadores chinos que, como en Egipto o el Yucatán, tienen el Calendario como principal legitimación de su poder. En el propio Paraguay, las fronteras o Tambos se levantan no sólo contra la penetración del «espíritu capitalista», sino también contra el «espíritu castellanista». A la disidencia económica se añade así la política. Demasiado indigenistas para los criollos, demasiado cosmopolitas para los españoles, la Compañía es vista por todos como poco patriótica. No son incondicionales de las fronteras con el Brasil. Luchan para que los españoles no puedan ser corregidores en territorio indio. Defienden el guaraní y las tesis del franciscano Bolaños frente a la política de unificación lingüística —el «nebrijismo», por así decir— de la Corona en sus «instrucciones a los virreyes» de 1550. La existencia del único Estado realmente bilingüe de Hispanoamérica es un testimonio actual de su empeño. Un empeño al que quizá no sea tampoco ajeno el hecho de que los tres jesuitas que fundan la primera misión en territorio del actual Paraguay sean Manuel Ortega, Thomas Filds y Joan Saloni: un portugués, un irlandés y un catalán. La sensibilidad, viva aún en estos países, a los problemas de las autonomías y las lenguas autóctonas, actuó probablemente como freno a las tendencias más centralizadoras y unificadoras de Castilla.

Ahora bien, esta atención, respeto e incluso adaptación a otras razas y culturas es lo que ha faltado sistemática —y, como veremos, sintomáticamente— en el colonialismo anglosajón y norteamericano. Éste se ha movido entre la explotación de los recursos naturales y la proyección de sus esquemas culturales, sin entender nunca los matices de la sensibilidad o la liturgia de los pueblos conquistados —sin perder nunca la virginidad de su ideología, de su sangre o de su lengua—. Hegel vio agudamente que esta falta de sentido de la alteridad era lo único que iba a impedir a USA ser un país cabalmente moderno. Lo que sin duda no podía imaginar es que no llegaran a aprender ni a aprovechar hoy en Vietnam, en Filipinas o en Centroamérica lo que los misioneros aprendieron ya en el siglo XVI y a menudo siguen practicando: desde el arzobispo Rivera del Salvador, del que hemos hablado, hasta el jesuita Emeterio Barceló, mediador en la negociación del gobierno de Aquino con la guerrilla comunista de Mindanao y organizador de las granjas colectivas para la reinserción de los guerrilleros.

3. *De todos, sino de mis enemigos, olvidado* (Gracián).

Hemos visto que el modelo e ideario de los misioneros se oponía al axioma calvinista y capitalista relativo a la necesidad, para que haya progreso, de la *concentración en pocas manos del poder económico*. Y más aún: que su experiencia era una refutación o «falsación» práctica del carácter axiomático de dicho principio. Pero no se crea que fueron menos severos con la *concentración en pocas manos del poder político* en cuya avanzadilla había estado España y que ahora el Despotismo Ilustrado venía a confirmar. Críticos pues del economicismo, no se constituyen por ello en «intelectuales orgánicos» o en «vanguardia ideológica» —como a veces se ha sugerido, aunque no en estos términos— del despotismo e imperialismo español, sino que, siguiendo el ejemplo de los dominicos en 1537 (vid. supra p. 31), no dudan en traicionar los «intereses» de España y los «derechos» de la Corona en nombre de la soberanía popular.

No es pues casualidad si con Carlos V y Felipe II comienza a manifestarse la reticencia frente a los jesuitas que con los Borbones culminará en enfrentamiento y disolución de la Compañía. Ya en el Concilio de Trento, Carlos V apoya las tesis «conciliadoras» de los dominicos Domingo de Soto y Melchor Cano frente a Laínez, Salmerón y Bobadilla. También Felipe II opta por Cano frente a la teología de los jesuitas, que sin duda le aparecía como un reto a la nueva monarquía absoluta. Con razón intuyen los consejeros de corte que el protestantismo, pese a sus perversiones teológicas, es la ideología natural del nuevo Estado Absoluto —como lo será la Ilustración del Despotismo Ilustrado—, y de ahí que no hagan oídos sordos a las acusaciones de «erasmismo» o de voluntarismo «neopelagiano» que se hace a los jesuitas desde las otras órdenes.

No era de esperar, sin embargo, que quienes no habían querido doblegar la voluntad y libertad humanas a la predestinación divina se avinieran ahora a colaborar en su sumisión a la prepotencia del monarca. De ahí que la reticencia de los Austrias pronto derive con los Borbones en enfrentamiento a todos los niveles. En el colonial, los mismos jesuitas que denunciaban la ineficiente colonización de los hidalgos y los criollos critican igualmente el colonialismo entendido ahora —¡por fin!—

Los jesuitas se niegan a deprimir el nivel
de vida de los indios en beneficio del desarrollo
y la inversión, de lo que en términos
capitalistas se llamó el Crecimiento
y en lenguaje marxista la Revolución...
(En el plano, misiones jesuitas en el Chaco.)

¡Qué sorprendente y heteróclita unanimidad consiguen
los jesuitas generar en su contra: la monarquía de España
y de Francia, los dominicos y los agustinos, los criollos
y la Corona, el gobierno de Portugal y el de Flandes,
el Papado y los príncipes protestantes! (En el grabado,
Clemente XIV, papa que suprimió la Compañía de Jesús.)

Lo que los jesuitas (en el busto, san Ignacio según la gubia
de Martínez Montañés) protegen es un progreso técnico
y económico conquistado «contra» esta «ideología natural»
de la modernización: contra el afán de lucro, la teoría
de la competitividad y la escatología de la desigualdad
fundada en el dinero y bendecida por el calvinismo.

a la moderna, es decir, como explotación económica y sistemática por cuenta de las nuevas compañías que pasan de lo brutal a lo impersonal o de lo arbitrario a lo arbitrista. El enfrentamiento llega a hacerse armado cuando, por el Tratado de Madrid de 1750, la Corona cede a Portugal los territorios donde están las misiones del Orinoco, el Amazonas y el Uruguay. La «caballería volante» guaraní formada por los jesuitas vence a las tropas aliadas españolas y portuguesas que pretenden cumplir el tratado y las obliga a firmar el armisticio de 1754, cuyo original, para más inri, está redactado en guaraní.

Humillados en América, los monarcas se ven a la vez amenazados en España por los jesuitas que, siguiendo las enseñanzas de Suárez y Mariana, difunden una doctrina sobre el origen popular de la soberanía susceptible de «alarmar a todos los monarcas absolutistas de la época» (M. Batllori) y sobre la que se les prohíbe hablar en público, en clases o sermones. Enemigos de la Intimidad protestante, los jesuitas no lo son menos del Estado Absoluto: las dos formas energuménicas y desmedidas que el mundo interno y externo van a adquirir desde finales del XVII. ¿Cómo, pues, no ver en ellos los aliados naturales de esta desarticulación que luego interpretaría Ortega como «la continuación del desprendimiento territorial sufrido por España durante tres siglos» y «la manifestación más acusada del estado de descomposición en que ha caído nuestro pueblo... desde 1580»?

¡Hasta aquí podíamos llegar! El motín de Esquilache y una carta al parecer falsificada (donde el general de los jesuitas dice que Carlos III no es hijo de Felipe V sino del cardenal Alberoni) dan por fin el pretexto a Carlos III para expulsar a los jesuitas siguiendo el ejemplo del marqués de Pombal y presionar a Clemente XIV para que disuelva la compañía.[32] Los textos que nos ofrece Liévano, tanto de la «exposición» de Carlos III al Papa como de la Breve con que éste disuelve la Compañía, resumen en cierta manera todo lo dicho hasta aquí. Cito pues en extenso introduciendo sólo dos paréntesis y algunas *cursivas*.

Los desórdenes causados por la Compañía llamada de Jesús en los dominios españoles —dice la exposición— y sus repetidos y ya antiguos excesos contra toda autoridad legítima, obligaron al Rey Católico, en virtud del poder que ha recibido de Dios para castigar y reprimir delitos, a destruir en sus Estados tan *continuo foco de inquietudes* (...) No cabe hoy poner en duda la corrupción de la moral especulativa y práctica de estos regulares, diametralmente opuesta a las doctrinas de Jesucristo. Tampoco hay quien no esté convencido de los *tumultos y atentados* de que se les acusa (...) desde que se han adherido a un sistema político y mundano contrario a todas las potestades que Dios ha establecido sobre la tierra, *enemigo de las personas que ejercen la autoridad soberana*, audaz en inventar y sostener *sanguinarias opiniones* (se refiere al derecho al tiranicidio), perseguidor de los prelados y de los hombres virtuosos (...) Ni aun la Santa Sede se ha visto libre de las persecuciones, calumnias, amenazas y desobediencias de los jesuitas (...) Mientras existan pues los jesuitas (vimos ya que éste fue el primer punto conflictivo en Trento) no habrá posibilidad de atraer al seno de la Iglesia a los príncipes disidentes quienes, viendo cómo estos regulares *perturban los Estados Católicos,* insultan a las sacras personas de los Reyes, *amotinan a los pueblos y combaten la autoridad pública,* evitarán, con su alejamiento, los peligros de tales infortunios. Movido el Rey Católico de estas razones harto notorias y deseando, en fin, cumplir con lo que se debe a la religión, al Santo Padre, a sí mismo y a sus vasallos, suplica con la mayor insistencia a Su Santidad que extinga absoluta y totalmente la Compañía llamada de Jesús, secularizando a todos sus individuos y sin permitir que formen congregación o comunidad, bajo ningún título de reforma o de nuevo Instituto.

Tampoco tiene desperdicio la Breve *Dominus ac Redemptor* de 1773 con la que el Papa satisface sus deseos y disuelve la Compañía:

Inspirados por el Espíritu Santo, según confiamos, movidos por el deber de restablecer la concordia de la Iglesia (...) y movidos también por otras razones de prudencia y de gobierno que guardamos en el interior de nuestro ánimo, suprimimos y extirpamos la Compañía de Jesús, sus cargos, casas e institutos.

Basta recordar los ataques de dominicos, franciscanos y agustinos para saber a qué se refiere al hablar de un «deber de restablecer la concordia», y bastan también las cursivas de la exposición de Carlos III para adivinar esas otras «razones de prudencia y respeto» que guardaba Clemente XIV «en el interior de su ánimo». Acciones y razones que, por el puro interés científico de conocer las lenguas y culturas indígenas, deploraba ya en 1804 G. von Humboldt: «Cuán felices seríamos si les hubieran dejado más libertad y se les hubiera suministrado otros medios para penetrar aún más en el país (...); si al suprimir la orden de los jesuitas, la intriga y el espíritu de partido no hubieran destruido también con encarnecimiento su obra en las partes más alejadas de la tierra —obra que producirá aún el asombro de la posteridad, menos parcial y menos ingrata.»

¡Pero qué sorprendente y heteróclita unanimidad consiguen de momento generar en su contra!: la monarquía de España y la de Francia, los dominicos y los agustinos, los criollos y la Corona, el gobierno de Portugal y el de Flandes, el papado y los príncipes protestantes.[33] No hay duda de que la política, y en especial el enemigo común, genera curiosos compañeros de cama. ¿Y cómo no ha subrayado nadie su profunda analogía con la no menos sospechosa unanimidad que se formó también en contra del «impío Rousseau» del que nos hablaban los jesuitas en el colegio y que desde aquí podemos ver como su aliado espiritual, como *son semblable, son frère*? En efecto, también el filósofo ginebrino consigue unir en su contra nada menos que al Tribunal de París y el Consejo de Ginebra, el papado y Diderot, los propios jesuitas y Voltaire.

La analogía no es ciertamente casual. En *De la Modernidad,* y refiriéndome precisamente a Rousseau, decía que sólo un reaccionario como él podía «negarse a ser un comparsa más en el provinciano culto al progreso o un oficiante de los intereses políticos y económicos dominantes». Ahora siento que debo añadir a los jesuitas a esta familia de «reaccionarios» que se obstinan en decir lo que *nadie* (de los que tienen voz y poder, se entiende) quiere oír en su época. Y lo que tanto el uno como los otros insisten en decir y predicar al siglo XVIII es muy mucho lo mismo —tanto que hay que apelar a lo que Freud llamó «el narcisismo de las nimias diferencias» para entender su mutua animadversión—. Sintéticamente, se trata de las tres afirmaciones siguientes:

— que la conmiseración —y no el temor o el hambre— es la base de la sociedad civil;

— que el pacto reversible —y no el derecho divino ni el positivo— es la base de la sociedad política;

— que la convención o conveniencia —y no el derecho natural— es la base de la propiedad privada.[34]

Éstas son las tesis que, combinadas en proporciones diversas, generan la unánime repulsa del «todo Europa» —con Pascal a la cabeza—. Y con la excepción de Kant, que rechazará todas las legitimaciones *de iure* del poder a partir de una situación *de facto* (el hecho mismo de la servidumbre —Grocio; el «pacto sin retorno» de Hobbes—), para retomar y dar una formulación teórica definitiva al tenso voluntarismo ignaciano o rousseauniano según el cual «yo tengo siempre el poder de la voluntad y no la fuerza de la ejecución; soy esclavo por mis vicios y libre por mi remordimiento». Y para el cual, sobre todo, «mientras un pueblo se ve obligado (por la fuerza) a obedecer y obedece, hace bien; pero tan pronto como puede sacudirse el yugo y se sacude de él, hace mejor aún».

Una peculiar mezcla de liberalismo y tradicionalismo, distinta de la ilustrada o utilitarista, parece inspirar así desde el pensamiento de Suárez y Rousseau hasta —¿por qué no esperarlo al menos?— el actual desarrollo entre autonomista, voluntarista y socialista de la democracia española. Una amalgama, en cualquier caso, donde R. M. Morse cree que debe hoy buscar Iberoamérica —y no sólo ella— su inspiración: «En términos ideales —escribe Morse— cabe esperar que la mezcla de cultura política ibérica con el rousseaunianismo llene las aspiraciones humanistas occidentales más plenamente que el injerto de marxismo en la tradición nacional rusa o que la mezcla angloatlántica de liberalismo y democracia.»

9. Del «Pactum Translationis» al «Contrat Social»

Es conocida la influencia de los jesuitas en la ideología de la Independencia americana: desde Hidalgo y Morelos en México, hasta Nicolás Cuervo en Perú, Diego Villafañe en Argentina, Javier Clavijero en México e Ignacio Molina en Chile. Por no hablar del padre Juan Pablo Viscardo que redacta el libelo en que se inspira la primera proclama revolucionaria del general Miranda: «La Naturaleza, la Razón y la Justicia han prescrito este momento para emanciparnos de una tutela tan tiránica (...) de España que todos nuestros deberes nos obligan a terminar.» Y de su papel en la gestación misma de esta ideología nos advierte ya el Real Decreto de 3 de diciembre de 1769 recogido por Liévano, que ordena la confiscación de todos los bienes a quienes posean un retrato de san Ignacio de Loyola.

Carlos Pereyra insistió en que esta influencia jesuítica había sido *anterior* a la de Rousseau, cuyo *Contrat Social* acaba justo de editarse el año en que Carlos III publica el real decreto de 1769. Pero más allá de la anticipación temporal, lo cierto es que, como observó C. Stoetzel, la teología escolástica y en especial la teoría suareciana del *Pactum Translationis* resultaban más adecuadas (y por lo mismo más subversivas) para deslegitimar la autoridad española sobre los pueblos americanos —o al menos sobre una gran mayoría de ellos—. En efecto; la soberanía es para Suárez una potestad que, aun cuando haya sido transferida al príncipe, queda retenida *in habitu* por el pueblo «para poder, en determinados casos, recuperarla también *actu*» (*Defensio Fidei*, III, III, 2). Con la invasión napoleónica de la Península y la abdicación de la Casa de Borbón en Bayona (1808), la autoridad civil volvía así, automáticamente, al pueblo que había designado al rey como su soberano. La vacancía del trono legítimo —y su usurpación por José Bonaparte— daba lugar a la aplicación del *Pactum Translationis* ya que, como reza la Declaración venezolana de Independencia, «los Borbones... faltaron, despreciaron y hollaron el deber sagrado que contrajeron con los españoles de ambos mundos cuando, con su sangre y sus tesoros, los colocaron en el trono (...), quedando así inhábiles e incapaces de gobernar a un pueblo libre».

Pues bien, la doctrina del Contrato Social nunca hubiera podido legitimar esta revuelta en sociedades donde el *tercer estado* no había configurado todavía una sociedad civil susceptible de establecer dicho pacto. En el contrato de Rousseau, una vez los individuos han transferido la soberanía al príncipe, ellos pierden *total y definitivamente* su libertad primigenia para adquirir otra libertad —civil o política— donde la *Volonté Générale* es la única, exclusiva y absoluta fuente de todos los derechos. Se trata pues de «la enajenación total y sin reserva alguna de cada asociado con todos sus derechos a la comunidad». Y puesto que «no hay ni puede haber interés contrario al soberano (la Voluntad General), éste no tiene ninguna necesidad de ofrecer garantías con respecto a sus súbditos, porque es imposible que el cuerpo quiera perjudicar a sus miembros».

Las doctrinas de Mariana y Suárez, por el contrario, *sí* pueden limitar el poder y legitimar la revuelta personal contra él. Limitarlo por principio, ya que «la comunidad civil perfecta es libre y no está sometida a ningún hombre fuera de ella misma, sino que ella mantiene todo el poder; su régimen (...) es el democrático (...), lo que excluye la sumisión a otro hombre por derecho natural, porque a ninguno ha concedido Dios semejante poder, y si se lo ha transferido es por elección, esto es, por un pacto» (Suárez, *Defensio Fidei*, III, II, 122-123).[35] Limitarlo también desde todo lo que constituye el ámbito de la «sociedad civil»: felicidad individual, vida privada, religión, familia o simplemente «la humanidad en cuanto no está unida en un cuerpo político único».[36] Y legitimar incluso la insubordinación, ya que «cuando la potestad real es legítima tiene su origen en el pueblo (...) el cual puede emplazar al Rey y, si éste desprecia la salud y los consejos del pueblo, puede hasta despojarlo de la corona, porque cuando transmitió sus derechos al Príncipe no se despojó del Poder Supremo (...) Así, cuando el gobernante ocupó el poder sin derecho alguno y sin el consentimiento de los ciudadanos, es lícito quitarle la vida y despojarlo del trono» (*sic,* y por este orden) (Mariana, *De Rege et regis institutione*). También para Suárez «el tirano puede ser muerto por cualquier simple miembro del Estado que soporta la tiranía ya que, 1) si es lícito hacerlo en defensa de la propia vida, mucho más lo es en defensa del bien común y, 2) es como si se tratara de una guerra defensiva contra un agresor injusto, aunque se trate del propio Rey» (*Defensio Fidei*, VI, V, 1647-1653). Aunque no deja de recomendar cierta prudencia y parsimonia en el uso de este derecho:

> es conveniente (*sic*) que sea necesaria su muerte para alcanzar la libertad del reino, porque si fuera posible deshacerse del tirano por otro camino menos cruel, no sería lícito matarle inmediatamente sin una mayor autoridad y examen del caso (ibid., 1659).

Ahora bien, para entender estos textos hay que recordar que para Mariana y Suárez, en estricta oposición a Rousseau, la soberanía tiende *naturalmente* (en sentido aristotélico) a ser transferida al Estado —pero nunca *totalmente*—. Los individuos y los pueblos conservan siempre una «cuota parte» inalienable de su libertad o soberanía originaria (natural, pero sólo parcialmente cedida) desde la que pueden en todo momento, por sí y ante sí, rescindir el *Contrato Social*... Y éste es el «derecho de retracto» que ejercen inmediatamente los líderes de la

Emancipación americana frente a la «traición de Bayona», y sin necesidad alguna de esperar a que se forme una Voluntad General sustitutoria, que en todo caso será el resultado, no la condición, de la rebeldía popular. Se trata, como puede verse, del argumento que desarrolló teóricamente Sartre en su *Critique de la Raison Dialectique* y que recientemente ha utilizado el jesuita Lambino para justificar el derrocamiento de Marcos antes de que una «Voluntad General» constituida legitimara tal acción.

De ahí mi hipótesis *a priori* sobre la influencia relativa de Suárez y Rousseau en la ideología de la Emancipación: *cabía esperar que se apelara al «Contrat» roussoniano allí donde la sociedad criolla había alcanzado un notable grado de desarrollo y dominio, mientras que se buscara apoyo en el «Pactum» suareciano allí donde esta sociedad civil americana era todavía incipiente, y no existían aún clases medias con una definida conciencia política y nacional.* Un estudio comparativo en este sentido, todavía por hacer, explicaría seguramente muchas alternativas ideológicas de la Emancipación.

Se trata, en definitiva, de dos concepciones de la libertad que «convienen» más o menos según el nivel de desarrollo alcanzado por la comunidad. Rousseau está inaugurando un nuevo concepto de la libertad como *Aufhebung* (superación y recuperación) por medio de la educación y el Estado, de una primigenia libertad perdida por completo en el «contrato social». Una *nueva* libertad finalmente mitificada por Hegel, que nace sólo de y por el Estado mismo. La teoría de Suárez o Vitoria (como la implícita en «El Alcalde de Zalamea») no reclama la obediencia a esta nueva libertad estatuida y estatutaria, sino que sanciona lisa y llanamente la desobediencia individual frente a cualquier ley o soberanía considerada injusta.[37] No hay Estado que pueda legislar y administrar ese residuo de libertad que el individuo nunca ha transferido en el pacto o contrato político.[38] Es ésta una libertad que no puede ser *decretada* por el Estado sino que ha de ser *usurpada* al mismo; que puede ser protegida por el Estado pero que nunca será la «estatuida» por él. Como se ve, se trata de una desconfianza muy medieval, y también muy moderna, en el Estado, en cualquier Estado, como encarnación de la Verdad y de la Libertad.[39] Una desconfianza que, como veremos, está también en la base «foralista» del sistema norteamericano: *It is error alone which needs support of government; truth can stand by itself* (Jefferson).

La *Volonté Générale* de Rousseau mantiene —sólo que invertida— la estructura de la Monarquía Absoluta: la tiranía del monarca se hace ahora, como señaló Tocqueville, la tiranía de la mayoría. El parlamento por sufragio universal es también, según apuntó Proudhon, sustancialmente idéntico al monarca: es, como él, absoluto, infalible, inviolable, irresponsable... En ambos casos el poder ha pasado de personal a colectivo, de hereditario a electivo, pero sigue siendo un poder *total* sobre los individuos y, en cualquier caso, *superior* a ellos. Con razón decía a otro propósito Ortega que resulta absurdo guillotinar al Príncipe para sustituirlo por el Principio.

Es sólo la escisión o «conciencia desgraciada» introducida por el cristianismo la que permitirá relativizar ahora la naturaleza misma de este soberano [40] al que el cristiano somete sólo una parte de su libertad —una parte cuya extensión e importancia es él, y no el propio soberano, como en *Du Contrat Social* (I, IV), quien la decide—. El individuo de Suárez —a diferencia del ciudadano de Rousseau o el *zoon politikon* de Aristóteles— no cede más que un sector de su vida, no enajena más que una parte de su libertad. De ahí, como dirá Grocio siguiendo a Suárez, que la *subjectio* pública no suprima, como la privada, el *sui iuris esse,* ni reclame un soberano infalible, carismático y en cualquier caso superior a sus súbditos: el filósofo-rey de los clásicos o la voluntad general de los neoclásicos «que no tiene ninguna necesidad de ofrecer garantías a sus súbditos». *Idéntica* según Rousseau a la Voluntad Divina, la Voluntad Popular hereda ahora el carácter mítico y absoluto de aquélla; sólo *análoga* según Suárez, conserva su dignidad pero no su carácter absoluto: la diluye sin sustituirla.[41]

LA LIBERTAD suareciana es algo que debe ser salvado y, si es necesario, usurpado a los poderes públicos. El corolario de la doctrina moderna de la «voluntad general»,[42] por el contrario, es que debe «educarse para la libertad y la felicidad» de todos los ciudadanos. Como reconoce Rousseau sin ambages,

> El legislador (...) debe sentirse dispuesto a cambiar, por así decir, la naturaleza humana, a transformar cada individuo (...), a alterar la constitución del hombre para reforzarla. Es preciso, en una palabra, que quite al hombre sus fuerzas propias, para darle otras que le sean extrañas y de las cuales no puede hacer uso sin el auxilio de otros. (...) Pues la voluntad del pueblo es una voluntad ciega que con frecuencia no sabe lo que quiere, porque rara vez sabe lo que le conviene (...). Es preciso hacerle ver los objetos tal cual son y mostrarle el buen camino que busca; es necesario liberarla de la seducción de los intereses y de las voluntades particulares.

De ahí que la perfección de este Despotismo Ilustrado se alcance cuando el rey (Federico II) o el ministro (Turgot) son ellos mismos filósofos. Con ellos nace ciertamente la educación general, pero también un nuevo y más poderoso medio de legitimar las diferencias sociales, ya que, si uno puede rebelarse contra el poder de los «títulos» nobiliarios que no suponen merecimiento alguno, parece moral y legalmente obligado aceptar la superioridad inherente de aquellos que detentan los nuevos «títulos» académicos, que parecen encarnar una Razón tan objetiva como administrativa.[43]

> La accesibilidad (...) de los conocimientos teóricos —escribe Simmel— acaba a menudo por provocar una consecuencia que invierte su resultado práctico. Aquella accesibilidad general hace que circunstancias que transcienden la cualificación personal decidan sobre su aprovechamiento real

La soberanía es para Suárez (en la foto) una potestad que, aun cuando haya sido transferida al príncipe, queda retenida «in habitu» por el pueblo para poder, en determinados casos, recuperarlo también «actu». Con la invasión napoleónica de la Península y la abdicación de la Casa de Borbón en Bayona, la autoridad civil volvía así, automáticamente, al pueblo.

Para Rousseau (en el grabado, su tumba en Ermenonville) una vez los individuos han transferido la soberanía al príncipe, ellos pierden «total y definitivamente» su libertad primigenia para adquirir otra libertad, civil y política, donde la «Volonté Générale» es la única, exclusiva y absoluta fuente de todos los derechos.

Con el Despotismo Ilustrado nace ciertamente la educación general, pero también un nuevo y más poderoso medio de legitimar las diferencias sociales, ya que si uno puede rebelarse contra el poder de los «títulos» nobiliarios que no suponen merecimiento alguno, no parece moral y legalmente obligado aceptar la superioridad inherente de aquellos que detentan los nuevos «títulos» académicos, que parecen encarnar una Razón tan objetiva como administrativa. (En la foto, revuelta estudiantil en el Mayo francés del 68.)

(...) dando lugar a una aristocracia tanto más inaccesible e intocable, ya que es una distinción entre lo alto y lo bajo que, a diferencia de la de carácter económico-social, no se puede remediar con un decreto o una revolución, ni tampoco mediante la buena voluntad de los interesados. Jesús pudo decir al joven rico: da todo lo que tienes a los pobres; pero no le podía decir: entrega tu educación a los humildes. No hay ninguna ventaja (...) frente a la que el desfavorecido se sienta internamente tan disminuido e indefenso como la de la educación. Éste es el motivo por el que los esfuerzos que buscan la igualdad práctica suelan despreciar de diversos modos la educación intelectual: Buda, los cínicos, el cristianismo en algunas de sus formas (...). A todo lo cual hay que añadir que la determinación de los conocimientos por medio del lenguaje y la escritura origina una acumulación y condensación de los mismos, haciendo así que las diferencias entre superiores e inferiores sea cada vez mayor.

Todo esto y mucho más nada dice contra los indudables beneficios que comportó luego la educación política y sistemática en la que se empeñaron enciclopedistas e ilustrados, ni contra la eficacia política que tuvo antes la transformación del castellano vernáculo en «artificio» de proyección española por parte de Nebrija en 1492. Sólo dice contra el hecho de que fueran la libertad y la igualdad lo que —independientemente de la voluntad de sus agentes, tantas veces filantrópica— esta educación comportara. No; su eficacia política fue de muy distinto orden. Sirvió ante todo para la socialización y nacionalización de las gentes —para su capacitación técnica o profesional, la burocratización de sus expectativas y la formación del Espíritu Nacional. (De ahí el hecho, sólo en apariencia paradójico, de que la Comunidad Europea haya sido más reticente en los temas de la libre circulación cultural y universitaria que en el de sus mercancías.)

Nada tiene pues de extraño que los hombres renacentistas que no compartían este proyecto político, ejercieran su paternalismo pedagógico bien distintamente. Para los jesuitas lo que había que generalizar era ante todo la fe católica: *Societatis Iesus tota orbe diffusa implet profetiae Malichae*. A partir de ahí los conocimientos eran el *côté aventure* que podía ponerse, bien al servicio de la «seducción» espiritual (China), bien al servicio del «desarrollo» autónomo de las comunidades nuevas (California o Paraguay, Canadá o Brasil) a cuyos usos, por lo demás, los propios jesuitas se convertían sin recato alguno... Es lógico pues que no quisieran dejar ahora en manos de los estadistas o educadores el poder absoluto que habían disputado al mismo Dios protestante. Y también que su crítica a la ilustración sea distinta —en cierto sentido opuesta— a las críticas tradicionalistas. Para ellos *no es la omnipotencia divina o la voluntad de Dios la que limita la intervención educativa y la formación del «hombre nuevo»*, sino a la inversa: *es la propia limitación de esta intervención divina la que se ofrece como modelo del límite en el que deben detenerse sabios y profetas, príncipes y educadores por igual. ¡A buenas horas los críticos de la Predestinación divina iban a dejar al hombre en manos de la Posdeterminación pedagógica!*

Los jesuitas participan sin duda —a veces demasiado— en la tendencia moderna a rechazar las «sutilezas peripatéticas» y la «barbarie escolástica» en nombre de un saber más útil y agradable, más adecuado para manipular a la vez a las cosas y a las personas, como corresponde a un poder que ha pasado de la técnica que Russell denominó *del cerdo* (la fuerza pura y dura) a la *del asno* (la zanahoria de la propaganda y el fomento) y a la *del elefante* en la pista (el directo amaestramiento). Son también ellos quienes introducen en América la nueva mentalidad científica y crítica desde principios del siglo XVIII hasta su expulsión en 1767. Y como recuerda Menéndez Pelayo en los *Heterodoxos españoles,* el propio lord Bacon escribió que los textos de los jesuitas eran inmejorables y debían ser el modelo de todos los centros de enseñanza superior. A lo único que se niegan los jesuitas es a poner la libertad conquistada al servicio del nuevo idealismo determinista y mundano. «El método de los hechos —argumenta el padre Castel contra Montesquieu— se arroga un aire de divinidad que tiraniza nuestra confianza y se impone a nuestra razón. Un hombre que razona (...) me otorga la libertad de juicio. El que grita: he aquí un hecho, me considera un esclavo.» Así es cómo se resisten a sacrificar la libertad conquistada a los viejos «hechos» (los Milagros, la Predestinación o las Formas Sustanciales) en el altar de los «hechos» nuevos (la Naturaleza, el Estado, el Mercado, la Ilustración o la Ciencia Positiva) que en adelante van a encarnar los atributos de la divinidad. Es probable que con este correctivo no se hubiera producido en Iberoamérica la profunda —y patética— continuidad que ensarta sucesivamente el dogmatismo católico con la beatería ilustrada, el positivismo reverencial y la escolástica marxista.[44]

¿PERO ERA REALMENTE tan indispensable —acabará por preguntarse el lector— mantener aún esta última legitimación trascendente que, pese a la modernidad y pragmatismo de su planteo, los jesuitas se resisten a soltar? ¿Acaso no es precisamente esta referencia al Absoluto lo que obstaculiza en definitiva el paso a una concepción realmente civil y liberal? También yo me lo pregunto a partir de mi limitado entusiasmo por los órdenes o verdades absolutas que vengan a legitimar la política: por los derechos divinos o naturales que permiten imaginar y operar como si el derecho tuviera un contenido profundo o trascendente más allá de su estricta publicación y publicidad. Y no sólo me lo pregunto sino que también lo temo cuando veo que este derecho puede quedar entonces en manos de una casta de especialistas en desvelar la Voluntad de Dios, el Orden de la Naturaleza o el Sentido de la Historia.

La mejor actitud ante la política es aún para mí la que se sigue de la clásica —y minimalista— definición ciceroniana: «La República es un conjunto de hombres libres asociados para vivir bien.» Y por lo mismo comparto con Glucksmann el ideal de «mantener la sociedad en la competencia de las reivindicaciones y opiniones que no constituyen un conjunto ordenado». También mi ilusión es la de un Estado que no trate de constituirse en una metafísica y sustantiva *coincidentia oppositorum* a lo Cusa, y que se limite a mantenerse a ras de tierra, a la altura y servicio de los acuerdos espontáneos entre los ciudadanos que hacen siempre del Estado una entidad relativamente redundante. Pero sé también que es ésta una pasión tan legítima como inútil. La experiencia demuestra que, una vez pasados de la escala «democrática» a la «republicana», es imposible desligar la cosa pública de toda legitimación trascendental sin que la política invente su propia autonomía y acabe descubriendo su propia trascendencia. Con lo que sólo deja de ser trascendente para pasar a ser prepotente. Hemos visto cómo, ya desde sus inicios en Hobbes y Rousseau, esta autonomía se resolvía en un Estado «energuménico». En otro libro (*De la Modernidad*, pp. 179 ss.) he desarrollado el siguiente paso: cuando este Estado autónomo se descubre con Hegel como un «universal concreto», como «la encarnación misma del Derecho y la Moral». Y hoy por fin comprobamos que al nuevo fundamentalismo político −versión islámica o liberal, comunista o papal− no parece ya bastarle esta universalidad ni autonomía y trata de juntar el aparato burocrático nacido del «universal concreto» con el aparato ideológico del «universal religioso» medieval para legitimar su monopolio de la fuerza o la conciencia... El proceso, por lo demás, tiene su lógica: en el momento en que se reclama la autonomía del humano Saber (cartesianismo), Creer (Reforma) y Poseer (capitalismo) es lógico que emerja también la autonomía de un Poder libre de toda sanción o control trascendental, con lo que se rompe, para decirlo en la jerga de Habermas, «la articulación entre la esfera cognoscitiva, la esfera práctico-moral y la esfera expresivo-estética (...) que conduce a la cosificación y coerción social de cada esfera separada».

Es sólo frente a este panorama que se me ha ocurrido fantasear la teoría de la tardoescolástica española y la experiencia de los jesuitas como un posible «maximin» liberal: *la tardía secularización del principio de legitimidad teológico como modelo frente a la moderna teologización del principio de legitimidad secular* denunciado ya por Feuerbach y Marx. Creo en fin (vid. infra cap. 21) que las limitaciones de ambos principios de legitimación sólo podrán ser quizá superadas por una democracia constituida y vivida ya como tradición, es decir, hecha convención y uso, lenguaje y tacto.

En este capítulo hemos visto que no era quizá tan innecesaria o dispensable la apelación jesuítica a un principio trascendente. En el próximo vamos a ver que quizá tampoco era tan inevitable su fracaso histórico.

78

10. Una mutación no adaptativa

El hecho es que el proyecto jesuita no prosperó o, para decirlo en términos darwinianos, resultó ser una «mutación no adaptativa». La historia se encargó de aparcar a quienes intentaron un proceso de modernización formalista y voluntarista sin apoyarse en la ideología del Estado-nación que había de articular Europa, ni en la del lucro y la competitividad sobre la que iban a edificarse ya directamente los Estados Unidos. Esto es un hecho: ¿puede transformarse legítimamente en una ley? Las cosas fueron así: ¿resulta también que *debían* ser así? Lo que prosperó fue el Estado absolutista aliado al ideal nacionalista y/o a la ideología calvinista; ¿pero es ello razón suficiente para rechazar como frívola toda consideración sobre el curso posible de otros ensayos y amalgamas?

Está claro que si se cree en una estricta causalidad histórica —eficiente como los ilustrados, final como los idealistas, poco importa— toda consideración sobre «lo que podía haber sido», sobre las alternativas que no prosperaron o los callejones sin salida del pasado, no tiene la más mínima validez ni aun legitimidad. Para ellos, todo lo (aparentemente) anecdótico resulta ser lógico, todo lo contingente es en el fondo necesario. Y de ahí a la directa canonización de lo que se ha ido decantando no va más que un paso...

«Si el azar de una batalla causó la ruina de un Estado —escribía Montesquieu—, ello significa que había una causa general determinando que este Estado pereciera como resultado de tal batalla.» «El único camino digno —insiste hoy un historiador inglés— es escribir como si lo que ocurrió hubiera debido ocurrir obligatoriamente en todo caso.» He aquí dos ejemplos aún prudentes y liberales de ese moderno *idealismo positivista* que empezó profetizando el pasado, continuó canonizando el presente como culminación «lógica» de lo anterior y acabó prescribiendo el futuro como su necesaria superación «dialéctica». Hoy se ha insistido sobradamente en las barbaridades políticas que este moderno idealismo propició; no voy a volver a ello. Sí conviene, en cambio, subrayar:

1.º frente a sus críticos, la impresionante eficacia teórica que tuvo [45] y,

2.º frente a sus acólitos, el efecto entre narcótico y narcisista que tiende hoy a adquirir.

Un efecto narcótico del que siguen dando testimonio todos aquellos que continúan sin saber ver ninguna formación histórica, si no como una forma larvada de aquello que, según ironizaba Nietzsche, «tenía que culminar en nosotros, hombres modernos»: como un estadio aún inconsciente de la Tecnología o del Psicoanálisis, del Mercado o del Estado.

Contra lo que se acostumbra a decir, no son sólo Hegel, Marx o Comte los responsables de este esquema. El propio Heidegger, nada sospechoso de «progresismo», lo reproduce cuando ve en la tecnología a la vez la «culminación»el nihilismo moderno (reducción cristiana del ser a valor + crítica racionalista y desmitificación nietzscheana del valor mismo) y la «realización» de la metafísica occidental (de la distinción humanista entre sujeto y objeto). Como lo retoman todos los historiadores que descubren en la falta de reconocimiento o incluso rechazo jesuítico del Estado absoluto o de las Leyes del Mercado la marca de su carácter reaccionario y el anuncio de su inevitable fracaso histórico.[46] Y claro está que, desde esta visión dogmática y alucinada de la historia, no tenía sentido oponerse al «proceso inevitable» que debía conducir al Estado o al Mercado, al Desierto o a la Revolución. Para ellos, éstas no son realidades que el hombre inventa o crea, sino fenómenos a los que asiste como «pastor del Ser» (Heidegger)[47] o a lo sumo como partícipe de una «clase universal» (Marx) que retoma en el mundo moderno la antorcha del Espíritu. De ahí que en este esquema se equivoquen siempre e inexorablemente quienes no piensan «con la historia» ni con-sienten su cumplimiento.

Ahora bien, si algo significa este fenómeno profuso y aun difuso que se denomina la posmodernidad, es precisamente el rechazo tanto de aquella mítica concepción vanguardista del presente (del «último» arte, método, clase, formación social, etc.) como de la imagen unívoca y la simplista reconstrucción teleológica que desde su retrovisor hacía de todo lo que le había precedido. Frente a este «provincianismo del presente», que yo describí en 1963,[48] hoy vamos dejando de entender nuestras teorías o «fenómenos» sociales como culminación o autoconciencia de todo lo que les precedía y empezamos a verlos como una nueva convención que valoramos más en términos operativos de rendimiento o funcionalidad que en términos metafísicos de verdad. El presente se nos aparece como algo mucho más tentativo o aleatorio y empezamos por fin a rechazar la censura que había estado pesando sobre los momentos políticos y espirituales que parecían contarnos otra historia: los jesuitas o los comuneros, la Contrarreforma o el Barroco.

Hoy son la filosofía y la antropología, la física teórica y la propia historia, las que parecen aliarse para levantar aquella censura y estimularnos a recorrer sin temor estas historias «alternativas»: al prestigio de la causalidad ha seguido el de la casualidad, la imagen del progreso se ha complicado y enriquecido con las imágenes de la «disipación» y las «fluctuaciones» que la ciencia nos ofrece.[49] Incluso las nuevas teorías no pueden ya presentarse como culminación, superación o corolario de las

Más que la religiosa, la rigidez y la intransigencia que se impone a principios del XVI es la política de un brazo secular regalista que se inventa la Inquisición (en el grabado) para aniquilar a quienes defienden las libertades, sea en clave tradicional (comuneros, alumbrados), sea en clave renacentista (jesuitas).

De hecho, la unificación y modernización de España con los Reyes Católicos (en el grabado, su sello) es un movimiento «profundamente superficial», pues no unifica el mercado, sino que deja intactos los sistemas monetarios y arancelarios medievales.

Los Comuneros de Castilla (aquí su decapitación en Villalar, según la paleta de Gisbert) agrupan a los agricultores, las milicias municipales, la pequeña nobleza y el clero: una coalición parecida a la que constituirá en Inglaterra el germen de la democracia parlamentaria con los Tudor; pero que, a diferencia de aquélla, no consigue integrar ni comprometer a la alta aristocracia terrateniente.

anteriores [50] —lo que supondría reincidir en el progresismo vanguardista del pensamiento moderno— sino como una relajación de sus posibilidades, una disipación de sus dogmas, una experiencia en sus márgenes, una disolución de los grumos que se han formado en el curso de su interpretación moderna, un intento de salvar sus puntos ciegos aun al precio de generar otros...

LA PRETENSIÓN de este libro es mucho más modesta. No se trata de reescribir ninguna historia. Sólo de diluir alguno de los grumos conceptuales que han venido a galvanizar o apelmazar nuestra visión del pasado. Y para ello, uno de estos «grumos» viene a cuento.

Se ha convenido en decir que la España de la Contrarreforma acabó por imponerse a la España abierta que se insinuó con los Reyes Católicos y que no volvería a hacer su aparición hasta el siglo XVIII. Pero más que religiosa, la rigidez y la intransigencia que se impone a principios del XVI es política: la de un brazo secular regalista que se inventa la Inquisición para aniquilar a quienes defienden las libertades, sea en clave tradicional (comuneros, alumbrados), sea en clave renacentista (jesuitas). En un solo año —1526— se detiene a Isabel de la Cruz y se prohíbe la predicación a Ignacio de Loyola. En cambio, el erasmismo se convierte por entonces en la «ideología orgánica» desde la que altos funcionarios y eclesiásticos (Fonseca, arzobispo de Toledo; Alonso Manrique, inquisidor general) denuncian las supersticiones populares y proponen la idea de un Imperio Universal.

La historia comienza en 1478, cuando los Reyes Católicos arrancan a Sixto IV el derecho de «presentación» de obispos como premio a su defensa de la Fe, y sigue con la guerra abierta de Carlos V contra Paulo IV (1555), hasta las tensiones entre Felipe II y Pío VII. Es esta mentalidad regalista de la Corona, no la contrarreformista de los religiosos, la que propicia y organiza la Inquisición *frente* a la Iglesia romana (derecho a juzgar a los sacerdotes, a censurar bulas papales) y en general frente a la disidencia político-religiosa interior —investigación de conversos— o exterior —prohibición de estudiar en el extranjero.[51]

No es extraño pues que los jesuitas se encuentren a menudo enfrentados *tanto* a la Corona *como* a la Inquisición, ni que la Contrarreforma de la segunda mitad del XVI resulte mucho más liberal y tolerante que el Regalismo inquisitorial de la primera mitad de siglo. Como recuerda J. H. Elliott, es a partir de Trento y el nombramiento del cardenal Quiroga (1577) cuando se inicia la reforma del clero, se emprenden obras caritativas y asistenciales (hermanos de San Juan de Dios), la escolástica da en España un giro decididamente progresista, se libera a fray Luis de León, encarcelado por la Inquisición, se protege a los «científicos» (Arias Montano o el Brocense) y se recupera la tradición alumbrada que está en la base de la gran mística española. Éste es el espíritu a la vez renacentista y contrarreformista que viaja a América mitigando la rigidez del sistema administrativo castellano. Una rigidez que perdura en España precisamente porque el movimiento «contrarreformista» no tiene aquí a nivel político el éxito cultural y religioso que alcanza en América. En efecto: los comuneros representan este espíritu a la vez individualista y tradicional en rebeldía ante una precoz unificación y una modernización expeditiva que yugulan a la sociedad civil en lugar de fundarse en ella —la defensa de las libertades de la España medieval frente a las injerencias del moderno absolutismo—. Y una vez más los «grumos» que estereotipan nuestra visión de la historia vienen a dificultar la comprensión de este movimiento que Marx no dudó en denominar la única «revolución seria» de la historia de España hasta el siglo XIX. Revolucionario para unos, reaccionario para otros, cuesta entender que se trata de un movimiento constitucionalista y liberal porque sintetiza el nuevo espíritu renacentista con las viejas aspiraciones tradicionales.

De hecho, la unificación y modernización de España con los Reyes Católicos es un movimiento *profundamente superficial*. Y no se trata de ninguna paradoja ni juego de palabras. Es *superficial* porque no unifica el mercado sino que deja intactos los sistemas monetarios y arancelarios medievales. La aristocracia conserva también sus privilegios económicos y sociales, con los que la Corona les «compra» los políticos. El Imperio no es tampoco capaz de defender su mercado con una política mercantilista consistente. De todo ello resulta un Estado todavía patrimonial al que se ha sobrepuesto un casquete de unificación legal y religiosa. Pero este casquete, a su vez, es muy *profundo* ya que pronto controla las fuerzas vivas de la agricultura (que subordina a los intereses latifundistas y exportadores de la Mesta), de las cortes (que nunca llegan a tener poder legislativo ni de convocatoria), de las ciudades (a las que, desde 1480, manda a los corregidores para vigilar al alcalde), y de los gremios (que, fuera de Cataluña y Aragón, son controlados antes de haber tenido tiempo de desarrollarse).[52]

Pero estas fuerzas se resisten a desaparecer y dan su última batalla a Carlos V. Las Germanías de Valencia reúnen a los pequeños burgueses, a los artesanos y tejedores, encabezados por el catalán Joan Llorenç, que se enfrenta a los nobles y funcionarios estatales soñando en una República comercial al estilo de Venecia. Los comuneros de Castilla agrupan a los agricultores, las milicias municipales, la pequeña nobleza y el clero: una coalición parecida a la que constituirá en Inglaterra el germen de la democracia parlamentaria con los Tudor pero que, a diferencia de ésta, no consigue integrar ni comprometer a la alta aristocracia terrateniente que en este país, a diferencia de la *gentry* inglesa, se burocratiza en lugar de aburguesarse. Su carácter revolucionario y general se pone de manifiesto en los levantamientos armados de ciudades tan distantes como Valladolid, Jaén y Valencia. Su ideario constitucionalista y liberal es patente en todas sus reclamaciones: expulsión de los corregidores, defensa de la independencia de las Cortes y derecho de las ciudades a convocarlas, etc. ¿Cómo se ha podido decir, pues, que los comuneros y germanías son movimientos puramente xenófobos y oscurantistas que representan la reacción de la España cerrada frente a los aires nuevos de Europa? La confusión proviene del mismo prejuicio o «grumo» progresista que hemos visto: la incapacidad de entender que si el Estado unitario representa entonces una *forma* superior de organización política, el *contenido* liberal, pluralista y constitucional del mismo está representado por las fuerzas tradicionales que, como los comuneros, no quieren doblegarse a él.[53] Un prejuicio en el que no incurrió Marx al reconocer en la revuelta comunera un movimiento que, de vencer, hubiera permitido en España, como en Inglaterra, «trocar la independencia local y la soberanía medieval por el dominio general de las clases medias y la común preponderancia de la sociedad civil». Es lo que reconoce también Rafael Sánchez Ferlosio, pese a su alergia a las autonomías, por lo demás bien explícita en su texto: «Si entonces la historia hubiese sido servida de tomar otro sesgo (victoria de las Comunidades), tal vez las autonomías ciudadanas habrían podido ser un verdadero principio de venturas y prosperidades; no como hoy, que ya no pueden ser más que tardías, falsarias, artificiosas y hasta rencorosas perversiones narcisistas.»

Vimos que, desde un punto de vista cultural, el Barroco y la Contrarreforma fueron en cierto modo capaces de absorber y elevar inductivamente aquella tradición hasta organizarla a escala del nuevo Estado nacional. Desde un punto de vista político, acabamos de ver que la sobrevivencia de las libertades tradicionales fue mucho más problemática y el Estado tendió a organizarse deductivamente sobre sus escombros.[54] El contraste entre estas dos formas de modernización resume el activo y el pasivo tanto de la colonización americana como de la propia unificación española.

Pero sobre esto hemos de volver más adelante. Baste por el momento dejar constancia de que la defensa de las libertades y el pluralismo no estaba más del lado de Erasmo y el nuevo absolutismo que de la Contrarreforma e Ignacio de Loyola. La Inquisición, en cualquier caso, estuvo antes al servicio de aquéllos que de éstos.

11.   «Ripresa e Coda»

¿Qué se ha dicho hasta aquí?

1.   A fin de matizar la distinción de monseñor Rivera entre conquista y evangelización, empecé por recordar el desarrollo, sofisticación y autoconciencia de la cultura precolombina, que no es en absoluto, según el prejuicio de Hegel y Burckhardt, una «cultura geográfica» necesitada del espíritu europeo para hacerse consciente —no más, en cualquier caso, de lo que *toda* cultura necesita de las otras como espejo para llegar a reconocerse.

2.   Pero si ello no nos permite considerar el mundo indígena como «objeto» de la conquista, tampoco la evidente superioridad técnica y estratégica de los castellanos resulta, a la luz de la moderna antropología, un argumento que nos autorice a considerarlos a ellos como «sujetos» de la misma. Se trata, simplemente, de dos niveles de desacralización del mundo que ambas partes encarnan, y cuyas causas rebasan por igual a unos y otros.

3.   Donde sí parece, por el contrario, que los hispanos pueden sentirse legítimamente sujeto —sujetos distintos y aun superiores a los de otras conquistas— es en su colonización-evangelización, tan distinta del talante racista de las conquistas clásicas como del planteo instrumental de las anglosajonas. Más que por el «descubrimiento» de América, deberían enorgullecerse pues de su «reconocimiento». Es evidente, por lo demás, que este texto se escribe desde la experiencia de —y el complejo ante— la evidente superioridad de los resultados tanto económicos como políticos de la colonización en los Estados Unidos del Norte en contraste con los Estados Desunidos del Sur: desarrollo, federalismo y democracia allí donde nosotros hemos dejado un rastro de subdesarrollo, fragmentación y caciquismo.

4.   Es posible, sin embargo, que los pobres resultados de la colonización española sean también la otra cara de sus virtudes, los costes de la hazaña a la que debe Iberoamérica su propia existencia. Y en este sentido la aportación religiosa, lingüística y genética de España constituyen ni más ni menos que la *invención* de América.

5.   En efecto; es a partir de una arraigada convicción en la igualdad de todos los hombres que se mezclan sangre y cultura para producir —para inventar— una raza y una cultura «otras» (Bolívar, Vasconcelos). Algunos habitantes de aquellas latitudes pueden pensar que quizá con

una conquista clásica o anglosajona les hubiera ido mejor —pero en todo caso les habría ido a *otros*, pues ellos, simplemente, no existirían—. De esta conciencia de la igualdad nace igualmente el primer interés antropológico *avant la lettre* —el interés por lo otro en cuanto otro— que vemos despuntar en un simple soldado como Bernal Díaz, exacerbarse en Las Casas y producir la magna obra de Sahagún.

6. Es bajo el influjo de este mismo espíritu que se redactan las Leyes de Indias para defender la libertad de los indígenas frente a la oligarquía criolla de los encomenderos. Leyes que nunca acabaron de cumplirse, en cierto, pero que quizá por lo mismo muestran mejor que nada el destino *pathológico* de la civilización occidental: el sojuzgamiento científico y militar del mundo y la crónica «mala conciencia» que de él se sigue.

7. El «desarrollo» económico que pudo seguirse de la conquista viene frenado, en España, por la facilidad con que se controlan las riquezas americanas y el botín a ellas asociado: virreinatos, capitanías, corregimientos, audiencias, cabildos y «otros tesoros de mercedes burocráticas con los que, como dice C. Sánchez Albornoz, la Corona puede seguir haciendo girar a su alrededor el cosmos pedigüeño de nuestra miseria aristocrática y a las masas estelares de nuestro pueblo (...) lanzando hacia las gestas de ultramar y hacia la burocracia o la riqueza americanas a muchedumbres de activos y sosegados españoles que de otra forma habrían proseguido en España su labor económica». La rapidez con que se impone en América un patrón administrativo legal y municipal de «nueva planta» tiene, sin embargo, su contrapunto en la precocidad con que, según vimos, se mezclan culturas y razas. Martín Cortés, hijo de Hernán Cortés y la Malinche, es todo un símbolo de cómo desde el principio «incluso los hijos nacidos de uniones casuales y temporales con indígenas son así reconocidos y atendidos económicamente por sus padres españoles» (Parry).

Sin este «embrollo», sin duda, el desarrollo hubiera sido más fácil, como se comprueba en el proceso de las colonias angloamericanas. El talante y la religión de la conquista castellana —y la propia sofisticación de las culturas autóctonas— no permitían sin embargo una aséptica y económica explotación de las nuevas tierras. Falta en España una «ideología orgánica» que avale una explotación lineal, racional y sistemática, basada en el axioma de la desigualdad entre los hombres y las culturas. De ahí que los esfuerzos de la Corona se dirijan a *proteger* a los indios más que a *desarrollar* sus comunidades.

8. Los jesuitas españoles trataron de sintetizar estos modernos imperativos con aquellos principios cristianos de igualdad y libertad: *desarrollar la economía sin desencantar la realidad.* Fue un intento de no utilizar ni el impulso calvinista ni la legitimación ilustrada en que se basó el modelo de modernización ortodoxa —y que acabó política y militarmente con su «ensayo»—. Este fracasado intento sigue, con todo, simbolizando un posible modelo alternativo para alcanzar las mismas cotas de desarrollo sin los costes —concentración del poder, pauperiza-

Según Sánchez Albornoz, la conquista lanzó «de sus talleres y de sus campos, hacia las gestas de ultramar y hacia la burocracia o la riqueza americanas, a muchedumbres de activos y sosegados españoles que de otra forma habrían proseguido en España su labor económica».

«Incluso los hijos nacidos de uniones casuales y temporales con indígenas son reconocidos y atendidos económicamente por sus padres españoles» (Parry). Sin este «embrollo», sin duda, el desarrollo hubiera sido más fácil, como se comprueba en el proceso de las colonias angloamericanas. (En estos grabados del Museo Antropológico Nacional, muestras de mestizaje.)

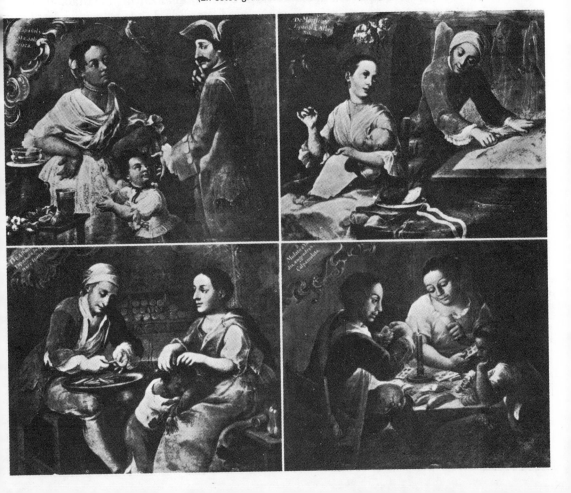

ción planificada, daltonismo cultural— que se siguieron de aquel sistema.

Es más, el probabilismo jesuítico es seguramente, junto al jurisprudentismo anglosajón, el más elaborado intento de suplir la moral social tradicional, dogmática o doctrinaria, por una ética individualista y mundana que se adapte a la crónica ambigüedad y al cambio acelerado de la sociedad moderna, al tiempo que se enfrenta a sus *nuevos* dogmas: Razón patrimonial e instrumental, Estatismo y Fideísmo. «Más obliga la caridad que la religión», dice el teólogo Antonio Dunia. Nadie peca por el hecho de negarse a obedecer la ley promulgada, insiste Antonio Escobar. Y en cualquier caso es lícito seguir la propia opinión, aun frente a la más probable del juez o el soberano, por el solo hecho de que aquélla beneficia más la libertad del ciudadano que la autoridad del príncipe (Castro Palao, Tomás Sánchez)... La «conciencia laxa» del probabilismo tiene aquí una función análoga a la tradición de la *Common Law* (vid. infra p. 113). Ambas introducen la flexibilidad, el relativismo y la distancia frente a la norma promulgada. Sólo que, en un caso, mediante un *tradicionalismo racionalizado* y, en el otro, como corresponde a una filosofía «continental», por medio de un *individualismo socializado*.

Esto hasta aquí. En adelante trataré de: 1) analizar la «meditación del propio ser» que surgió en España con la pérdida de sus colonias y la que se produjo en toda Europa ante el éxito de las colonias inglesas; 2) contrastar sistemáticamente las categorías dentro de las que ambos modelos se mueven para subrayar la raíz *clásica* del iberoamericano frente al origen e índole *góticos* del norteamericano; 3) dar cuenta de las razones, estructurales y coyunturales, que explican tanto la eficacia del modelo anglosajón como los límites y tropiezos con que hoy se enfrenta; 4) advertir a los norteamericanos (pues a ellos se dirigía originariamente este discurso: vid. Introducción) que la inspiración en algunas notas del colonialismo español, incluso alguno de sus fracasos, podría ayudarles a entender mejor sus propios problemas exteriores; 5) sugerir, por fin, a los iberoamericanos que la experiencia democrática española podría tal vez orientarlos en el camino de una síntesis aquí ensayada entre tradicionalismo y voluntarismo socialista, entre nuestras «convenciones» latinas y el sentido anglosajón de la política como «convención». O dicho de otro modo: entre las convenciones tradicionales y pactadas, entre las sociales y las contractuales. Con ello concluiremos.

12. «La meditación del propio ser»

Hemos visto el intento de organizar un sistema productivo que no fuera a la vez competitivo —de introducir la colonia en la modernidad sin los costes de una ideología de la desigualdad, de la explotación y la aculturación, que a ella van ligados—. Al lado de esta *superación* (fracasada) del estilo medieval, burocrático y patrimonial, podríamos buscar en la costa californiana una *excepción* a la regla: la colonización de los franciscanos de California, donde el sentido mercantil, la ética del trabajo y la tolerancia catalanas (manifiestas ya desde la *Disputa de Barcelona* con los judíos al *Llibre del gentil e los tres savis* de R. Llull) les llevó a articular sus misiones como unidades a la vez sociales y productivas. Pero en el fondo, si no en la forma de estas «experiencias» o «excepciones», no puede dejar de reconocerse también el talante que inspiró la colonización española, y que en California o Arizona percibimos en claro contraste con la anglosajona.

¿Pero tiene algún sentido seguir hablando enfáticamente de la colonización española e identificarse, incluso, con ella? La indignación de Savater es en cierto modo comprensible:

> Si ya es abusivo decir, por ejemplo: «Los españoles *somos* de tal o cual forma», aún resulta más intolerable afirmar: «Los españoles *éramos o hicimos...*» ¡cuando se está refiriendo uno al siglo XVI! Por esta vía se pretende dar a entender que Hernán Cortés o Viriato forman parte de nuestro pasado personal casi como el niño o el adolescente que fuimos...

Pienso, sin embargo, que el escándalo se esfuma tan pronto recordamos que entre Viriato y Cortés ha pasado algo que, como repitió Américo Castro, tiene que ver con la conciencia e identificación de ese «nosotros». «Hacia el año 1000 —decía Spengler— los hombres más importantes se sienten ya dondequiera alemanes, italianos, españoles, franceses. Seis generaciones antes, sus abuelos se sentían, en lo profundo de sus almas, francos, lombardos o visigodos.» Por lo demás, los catalanes no necesitamos leer a Spengler para saber que ese «nosotros» que conquistaba América se afirmó, más de una vez, *frente a* nosotros.

El escándalo de Savater ante la historia que nos han contado (como el que yo expresaba en el capítulo primero al insistir en que tan «objeto» del proceso fueron los conquistadores como los conquistados) desaparece al punto si renunciamos a una imagen aún fetichista de la historia y pasamos a entenderla, simplemente, como «el estudio del pasado que hace comprensible y crea la coherencia de lo que ocurrió reduciendo los acontecimientos a un modelo dramático y viéndolos en una forma simple» (Huizinga). Podemos entonces discutir entre el surtido de modelos con que se ha hecho nuestra historia: Tucídides y Agustín, Maquiavelo y Burckhardt, Spengler y Marx. Y podemos también, como yo me propongo en seguida, cuestionar el especial «dramatismo» del esquema —unidad imperativa vs. dispersión degenerativa— con que, desde la generación del 98, en la resaca de la pérdida colonial, se entendió la historia de España.

Esta dramática «meditación del propio ser» ha aparecido siempre que España se ha sentido acomplejada y desconcertada —aunque pocas veces acierte en el diagnóstico de sus problemas—. Es el tema de las críticas y apologías de finales del XVIII en torno a la importancia de la cultura española (Masson, Denina), cuando lo que se está perdiendo es la revolución política iniciada ya en Inglaterra o Estados Unidos y a punto de estallar en Francia. Y vuelve a ser el tema del fin de siglo siguiente para los autores del 98 que deploran la pérdida del Imperio, cuando lo que se está perdiendo o se ha perdido ya es la revolución industrial. Como aquel famoso general que siempre estaba «dispuesto a ganar... la batalla anterior», aquí, por lo que se ve, siempre se está dispuesto a plantearse la revolución pasada —*une revolution en moins*—. Las crisis objetivas se transforman inmediatamente en «crisis de conciencia» —o de confianza— de modo que la *reflexión* parece toda absorbida y agotada en el intento de *justificación* de «la actual postración» española. Y tanto en el XVIII como en el XIX, las posiciones se reparten entre, por un lado, un *nacionalismo exacerbado* que busca antecedentes gloriosos [55] y para el que nuestra «peculiaridad» justifica nuestro «aparente» o parcial retraso en «ciertos aspectos» —que no en otros— y trata aun de hacer de la necesidad virtud: «vivan las taras, por bien que sean típicas» (Forner, Ganivet, Américo Castro); y, por otro, un *nacionalismo ilustrado* que a la vez que exalta este pasado le vuelve la espalda y propone un trasplante de «cultura» europea (padre Juan Andrés, J. Ortega y Gasset).

ACOSTUMBRADOS A ASOCIAR prestigio con magnitud, la pérdida de las colonias se siente en Castilla como una derrota, «y como si no tuviese tan largos siglos de historia —prosigue E. Nicol—, España empieza a preguntarse por sí misma, como las naciones jóvenes. Se exalta el patriotismo en la autocontemplación; y si acaso la contemplación recae sobre algo que no está bien, se ama lo que no está bien simplemente porque es parte de nuestro ser... Si los campos eran yermos, los yermos tenían una belleza que exaltaba el alma y abría los horizontes de la aventura. En ellos había que buscar, acaso, la razón profunda de ese espíritu de empresa de que dieron pruebas los grandes descubridores y conquistadores. Era en vano recordar que en tiempos de las conquistas aquellos campos no eran tan desolados, y que su desolación actual no inspiraba gestas parecidas. Lo que debía ser objeto de cultivo agrícola se transformaba, por lo pronto, en objeto de cultivo poético».

Baste tomar, como ilustración de esta actitud, las tesis de Américo Castro y Ortega. Donde Ganivet se escuda aún en el relativismo —«la filosofía *más importante* de cada nación es la suya propia, aunque sea muy *inferior* a la imitación de extrañas filosofías»—, Américo Castro pasa ya a la dolorida autoafirmación: «Más que continuar renegando de Carlos V, de los íberos y de tantas otras *causas* de las desventuras españolas, hay que adentrarse en lo que nuestros antepasados *prefirieron hacer* a todo riesgo (...) y entender así su *hidalga* resistencia a sacar provecho de las fabulosas riquezas de las Indias.» ¿Que por qué lo prefirieron? El argumento de A. Castro, de mil modos repetido, es más o menos como sigue. A lo largo de la Reconquista, y por influencia del sistema de castas árabe y judío, se forma un carácter español [56] *castizo*, es decir, configurador de grupos cerrados y definidos por la jerarquía y la tradición de creencias (en el capítulo 18 veremos lo que esta actitud tiene aún de democrática en la Europa de la época). Ahora bien, la «casta» más prestigiosa es la de los castellanos viejos, de modo que, por una ironía de la historia, el espíritu castizo acaba por discriminar, segregar o expulsar a sus propios importadores —y privar a España de las virtudes y capacidades por ellos representadas—. A partir de ahí surge este «calvinismo de la acera de enfrente» que es la ideología o, como dice Castro, la *vividura* del hidalgo: toda capacidad técnica, acumulación de riqueza o aun información cultural aparecen como sospechosos «signos» de un origen poco «casto» (¿ha desarrollado alguien esta curiosa homonimia?). El hidalgo puede «ser pobre, pero no debe nada a nadie en sangre» (Quevedo). Al castellano viejo, o a quien quiere parecerlo, sólo le queda pues la actividad de someter o «reducir» (el Cid reduce al león, el conquistador a los pueblos, D. Ortega al toro).[57] Todo «hacer» menos importante o grandioso podría poner en cuestión el «ser» del hidalgo —del «hombre señorial» (Vossler) o el «tipo caballeresco» (Belloc)—. De ahí, según Castro, este carácter imperativo y «señor» del castellano que no puede rebajarse al laborioso control técnico de las cosas sino que necesita del dominio e imperio sobre las personas y los pueblos —sobre otras «conciencias» que le ratifiquen y reflejen su señorío— como en el capítulo «Dominación y servidumbre» (B, IV, 4) de la *Fenomenología* de Hegel.

Nada más sintomático de este carácter descrito por A. Castro que la propia «meditación» de Ortega, planteada aún en términos de «mando» y «sumisión». Sólo que Ortega quiere secularizar y modernizar este tradicional espíritu de casta: «Tan absurdo como sería querer deformar el sistema de las órbitas siderales, o negarse a reconocer que el hombre tiene cabeza y pies, la tierra Norte y Sur, la pirámide cúspide y base, es ignorar la existencia de una contextura esencial de toda sociedad por la que los individuos son repartidos en los diversos rangos sociales en virtud de un principio genealógico, de herencia sanguínea. Elimínese este principio mágico del régimen de castas y quedará una concepción de la sociedad más honda y trascendente que las hoy prestigiosas.» Pero sabemos también que, según Ortega, en España se ha producido una «perversión de afectos» por la que «se da en odiar a toda individualidad selecta y ejemplar por el mero hecho de serlo». La nueva España de masas «es incapaz de humildad, entusiasmo y admiración a lo superior», y ha perdido «esa gravitación originaria de las almas vulgares, pero sanas, hacia las fisionomías egregias»: esa docilidad a lo ejemplar que, según Ortega, es «la función psíquica que el hombre añade al animal y que dota de progresividad a nuestra especie frente a la estabilidad relativa de los demás seres vivos». Nada menos... Yo pienso todo lo contrario. Creo más bien que es una suerte y un honor para España el que, a pesar de todo, se haya mantenido en ella este «perverso» espíritu popular: este fondo radical y liberal de Juan Crespo, no tan dispuesto a imponer como a «morir por la opinión», y que mantiene el cazurro escepticismo o reticencia que habla por boca de Rebolledo:

> *Mate moros quien quisiere*
> *que a mí no me han hecho nada.*

Como es también un honor el haber introducido la *ambigüedad* y la *duda* en la épica hasta transformarla en una «épica vacilante», que por lo mismo no es ya épica sino novela: en el *Quijote,* donde «Sancho es el espejo de la conciencia que mira y mide al genial caballero» (M. Zambrano), o en la *Verdadera Historia,* donde Bernal Díaz «presenta el drama en forma de una ignorancia mutua de lo que realmente le estaba ocurriendo al emperador derrotado y al conquistador triunfante» (C. Fuentes).

«Todo necio —decía Machado— confunde valor y precio.» Y podríamos añadir que todo español *imperativo,* al estilo del descrito por A. Castro y encarnado por Ortega, confunde valor con mando, y ciudadanía con sumisión. O a nivel nacional, lo que es aún más peligroso, confunde virtud con magnitud, grandeza con dominio, desarrollo con ensanchamiento e identidad con unidad. Ortega es un perfecto ejemplo de esta mayúscula confusión del «talante nacionalizador», no ya con el práctico saber hacer, ni aun con el democrático saber convivir, sino con el hidalgo saber mandar: «Mandar —añade—, que no es simplemente convencer ni simplemente obligar sino una exquisita mixtura de ambas cosas: la sugestión moral y la imposición moral van íntimamente fundidas en todo acto de imperar.» De acuerdo con este calvinismo invertido (a no confundir con el «recuperado» por los jesuitas), «la ética industrial (...) es moral y vitalmente inferior a esta ética del guerrero» en la que «obran los hombres íntegramente solidarizados por el honor y la fidelidad, dos normas sublimes».

Está claro que «los mejores» en los que Ortega sueña son aquellos especialistas en «mandar, reducir y someter» —un espécimen castellano

En la colonización de los franciscanos de California (en la foto, misión de San Fernando, en Los Ángeles) **el sentido mercantil, la ética del trabajo y la tolerancia catalanas** — manifiestas ya desde la «Disputa de Barcelona» al «Llibre del gentil e los tres savis» de R. Llull— les llevó a articular sus misiones como unidades a la vez sociales y productivas.

Al castellano viejo, o a quien quiere parecerlo, le queda la actividad de someter o «reducir». (Los distintos planos de este «Desembarco de Cortés en Veracruz» resaltan la actitud «política» de Rivera frente a ese «imperativo reduccionista». Al fondo, los INVASORES, fríos y crueles, y la NATURALEZA, hombres y animales sojuzgados. En primer término, de izquierda a derecha, los SOLDADOS que marcan a fuego la «g» de «guerra» en la frente de los vencidos; CORTÉS, físicamente contrahecho, en tratos con un mercader de esclavos, y las «víctimas inocentes»: los MESTIZOS.)

«Todo necio —decía A. Machado, aquí fotografiado por Alfonso— confunde valor y precio.» Y podríamos añadir que todo español «imperativo», al estilo del inventado por A. Castro y exaltado por Ortega, confunde valor con mando y ciudadanía con sumisión.

que la historia económica y política se había encargado ya de aparcar y para el que, perdidas las colonias, trata de encontrar Ortega una nueva tarea *interior*: una «gran empresa incitante», un «gigantesco proyecto» o «sugestivo plan de vida en común»—. Lo malo es que el espíritu imperativo necesita del sometido como materia prima, de modo que no ve en la rebelión de éste —de quien no se siente incitado ni sugestionado por el proyecto— más que el síntoma de una «perversión emocional de la nación, mucho más grave y amplia que la política, que desde hace siglos no hace sino deshacer, desarticular, desmoronar, triturar la estructura nacional». De ahí la «sugestiva tarea» que atribuye Ortega a este espíritu imperativo, desafectado ahora y sin imperio: luchar por que la *desagregación* de las colonias no se continúe con la *descomposición* de esta «España integral... hecha por Castilla, y hay razones para ir sospechando que, en general, sólo cabezas castellanas tienen órganos adecuados para percibirla».

Así es cómo Ortega abre una «nueva frontera» —una nueva cruzada— para este espíritu imperativo que se ha quedado sin función pero que se resiste a su «reconversión (nunca mejor dicho) industrial»... Y ello en los mismos años en los que María Zambrano está ya advirtiendo contra «esta voluntad pura y coherente (...) que se ha quedado sin empleo pero no aprende, como el Quijote, del fracaso».

Queda dicho que, por definición (de Américo Castro y el propio Ortega), al «reductor» nacionalismo español no le basta el control de las cosas sino que necesita dominar otras naciones. Pues bien, el descubrimiento teórico de Ortega (aunque posterior ya, como siempre le ocurre a la lechuza de Minerva, a su puesta en práctica) es que se puede empeñar este espíritu imperativo en reducir el «triste espectáculo» de los «nacionalismos y separatismos de ahora que no hacen sino continuar el progresivo desprendimiento territorial sufrido por España durante tres siglos». Y ésta es la aportación más significativa de Ortega: el asegurar o *reforzar la continuidad del espíritu imperativo en la continuidad de una misma empresa*: la lucha contra esa «desagregación que en serie ininterrumpida ha llenado los últimos siglos de nuestra historia y que hoy, reducida la existencia española al ámbito peninsular, ha cobrado una agudeza extrema bajo el nombre de particularismo y separatismo».

Al nacionalismo castizo e historicista de A. Castro la «meditación» ilustrada de Ortega le añade dos claros «proyectos» en los que canalizar la nostalgia: *el dominio y unificación de España como sustitución y el europeísmo como compensación*. Precisamente para reactivar su «sueño americano», este peculiar integrismo ha de dar ahora la espalda a América para buscar y predicar dos nuevas asimilaciones: la integración *de* España y la integración *a* Europa. Con lo cual traiciona igual y doblemente la realidad multinacional de España: un país que es más y menos que un Estado convencional, pues *es lo que no incluye e incluye lo que no es*; que *es*, también, Iberoamérica, y que sólo *incluye*, sin embargo, a Cataluña o el País Vasco.[58] De ahí que cualquier integración como la propuesta por Ortega, fundada en el olvido de esta realidad

—un país difuso en sus extremos, abierto por dentro y por fuera— no sería sino una traición a sí misma en el mismo sentido en que se puede decir que Bayona o la expulsión de los judíos fueron traiciones a España.

Es más; este «proyecto» suponía el olvido de lo que quizá son las dos grandes lecciones —una teórica y una práctica— que podía haber extraído España de su experiencia americana. La lección teórica es que la tragedia no fue la pérdida de las colonias sino el hecho de que, como ha señalado muy justamente E. Nicol, *con la libertad de las llamadas colonias, para España la libertad y la patria se presentaron en adelante como ideas adversas*. La lección práctica es que, como hemos de ver todavía, la irracional fragmentación de Iberoamérica no fue producto de la debilidad del Estado, sino de un rígido nacionalismo que carecía de flexibilidad para articular sus partes y que multiplicaba por el contrario, a su imagen y semejanza, los pequeños caudillos o déspotas nacionales ungidos por el sagrado designio de unir unos territorios que pronto sólo un ejército sería capaz de articular.

13. La meditación del propio hacer

Nos preguntábamos si era legítimo seguir hablando de la colonización «española» e identificarnos de algún modo con ella. Y hemos visto la enfática respuesta nacionalista que acompañó la «meditación del propio ser» y que parecía reforzar hasta la caricatura aquellos rasgos de la colonización que los jesuitas habían tratado ya de superar. ¡Suerte que para entonces los pensadores españoles no estaban ya en condiciones de infligirles a los iberoamericanos nada más que sus libros!

Pero sería injusto generalizar esta valoración a todos los pensadores posteriores al 98 (como lo sería extender al Padre Andrés, a Feijoo o al «Padre Fernández» exhumado por Marías, el juicio que nos merecen las apologías nacionalistas de la resaca del fin de siglo anterior). Desde posiciones diversas y a veces opuestas, tanto Unamuno como Eugeni d'Ors, tanto María Zambrano como Maragall, fueron capaces de empeñarse en meditaciones menos «resentidas» —y también menos embebidas de los propios vicios de la colonización española—. Pese a su teórico (y yo creo que algo *snob*) nacionalismo, Unamuno se interesa más por la producción cultural que por la reintegración nacional de Iberoamérica, Cataluña o Portugal; más por la riqueza literaria —Eça de Queirós, Vaz Ferreira, Camoens, Sarmiento, Maragall, Torras i Bages— que por la perdida unidad de las Españas. La unidad que predica y practica Unamuno (cuyo «voluntarismo», una vez más, se manifiesta aquí como una opción *teórica* frente al voluntarismo mucho más ingenuo y somático de Ortega) no aspira a la integración imperativa, sino a la descentralización y mutuo reconocimiento cultural: «porque no es sólo que en España se conozca poco o mal la América Latina (...) sino que sospecho que las repúblicas hispanoamericanas, desde México a la Argentina, se conocen muy superficialmente entre sí».

El mismo Eugeni d'Ors parece en fin poner un poco de cordura y sordina al desenfreno de las anteriores «meditaciones». Pese a sus múltiples, ridículas y variadas veleidades imperialistas —imperio catalán-mediterráneo (1906), países catalanes (1908), confederación catalano-helvética (1919), Hispanidad (1922), poética del «Ecúmeno» europeo frente al Exótero colonial (1933), ideario falangista (1939)— Ors no deja, sin embargo, de buscar una alternativa a aquel soldadesco *ethos* del dominio sobre las personas en un ordenado control y dominio de las cosas. Una poética de la «obra bien hecha» —equidistante de la ética del trabajo y la del placer, del rigor y del virtuosismo— en la que se mezcla el control técnico y el respeto estético por lo que las cosas son, y que busca, con María Zambrano, «extraer de la realidad relativa la verdad subsistente». Una versión más femenina o mediterránea, en fin, de ese talante hispano aparencial y expansivo, sólo que civilizado por la sensibilidad de Zambrano ante el quietismo de Molina o por el sentido orsiano del límite y la mesura, que también desea la autora de *España, sueño y verdad* para su país y su tiempo —«ese tiempo en que hasta el exabrupto va cargado de ansias de moderación, en el que hasta el extremismo lo es por apetencia de medida»... Pero sobre esta versión más «formal» que «imperial» de lo español hemos de volver más adelante. Por el momento he de limitarme a señalar el contraste de las anteriores reflexiones con las dos «meditaciones del propio ser» que no suspiran por la unidad de España como sustitución ni por el europeísmo como compensación —me refiero a las de Ganivet y Maragall.

EN CLARO CONTRASTE con el «espíritu imperativo» que A. Castro creía descubrir en España (y que el mismo don Américo ejerció en la Universidad de Barcelona, fiscalizando que no se dieran más clases en catalán que en castellano), Ganivet veía su historia atravesada de parte a parte por un «espíritu de independencia» anclado en su propia estructura peninsular —«un territorio que es casi independiente y que quiere acabar de serlo»—. El espíritu insular es *agresivo*: el pueblo inglés «lucha desde hace siete siglos contra enemigos extranjeros en todas partes menos en Inglaterra», e incluso cuando se defiende —la Invencible o la segunda guerra mundial— su éxito se basa en impedir el desembarco. Por el contrario, «las naciones continentales que tienen entre sí relaciones frecuentes y forzosas, confían en el espíritu de *resistencia*». De ahí que «las guerras de Francia fueron siempre guerras de frontera, defensivas u ofensivas, pero siempre encajadas en el criterio tradicional». ¿El imperio napoleónico? Ganivet no duda en declararlo extraño al espíritu de «este pueblo que no es colonizador, que no puede ir más allá de la dominación política, del protectorado, porque su naturaleza repugna el abandono del suelo patrio».[59]

A medio camino entre la isla y el continente, «los peninsulares son casi independientes y quieren acabar de serlo». «Más aislados que los continentales, aunque no libres de ataques e invasiones, no necesitados de una organización defensiva, sino de unión en caso de peligro, confían su conservación al *espíritu de independencia*.» De ahí que sus guerras sean civiles o insurgentes, y sus hombres más guerreros que militares. ¿Cómo explicar entonces la conquista de América?

«Los españoles —precisa Ganivet— conquistan por necesidad, espontáneamente, por impulso natural hacia la independencia, sin otro propósito que demostrar la grandeza oculta dentro de la pequeñez aparente.» Es su propia independencia lo que van a buscar a América:

«la independencia personal, representada por el "oro"; no el oro ganado en la industria y el comercio, sino el oro puro, en pepitas»; esa riqueza tan deslumbrante como frágil «que el sol engendra en el indio suelo y que consume el mar» (Calderón).

Lo que para la ilustración y el racionalismo será pues un Ideal —el Estado y el Individuo a solas, sin «estructuras intermedias» que vengan a mediatizar su relación—, es para Ganivet un punto de partida en España. Estructura estatal y aventura individual —espíritu imperativo de Castro y espíritu individualista de Ganivet— son las dos caras de una misma moneda sin canto: sin el grosor mínimo de una sociedad civil que sepa hacer rodar —no sólo acumular o prodigar— la riqueza, pactar las diferencias y llegar a transacciones. Pero no es un punto de partida en Cataluña, donde, para seguir con el lenguaje de Ganivet, el propio «espíritu territorial» de Europa —de la que son siempre «marca»— impulsa a los catalanes a seguir el principio de *resistencia*; su expansión marítima, al hacerse hacia países «civilizados», ha de ser al menos tan comercial como expansiva, tan diplomática como imperativa.

Es lógico que en el contexto catalán la «meditación del propio ser» tome un sesgo peculiar —y en algún sentido, creo también que ejemplar—. Por un lado, Maragall participa ciertamente del *pathos* que hemos estado viendo:

> ¿Qué quiere decir ser español? En la respuesta a esta pregunta disputamos nada menos que nuestra fe de vida. No hay ningún pueblo en el mundo donde, hoy por hoy, se juegue (en esta pregunta) tal partida. (...) ¿Qué es lo que separa en España y con tanta pasión como no parecía ya existir? (...) No, no es la cuestión de ley ni de rey, de estado o de iglesia. ¡Ah! Es una cosa que es más que cada una de éstas porque es el alma de todas ellas juntas: es una cuestión de esencia; es la cuestión de: ¿Qué es España?

Pero es esta misma analogía en el *pathos* lo que nos permite contrastar más claramente la diferencia en el *mithos* y el *ethos*, en la imaginería e ideología desde las que Maragall contesta a la pregunta:

> Nuestro *Visca Espanya* quiere decir que España viva —¿entendéis?—, que los pueblos se alcen y se muevan, que hablen, que hagan por sí mismos, que se gobiernen y gobiernen (...) España es esto que se levanta, habla y planta cara a quienes hasta ahora han vivido de su muerte aparente... ¿Españoles? ¡sí! más que vosotros. Viva España. Pero ¿cómo ha de vivir España?

Lejos de «los ligámenes del uniformismo centralista» y de «las callejuelas provincianas del caciquismo», Maragall cree que «España ha de vivir a los cuatro vientos de los mares que la envuelven; en la libertad de sus pueblos, trayendo cada uno el alma propia y el gobierno propio para rehacer juntos la España viva». Es desde ahí que Maragall hace una llamada a la «solidaridad española contra la falsificación de España». Y

La unidad que predica Unamuno (en la foto) no se orienta a la imperativa integración política sino al mutuo reconocimiento cultural —«pues no sólo en España se conoce poco y mal a América (...) sino que sospecho que las repúblicas hispanoamericanas, desde México a la Argentina, se conocen muy superficialmente entre sí».

Maragall cree que «España ha de vivir a los cuatro vientos de los mares que la envuelven; en la libertad de sus pueblos, trayendo cada uno el alma propia y el gobierno propio para rehacer juntos la España viva».

«Los españoles —precisa Ganivet— conquistan por necesidad, espontáneamente, por impulso natural hacia la independencia personal, representada por el "oro"; no el oro ganado en la industria y el comercio, sino el oro puro, en pepitas.»

es hoy el alcalde de Barcelona, su nieto, quien la recoge y nos interpela a participar en la construcción de la inacabada realidad española.

> Se ha dicho a menudo —escribe Pasqual Maragall— que España es una realidad inacabada y Cataluña una realidad torturada. Por lo tanto, Cataluña es más realidad, más real como nación que España... A partir del momento en que desaparece el fantasma de una España totalitaria y opresora, es posible y necesario pensar en una participación catalana en la política española empeñada en la construcción de esta realidad inacabada. Naturalmente, ante todo, España ha de admitir que está en construcción, que está en obras.

Nada más alejado aquí de los «oscuros rencores» (Marías) de una «Cataluña siempre a la greña consigo misma y con los demás» (Ortega), como se ha tendido a interpretar estas voces desde Castilla. Nada menos resentido que esta reivindicación *pars pro toto* de España: «Parece a veces que no haya sino la España de ellos —un fantasma histórico— (...) pero vale más un brazo vivo que un fantasmagórico cuerpo entero.» Así reivindica Joan Maragall la (parcial) realidad y perspectiva española de Cataluña frente a la (total) idealidad de la que y en la que se ha vivido. Quien está en el diván —el «tema», el «problema»— no es Cataluña sino España. Maragall se constituye de este modo en el cordial psicoanalista de aquellos nostálgicos «espíritus imperativos» o neuróticas «voluntades de mando». Y frente al orteguiano «saber mandar» propone Maragall el aprender a colaborar; frente al «espíritu de independencia» de Ganivet, el «sentido de la interdependencia»; frente a la imperatividad de Américo Castro, la solidaridad.

El temple de Maragall se hace aún más patente y contrasta tanto más con las anteriores «meditaciones» cuando no se opone ya a la «sustitutoria» unidad orteguiana de España, sino también a su «compensatorio» europeísmo. Sí, también a ese —hoy renaciente— europeísmo de conversos: de europeístas más fieles y voluntariosos de la cuenta; de auténticos hinchas de la —ahora, a falta de otra— unidad europea; de esos españoles que no han sabido perder sus reflejos y siguen dispuestos siempre a salvarse en la Gran Causa de una «unidad superior». Y es notable, dicho sea de paso, cómo en ese europeísmo que he llamado compensatorio coinciden hoy perversamente, sintomáticamente, el «nacionalismo» castellano y el catalán. Ello se debe a que ni uno ni otro han sabido desprenderse de sus tradicionales automatismos que a menudo siguen empeñados en proyectar, ahora en Europa —una Europa en la que pretenden ahora realizar sustitutoriamente sus respectivos ideales de independencia o prepotencia.

En contraste con ellos, el europeísmo de Maragall es, como el americanismo de Jefferson, más local que nacional y, en el límite —idealmente—, municipal. «Hemos de arrancar —dice— toda virtud de hermandad y europeísmo en decirnos catalanes... porque barceloneses no será bastante, por ahora.» No, Maragall no se pasma ni espasma ante la proclamación de unidad ideal alguna —ni aun de la europea—. «No hemos de pensar que por la sola virtud de proclamación vayamos a figurar resueltamente en los grandes escenarios.» Es más: el demasiado *querernos* europeos entraña para el poeta dos contradicciones. En primer lugar la de que, si cumpliéramos plenamente el deseo, «¿qué aportaríamos entonces a Europa?» Y en segundo lugar, que el ser europeo mismo al que aspiramos no existe, porque Europa es por definición —o al menos para cualquier definición no fascista de ella— una realidad plural, abierta e indeterminada que adolece —y goza— de una crónica «falta de ser».

«Ser europeo, por sí solo, no quiere decir nada», ni artísticamente, «ya que el arte europeo es una convergencia del arte francés, del arte alemán, del italiano, del ruso...»; ni tampoco políticamente, pues «el pueblo europeo que más pesa, el inglés, es el tipo nacional más caracterizado (...) que no ha pretendido llegar a ser mundial, sino que ha hecho que lo suyo fuese mundial». Y en claro contraste con Ortega, que exalta el europeísmo compensatorio de los castellanos, Maragall termina ironizando sobre este mismo europeísmo de los catalanes: «Si queréis ser sencillamente una provincia espiritual de Francia, por ejemplo, no paga la pena armar tanto ruido ni inquietar la modorra de España con vuestras taranconadas.» [60]

No cabe visión menos compungida ni resentida de España, de Cataluña y de la misma Europa. Pero de Europa hablaremos otro día, o no, mejor ahora mismo, en el próximo capítulo, ya que también Europa tiene de América (que, no hay que olvidarlo, es el hilo conductor de nuestra exposición) una visión propia y peculiar: quiero decir peculiarmente resentida. Baste de momento acabar de situar y justificar geográficamente —a modo de Ganivet— el lugar desde el que Maragall a la vez culmina y supera la agónica meditación española del propio ser iniciada en el 98.

Maragall es consciente de que habla desde una parte —«el brazo vivo»— con la que pretende regenerar el cuerpo entero —«ese fantasmagórico ser que es España». Pero, ¿cómo es posible ser más objetivo y lúcido desde la periferia que desde el mismo centro del problema? (He aquí un anticipo de la dificultad que, como veremos en el capítulo siguiente, empieza a plantearse también en Europa desde que se ha ido transformando en un apéndice o suceso de Norteamérica.) Pues bien, la explicación es quizá que Maragall vive en una «marca» donde todo pasa, pero precisamente eso, *pasa*, para acabar precipitando siempre un poco más allá: el saber un poco al norte y el poder un poco más al sur; la belleza en las costas del este y el nacionalismo irredento en las del noroeste. Una marca, por lo mismo, donde esta marginalidad ha podido constituirse a veces en neutral objetividad desde la que analizar los mitos del pasado y los ritos del presente, sin cacarear como mito sustitutorio su propia coyuntura o posición. Es decir, haciendo exactamente lo contrario que el catalán de Quevedo, que «si no era por poner güevos, no le faltaba otra cosa para ser gallina, porque cacareaba notablemente».

LAS DIFERENCIAS ENTRE la meditación del capítulo anterior y las de éste son notables. Para Vicens Vives se trata de dos modos de reaccionar ante la derrota de España frente a Estados Unidos en 1898: «pesimista, aristocratista y abstractista» la una; «constructivista, burguesa e historicista» la otra. La propuesta catalana de acabar de hacer una España «que está aún en obras» topa entonces con el temor castellano de que ello ponga en cuestión el *ser* mismo de España.[61] Lo que debía amalgamarse se contrapone. ¿Por qué?

Asistimos aquí al último acto de un «desencuentro» tan sistemático como trágico de Castilla con su propia tradición federal, análogo al que descubrimos ya (p. 70) respecto a su tradición comunal y religiosa. Si, como piensan Menéndez Pidal y Ortega, «España había sido fuerte cuando lo fue su centro, y débil cuando lo fue su periferia»,[62] era fácil concluir que:

a) las fuerzas centrífugas de la periferia eran la causa de la decadencia de España, y

b) la histórica y ahora renovada misión de Castilla era precisamente poner en cintura a estas fuerzas.[63]

El silogismo se basaba en un doble equívoco. Primero, el entender la relación de fuerzas entre centro y periferia como un juego de «suma nula» donde lo que uno gana lo ha de perder el otro. Segundo, considerar el poder de la periferia como causa de la decadencia «española» *i.e.* castellana. Un silogismo —o espejismo— que castellanos y catalanes tienden a compartir, aunque lo valoren distintamente.

El primer error es tomar por causa de un fenómeno lo que es sólo causa de su percepción. Vimos que se descubre el «Descubrimiento» de América en el mismo momento en que se empiezan a perder las colonias. Y de un modo análogo se descubre el espíritu imperativo y unitario cuando, con Olivares, empieza a no ser ya efectivo. Se dice que la lechuza de Minerva sólo levanta el vuelo al anochecer: también el «espíritu» de la conquista o la unidad se descubre y tematiza en su ocaso. Un espíritu que, como veremos, no sólo resulta efecto de la propia debilidad sino que la acentúa: lo que pierde en Cataluña el espíritu imperativo de Olivares sólo se recuperará gracias al talante más tradicional y menos efectivamente moderno de la Corona castellana en contraste con la Francia de Mazarino.

El «espíritu imperativo» no era pues la solución sino una parte del problema mismo. Como tampoco era la solución el espíritu pactista y mercantil de los catalanes. En realidad, ambas actitudes sólo reflejan unos modos de operar que a partir de su éxito inicial se enquistan y se vuelven incapaces de reconvertirse o adaptarse a una situación nueva. Por un lado, la temprana consolidación política castellana que no sabe luego «fundar» y enraizar esta superestructura. Por otro, el efectivo pactismo mercantil catalán cuya sociedad civil, mezquina e insolidaria, no sabe adaptarse a los nuevos tiempos y dotarse de una superestructura política moderna. En lugar de mezclarse, ambas actitudes tienden a polarizarse en un proceso que sostiene el sistemático desencuentro del Estado con las fuerzas dinámicas de su interior. Vimos que Carlos I y Felipe II habían rechazado la integración del espíritu comunero y que el religioso de la Contrarreforma sólo consiguió imponerse frente a las veleidades regalistas e inquisitoriales de la Corona. Vimos también cómo la modernización de Carlos III no se hizo recuperando sino expulsando el fermento a la vez individualista e ilustrado de los jesuitas que podía encontrar en su propia tradición. Después de Fernando el Católico, tampoco la unidad de España se produce integrando el impulso de la sociedad civil catalana, sino frente a él. El progresismo ideológico de un lado se contrapone al tradicionalismo pragmático del otro en un proceso de caricaturización o «esquizmogénesis» de ambos —entregado cada uno a su propia inercia y sin capacidad de coger el destino en sus propias manos—. Así el espíritu federal no nace nunca de la voluntad sino de la impotencia: el espejismo de una España que es débil cuando y porque el centro es débil está servido.[64] A América viaja el Estado que ha domesticado las fuerzas vivas del país: la posibilidad de un desarrollo colonial más pragmático que legal —más «anglosajón»— está clausurada.

Como están clausurados también sus vicios, pero no gracias a la perfección de este desarrollo nacional, sino a su carácter tan superficial como precario. En efecto: España exporta aún a América tanto la apertura del «clásico» espíritu contrarreformista de sus frailes como la concepción federal de los virreyes (iniciada por Cataluña), en cuya base el estado patrimonial podía engarzar con el federal —lo que de hecho ocurre hasta Felipe II y, en cierto modo, hasta Felipe V— gracias a su respeto tanto por las cortes y constituciones de los Estados ibéricos como por los usos y tradiciones de los americanos. Quizá por eso, quizá porque en América este espíritu puede prosperar más que en la propia península, resulta que es allí más que aquí el lugar donde muchos conseguimos sentirnos efectivamente españoles.

14. De la dificultad de pensar Norteamérica

Empecé sugiriendo que si el descubrimiento de América pudo ser el *destino* de España, y su conquista el mero *producto lógico* del enfrentamiento de dos modelos culturales —de una «visión» europea del mundo frente a un «orden» cósmico indoamericano—, la colonización o evangelización me aparecía, en cambio, como un inequívoco *proyecto* español: aquí España ya no era sólo el actor del drama sino el «mero, mero» director del mismo. Y he acabado por fin rechazando la idea que de esta «españolidad» se hacían unos pensadores aún nostálgicos y resentidos por la pérdida de las colonias.

No es decir que tal meditación pueda hacerse fría y desapasionadamente. De ningún modo. Sólo que debe cambiar su *pathos*. Aquel orgullo o nostalgia nacionalistas han de verse matizados, al menos, por el escándalo y complejo que supone contrastar los resultados objetivos de nuestra colonización y los de la anglosajona. Todo el orgullo que se pueda tener por la «invención» bolivariana de una cultura y una raza no permite olvidar su precario resultado y el estado con el que se enfrenta hoy a su vecino del Norte: subdesarrollo, militar-caciquismo dominante, corrupción administrativa crónica, fragmentación y dependencia hispanoamericanos —todo ello frente al desarrollo económico, la unidad y estabilidad federal, la democracia política y la efectiva independencia de la América anglosajona—. No es fácil imaginar un contraste más neto o una contraposición más acusada.

Ni tampoco una situación más difícil sobre la que reflexionar serenamente. Reflexionar es, en términos de Heidegger, «tener el coraje de convertir la verdad de los propios presupuestos y el ámbito de los propios fines en objeto de atención». Esta reflexión, había dicho Nietzsche, está limitada, más que por nuestra capacidad intelectual, por nuestra escasa capacidad «digestiva» para asimilar las conclusiones que nos ponen personalmente en cuestión. Y bien, ante el fenómeno norteamericano no son sólo los españoles quienes, por razones obvias, tienden a evitar esta reflexión: tampoco los iberoamericanos o los grandes filósofos europeos han tenido «capacidad digestiva» para ello. Veamos.

Desde el Sur, la forma más expeditiva de exorcizar en lugar de «reflexionar» este duro contraste consiste en declarar que la relación entre ambas realidades no es de contigüidad sino de causalidad. Para M. Benedetti, «el subdesarrollo del Sur es la consecuencia del hiperdesarrollo del Norte (...) de un Norte opresor y subdesarrollante». «Quienes ganaron —añade E. Galeano—, ganaron gracias a que nosotros perdimos: la historia del subdesarrollo de América Latina integra la historia del desarrollo del capitalismo mundial... Nuestra riqueza ha generado siempre nuestra pobreza para alimentar la prosperidad de otros... La lluvia que irriga los centros de poder imperialista ahoga los vastos suburbios del sistema.» No se trata de negar, claro está, que estos argumentos tienen un sólido fundamento en la política americana seguida en la zona: apoyo a dictaduras, fomento de economía de rentas generadora de una creciente dependencia exterior, entrega a la *sugar mentality* de sus empresas más especulativas y predatorias, imposición de monocultivos de lujo o exportación a países con la rotura del equilibrio *feed-food-grains*, fomento táctico de las divisiones entre países, uso directo de la fuerza legitimado por una burda o hipócrita reducción de los problemas del área a la confrontación Este-Oeste, etc. Pero no hay duda que a modo de única explicación —y exorcización— de todas las culpas, estos argumentos resultan tan especiosos como la atribución hegeliana del racismo anglo en los Estados Unidos a la anterior experiencia criolla en Hispanoamérica. (Tengo entendido que el venezolano C. Rangel ha elaborado el tema en *Del buen salvaje al buen revolucionario*.)

Pero tampoco los filósofos europeos —y sí, en cambio, historiadores o viajeros como Huizinga o Tocqueville— parecen haber tenido una superior capacidad digestiva, de modo que sus juicios sobre América siguen orientados por aquellas pasiones cartesianas *par lesquelles la volonté s'est auparavant laissée convaincre et séduire*. En efecto: desde Hegel hasta Heidegger pasando por Adorno encontramos la tendencia recurrente a asociar lo joven con lo ingenuo, lo nuevo con lo in-consciente *(an-sich)*, lo grande y poderoso con lo arcaico. De modo que, *en lugar de reflexionar ante lo que tienen «delante», los hispanoamericanos prefieren imaginar que lo tienen «encima» y los europeos que lo tienen «detrás»*. Y así es cómo, incumpliendo su propio mandato a la reflexión, despacha Heidegger el «americanismo»:

> El americanismo es algo europeo. Es la variedad de lo gigantesco [65] *aún* desvinculado y que *todavía* no surge de la esencia plena y recogida de la Edad Moderna.

Pero es Hegel, como tantas veces, quien primero codifica esta resentida visión europea de América: un talante que describió muy bien Freud como la actitud entre benevolente, cariñosa y envidiosa —*patronizing* se diría en inglés— que tienen los adultos respecto de los adolescentes. A la «inmadurez geográfica» que atribuye Hegel a América («cuyos inmensos ríos se dilatan y no han llegado todavía a formarse un lecho»), a la debilidad de su fauna («sus leones, tigres y cocodrilos... son más pequeños, más débiles, más impotentes») y a la volatilidad de sus pobladores (que «decaen y desaparecen al mero contacto con pueblos de cultura superior»), se añade todavía una debilidad o falta de desarrollo específicamente político: «Norteamérica no puede considerarse todavía como un Estado constituido (...) ni representa (por lo tanto) prueba ninguna en favor del régimen republicano» (en oposición al prusiano, se entiende).

¿A qué se debe esta labilidad o falta de «constitución» norteamericana? Aquí Hegel utiliza una imagen química para anticipar la teoría toynbeeana del *challenge*. Igual que algunos gases sólo se licuan a partir de cierta presión, las comunidades naturales («gaseosas») sólo se constituyen en Estados «líquidos» (y el término liquidez tiene en castellano connotaciones monetarias que es bueno retener aquí) a partir de cierto grado de presión social, externa y urbana, que no existe, ciertamente, en la democracia jeffersoniana descrita por Hegel en 1830, aunque bien pronto iba a subir de grado con Lincoln (1860) y la Guerra de Secesión.

Falta de presión social, ante todo, «pues un verdadero Estado sólo se produce cuando ya existen diferencias de clase, cuando son grandes la riqueza y la pobreza y una gran masa ya no puede satisfacer sus necesidades de la manera que acostumbraba». Dos factores parecen sin embargo oponerse en América a este «enrarecimiento» o proletarización requerida por Hegel y los economistas ingleses: el flujo del Este y la salida del Oeste; la emigración y la frontera. Por un lado, la existencia de una frontera abierta y virgen a donde escapar impide «que el conjunto quede asentado, encerrado en sí mismo» y que pueda así «reaccionar»: «Si hubieran existido aún los bosques de la Germania —comenta agudamente Hegel—, tampoco se hubiera producido la Revolución Francesa.» Por otro, «para que exista un verdadero Estado, es preciso no verse sujeto a una emigración constante, sino que una clase agricultora, imposibilitada de extenderse hacia afuera, tenga que concentrarse en ciudades e industrias urbanas —sólo así puede producirse un sistema civil, y ésta es la condición para que exista un Estado organizado—».[66] A esta falta de límites naturales y demográficos se añade aún el hecho de que «los Estados Unidos carecen —puesto que México y Canadá no son temibles— de un vecino con el cual estén en relación análoga a la que mantienen entre sí los Estados europeos, es decir, no tienen un vecino del que desconfíen y frente al cual tengan que mantener un ejército permanente...»

En *De la Modernidad* he calificado de «mano invisible alemana» esta teoría —anticipada por Fichte, desarrollada por Adam Smith, Voltaire o Hegel y definitivamente secularizada por Keynes— según la cual existiría una armonía preestablecida entre el desarrollo e industrialización de cada Estado y los «gastos improductivos» militares a que le obliga su contigüidad con otros Estados igualmente expansivos. Hegel intuye acertadamente que los Estados Unidos necesitaban de esta mano invisible —de este reto—, y pocas décadas después los americanos inician efectivamente su política expansionista o intervencionista, que incluso los más liberales entre ellos han llegado a considerar asociada a la

«En lugar de reflexionar ante lo que tienen "delante"
—los EE. UU.—, los hispanoamericanos prefieren
imaginar que lo tienen "encima" y los europeos
que lo tienen "detrás".» Y así es cómo,
incumpliendo su propio mandato a la reflexión,
despacha Heidegger el «americanismo».

Según Keynes, existiría una armonía
preestablecida entre el desarrollo
e industrialización de cada Estado
y los «gastos improductivos» en armamento
a que le obliga su contigüidad
con otros Estados igualmente expansivos.

Desde el Sur, la forma más expeditiva de exorcizar
en lugar de «reflexionar» este duro contraste
consiste en declarar que la relación entre ambas
realidades no es de contigüidad sino de casualidad.
Para M. Benedetti «el subdesarrollo del Sur es
la consecuencia del hiperdesarrollo del Norte,
de un Norte opresor y subdesarrollante».

prosperidad de su país. El crecimiento de esta belicosidad y espíritu de injerencia (frenados sólo por el propio interés en mantener una periferia del sistema que no pueda beneficiarse de la nacionalidad norteamericana) es meteórico desde la Guerra de Secesión y Lincoln. Un simple recordatorio: intervención en México en 1840 y una vez más en 1914; anexión de Puerto Rico, Filipinas, Midway y Guam, e intento de creación de un Estado-tapón entre Argentina y Brasil a finales del siglo pasado; segregación forzosa del Panamá y de la Guayana a principios de éste; intervención —*felix culpa*— en las dos guerras mundiales y luego en las colonias: Corea, Vietnam... Todo ello sin contar con las invasiones puntuales (bahía de Cochinos, Santo Domingo, Granada) o las «desestabilizaciones» inducidas (Jamaica, Chile, Nicaragua) en un entorno que no sabe respetar como *otro* (es su *backyard*) ni tampoco entender como *propio** (como problema americano y no como mera «pieza» del equilibrio Este-Oeste).

Y también aquí Hegel veía más claro el futuro que los propios padres de la Constitución americana. Para Madison y los federalistas, «los hábitos laboriosos del pueblo (americano), absorbidos en ocupaciones lucrativas y dedicados al progreso de la agricultura y del comercio, son incompatibles con unas naciones (...) como las europeas, orientadas por la guerra y la competencia exterior» (1787). Hegel ve ya en 1830 que tanto esta ideología como su formulación política por Monroe en 1823 no son las que van a regir en un sistema donde pronto se asociarán el desarrollo y el bienestar al esfuerzo bélico. Aún hoy siguen la estabilidad y tranquilidad asociadas en USA a las guerras convencionales, y la prosperidad económica a la competencia nuclear. Por un lado se sabe que el equilibrio del Norte se paga con la inestabilidad en el Sur —en los conflictos en el tercer mundo, donde los Grandes pueden tomarse la medida, estudiarse las intenciones y hacer sus pulsos con armas convencionales. (Yo he visto, en Nicaragua, los cráneos destrozados de dos niños eventualmente constituidos en escenario ocasional donde los Estados Unidos decidieron mostrar su «decisión y coraje»)—. Por otro lado, se sabe que la prosperidad está ligada al esfuerzo bélico, transformado hoy en «sofisticación defensiva» desde que la nuclearización no permite ya nuevas guerras mundiales. (He asistido también a una sesión del Congreso —mayo del 85— donde los *lobbies* de General Dynamics, Tenoco, Rockwell Int. y McDonald Douglas convencieron a los congresistas del *deployment* de los cohetes MXII utilizando argumentos no militares sino sociales: frenazo en la construcción, paro, etc.) Comprobamos, en fin, que cuando no ha sido ya posible la guerra frontal, los norteamericanos no han dejado de inventarse o inducir todo tipo de *Ersatzen* a ese motor bélico de su país: guerras aparcadas en el Sur, congeladas en los silos y hoy, por fin, centrifugadas a las galaxias...

---

* La misma dificultad de traducir esta palabra a sus términos es un indicador semántico de lo que vengo diciendo. Si traducimos *the own*, significa «el mismo» y, si traducimos *the owned*, significa «lo poseído» —en ningún caso «lo propio».

Como puede verse, Hegel tenía más intuición económica que propiamente política —de lo cual, dicho sea de paso, se ha resentido siempre su izquierda marxista, carente todavía de una adecuada teoría del Estado—. De modo que, si los Estados Unidos han acabado siguiendo sus recomendaciones o exigencias económicas para llegar a constituirse en un país moderno, lo que no han hecho es «modernizar» su Estado federal hasta convertirlo en el paradigma del Estado prusiano. No, la confederación americana no era una forma aún lampiña y larvada, *anterior* al auténtico Estado europeo, sino que representaba una alternativa y estadio *posterior* al mismo. Representaba, más aún, su exacta «superación dialéctica»: la síntesis del Estado federal «supera» al Estado europeo centralizado (la antítesis) gracias a la incorporación de los elementos medievales y forales (la tesis) frente a los que éste se había constituido.

Pero este error, como vimos, es la marca indeleble del «resentimiento» europeo que no puede ni quiere ver a Norteamérica más que como una forma *ya* pasada o *aún* ingenua de sí mismo. Aunque se trata, todo hay que decirlo, de un resentimiento de clases cultas, cuya contrapartida es el embeleso popular por la «patria del futuro».

Lo que hemos visto en este apartado puede consolarnos. No sólo a nosotros nos es difícil afrontar con serenidad y entereza el fenómeno norteamericano. A fin y al cabo, tampoco desde Argentina o desde Alemania parece digerirse con facilidad. Pero algunas de las consideraciones precedentes pueden, además, orientarnos. En las hipótesis «geopolíticas» de Hegel hemos descubierto algunos de los rasgos distintivos (y explicativos) del fenómeno norteamericano sugeridos ya puntualmente en los capítulos anteriores. Es pues siguiendo estas pistas que vamos a tratar de volver a un análisis y valoración comparativa de las dos colonizaciones que nos permita pasar de la melancólica «meditación del propio ser» a una más activa y objetiva «valoración de nuestro hacer».

15. Interferencia y contraste: la pequeña y la gran colonia

Pero hay que acabar de ver, aunque sea fugazmente, los grandes rasgos de lo que iba a ser la independencia y evolución inmediata de ambos sistemas coloniales. Y aquí, el más reacio a aceptar diferencias cualitativas no puede pasar por alto una diferencia cuantitativa de peso: la colonia americana se desarrolla de 1607 (fundación de Jamestown en Virginia) a 1783 (Tratado de Versalles) y, la española, de 1492 a 1821 (independencia de México), eso dejando aparte Cuba y Puerto Rico. Siglo y medio de un lado frente a más de cuatro siglos del otro: la colonia española antecede a la anglosajona en más de un siglo y le sobrevive aún otro medio. La diferencia es de monta, y tanto más si se considera que fray Marcos de Niza y Coronado, Espejo y Oñate colonizan lo que son hoy tierras norteamericanas desde 1540 (es decir, ochenta años antes de que llegue el *Mayflower*), que hasta finales del XVII coexisten en los Estados Unidos ambas colonizaciones, y que los caballos y las flechas con los que cheyennes y sioux se enfrentan en 1860 a los conquistadores norteamericanos son ya restos de la colonización anterior.[67] Los españoles habían introducido, además, las aves de corral, el uso del hierro y el trabajo del cobre y el oro, el tejido e hilado, el arado, la sierra y el cincel. Pero el resto más significativo es que los indios «pueblos» del Sudoeste tengan un gobierno electivo propio de origen español (yo soy amigo del todavía «alguacil» de San Felipe) y mantengan todos los derechos sobre sus tierras. Los «espacios» de que se apoderan luego los americanos no son, pues, *res nullius,* sino propiedades indias establecidas según las reglas del Derecho Romano. Y así lo reconoce, en 1925, Ch. F. Lummins:

> Cuando el Tribunal Supremo de los Estados Unidos expulsó a los indios (se refiere aquí a los que vivían en lo que sería el rancho Warner), éstos no estuvieron representados y se omitió exponer ante el augusto Tribunal el hecho de que, bajo las leyes españolas, de las cuales derivan todos los títulos de propiedad de California, no es, ni nunca fue posible en ningún lugar de América, expulsar a un indio americano de las tierras donde nació.

Pero igual como España había sido el marco del proceso de colonización americana, los Estados Unidos se constituyen, desde su independencia en 1789, en marco de los últimos años de la colonia española y de su proceso emancipador. España, que linda ahora directamente con Estados Unidos, teme que cunda el ejemplo y sus «provincias» se contagien del espíritu norteamericano. Previsor, Aranda se apresura a recomendar el reconocimiento del nuevo país, el establecimiento con él de buenas relaciones y, lo que es más importante, propone inspirarse en su estructura federal para organizar los propios territorios españoles de ultramar y su relación con la Corona. Pese a su sensatez, las propuestas federalistas de Aranda no pueden con la rigidez del marco administrativo e ideológico español que, como se sabe, «se quiebra pero no se dobla». Nadie puede cuestionar la Sagrada Unidad de España (incluida la americana), defendida desde los Reyes Católicos hasta las Cortes de Cádiz, y cuyo único aspecto aún positivo (el poner en pie de igualdad a «los españoles de ambos hemisferios») hará quiebra cuando las constituciones de 1837 y 1845 nieguen ya la representación parlamentaria a Cuba. Una frenética unidad, en fin, que, como reconoce Marías aun cuando la exalta, acabó por costarnos el nombre mismo de América.[68] Pronto hemos de ver, sin embargo, que estos costes semánticos no son nada si los comparamos con los políticos.

Pero más que el *décalage* y las mutuas interferencias entre ambas colonizaciones, nos interesan sus diferencias de «estilo», y éstas, evidentemente, hay que empezar a buscarlas en las respectivas metrópolis. A ello hemos dedicado ya bastante de las anteriores páginas, pero no será malo retomar más sistemáticamente algunos de sus temas para acabar de entender la diferencia actual entre «América» e Iberoamérica —o al menos para orientar mejor nuestro resentimiento.

Esquemática, y sin duda también caricaturalmente, el contraste entre ambos procesos puede verse como sigue: 1) Un país aún poco formado y poderoso —Inglaterra—, 2) inicia una colonización tardía y lenta, 3) inspirada en (un) individualismo medieval y religioso, 4) que establece una estructura tradicional y comercial, y 5) acaba constituyendo un nuevo país que recrea la historia de la metrópoli, 6) dando lugar a una constitución donde lo foral empalma directamente con lo federal sin pasar por el nacionalismo y el legalismo modernos, que nunca habían llegado a configurar el país de origen ya que ni el Derecho Romano ni la Iglesia católica habían penetrado realmente el tradicionalismo vernáculo que aún hoy inspira la *Common Law*.

Frente a esto, 1) una nación más precoz y poderosa —España—, 2) inicia una colonización más temprana y más rápida, 3) emprendida por (diversas) individualidades renacentistas, 4) que establecen una estructura político-administrativa centralizada de base agraria y nobiliaria, 6) y prohíja una serie de naciones progresistas e ilustradas, a menudo tan despóticas como insolventes, que reproducen clónicamente la mentalidad de la metrópoli en el reinado de Isabel II.[69] A este programa nos ceñiremos más o menos en este y los dos capítulos siguientes.

Es la consolidación de una estructura feudal de señores, ciudades y monasterios autónomos, lo que hará imposible que en Europa, «tras la peste y la crisis demográfica de 1348, algún inca o faraón consiga instaurar un Estado que monopolice y unifique las figuras del terrateniente, del recaudador y del prestamista» (M. Harris). A estas alturas, el desarrollo de aquellos poderes dispersos ha establecido ya en Europa las bases de una sociedad multicéntrica —plural y abierta—. Pero ¿no es esto exactamente lo contrario de la consabida imagen de una modernidad política construida gracias a la unificación nacional (Jaime I, Enrique IV, Reyes Católicos) frente a la dispersión de fueros, privilegios y jurisdicciones? En efecto; desde este punto de vista no es tanto el espíritu del Estado nacional como el de la autonomía y dispersión feudal el que culminará en la sociedad civil burguesa, también alérgica a la unificación burocrática y administrativa.[70] Sólo para sacarse de encima otras estructuras intermedias —gremiales y, especialmente, clericales—, se aliará esta sociedad civil a un estado nacional cuyo destino es de todos modos, como se nos advierte tanto desde el liberalismo como desde el marxismo, «el disolverse en cuanto tal». Pues bien; Inglaterra nos ofrece un caso límite de esa modernidad en la que la fuerza del feudalismo perdura hasta conectar directamente con el economicismo, sin llegar a consolidar un Estado nacional absoluto como el de los Reyes Católicos.

Es bien sabido que la monarquía moderna se apoya sobre dos pies: el *comercio* para su consolidación y el *nacionalismo* para su legitimación y proyección —dos fuerzas que se oponen igualmente al universalismo medieval cristiano. Pero mientras la primera tiende a desembocar en el individualismo competitivo, la segunda trata de suplir y reencarnar aquella vocación universalista (de ahí su crónico expansionismo) dentro de un Estado particular.* Y aquí España opta por la rápida unificación espiritual y la expansión nacional siguiendo el modelo de la Reconquista, mientras que Inglaterra decide tomar el camino más lento de traducir el orden tradicional y los nuevos intereses económicos a una forma de gobierno (democracia) no basada ya en idea universal alguna (el Bien Común o la Nación, el Derecho Natural o la Razón), sino encaminada a preservar y traducir institucionalmente un vernáculo «espíritu de fracción» que encontrará en el Parlamento una nueva forma de compromiso y equilibrio.

En este momento aparece ya claramente formulado el empirismo y el tradicionalismo anglosajones en contraste con el carácter más teórico y

---

* Sólo en Francia se mezclan desde el principio ambas tendencias dando lugar, antes ya de la Revolución, a la nacionalización de la economía (mercantilismo de Colbert) y, luego, a la universalización del nacionalismo (Bonaparte, Ilustración). Pero aquel mercantilismo francés —*hélas*— da muestras bien pronto de su poca eficacia colonizadora, en comparación con los países regidos por uno (Inglaterra, Holanda) u otro (España) sistema menos híbrido. En otros lugares, en fin, esta expansión de la sociedad civil y mercantil no será anterior, sincrónica ni posterior a la consolidación estatal, sino que hará sus veces (Venecia, Génova, Cataluña).

especulativo del Continente. El límite del poder real no será ya aquí el «derecho divino» (Bonifacio VIII), el «orden natural» sancionado por el Papa (santo Tomás), la «libertad individual» que se sigue de aquel orden (escolástica española), ni la Razón (Grocio y Pufendorf, Rousseau y Kant). Aquí la función legislativa del rey, y la del mismo parlamento, aparece limitada por una *common law* o usos vernáculos que sólo los tribunales pueden interpretar y actualizar. En vez de apelar a una Naturaleza o una Razón míticas, se busca el apoyo de la *razón artificial,* que se ha ido sedimentando hasta constituirse en un control eficaz tanto frente a la soberanía absoluta del rey y su «prerrogativa» (la *soluta legibus* o *dominium regale*) como frente a la nueva concentración de poderes de la «dictadura parlamentaria» que Montesquieu pretendería luego —más o menos artificialmente— «desactivar».

Cierto es que, desde sir James Bacon y Cromwell en su formulación tradicional (prerrogativa regia) hasta Locke en la moderna (soberanía del poder legislativo), aparece una y otra vez en Inglaterra la tendencia a legitimar el nuevo absolutismo. Pero ya desde el principio vence allí el espíritu de la *common law,* defendido por sir Edward Coke en sus *Institutes of the Bans of England* frente a los poderes absolutos y el «espíritu nacional» que Jaime I (1561-1626) pretende encarnar en nombre del derecho natural del Príncipe.* Cierto también que este país sabe responder unitariamente cuando la primera potencia mundial trata de invadirlo con su Armada Invencible, y actuar ya nacionalmente en su pronta subordinación del «papismo». Pero hay que tener en cuenta que aquella victoria es más una reacción oportunista y guerrillera que la respuesta de un ejército nacional; y la temprana «nacionalización» de la Iglesia se ve favorecida por el hecho de que el papismo nunca arraigó plenamente en Inglaterra: allí la Iglesia siempre fue tanto o más «superestructural» que la propia Corona. Cierto, en fin, que tanto los Tudor en el XVI (especialmente Isabel de Inglaterra) como los Estuardo en el XVII tratarán de consolidar la monarquía absoluta frente a la disidencia nacionalista y religiosa (presbiterianos escoceses, católicos irlandeses, puritanos ingleses) y frente el parlamento, donde se alían los intereses «disolventes» de la aristocracia y la burguesía mercantil, que en España pierden definitivamente la batalla en 1521. Su éxito, sin embargo, es siempre precario, como lo atestiguan desde la alternancia confesional en el siglo XVI con los Tudor hasta las dos o tres revoluciones que se producen a lo largo del siglo XVII (1642: parlamentarios y puritanos de Cromwell contra Carlos I; 1661: restauración de Carlos II contra los puritanos; 1688: alianza de los parlamentarios [*whig*] con Guillermo de Orange frente al catolicismo de Jacobo II).

* Cuando Jacobo I argumenta que por Derecho Natural, *the King protecteth the Law, and not the Law the King... the one that maketh judges and bishops,* sir Edward Coke, en nombre del *Common Law,* responde que: «*That which has been refined and perfected by the wisest men in former succession of ages, and proved and approved by continual experience cannot but with great hazard and danger be altered and changed.*»

De esta ensalada de enfrentamientos a la vez dinásticos, nacionales y religiosos, dos cosas aparecen, cuanto menos, claras. En primer lugar, que el protestantismo se ha constituido tanto en una religión nacional como en un foco de sectas diversas que alientan las revueltas populares (el catolicismo, en cambio, sólo interviene en disputas dinásticas). Segundo, y seguramente lo más significativo, que el parlamento conecta frente a la corona los intereses feudales con los comerciales —a los nobles con los disidentes—, que reivindica libertades tradicionales (como el *habeas corpus*, 1670) y que ni aun en sus momentos más bajos deja de controlar la bolsa de los monarcas.

El terrateniente, el recaudador y el prestamista siguen siendo pues personas distintas: el Monarca absoluto no existe. Los intereses privados feudales y comerciales se alían así para «puentear» a la corona: *la sociedad civil inglesa sale con ventaja respecto del estado. También hacia América.*

EL CASO de España —lo hemos visto— es prácticamente el inverso. Como escribe J. A. Maravall, «la Monarquía española, cuya evolución había empezado tan tempranamente, queda encallada en formas arcaizantes». Y aquí el diagnóstico de Ortega no puede ser más exacto, de modo que retomo sus mismas palabras.

> Tuvo el honor España de ser la primera nacionalidad que logra ser una, que concentra en el puño de sus reyes todas las energías y capacidades. Esto basta para hacer comprensible su inmediato engrandecimiento (...) Mientras el pluralismo feudal mantenía desparramado el poder de Francia, de Inglaterra, de Alemania, España se convierte en un cuerpo compacto y elástico (...) Mas la unidad obró como una inyección de artificial plenitud, pero no fue un síntoma de vital poderío. Al contrario: la unidad se hizo tan pronto porque España era débil, porque faltaba un fuerte pluralismo sustentado por grandes personalidades de estilo feudal (...) Convendría, pues, invertir la valoración habitual. La falta de feudalismo, que se estimó salud, fue una desgracia para España; y la pronta unidad nacional, que parecía un glorioso signo, fue propiamente la consecuencia del anterior desmedramiento.

Para Ángel Ganivet, en quien Ortega se inspira, hay que buscar las trazas de esta debilidad feudal y poder ideológico de España en la invasión bárbara de los visigodos, quienes

> incapaces de gobernar a un pueblo más culto, se resignaron a conservar la apariencia del poder (...) dando con ello involuntariamente ocasión para que la Iglesia se apoderara de los principales resortes de la política y fundase de hecho el Estado religioso que aún subsiste en nuestra patria.

En Inglaterra, lo hemos visto, se van eliminando progresivamente los *fueros* a fin de que las *fuerzas* de aquel particularismo feudal puedan competir efectivamente en un mercado cada vez más libre. A esta lenta reconversión mercantil y canalización democrática del conflicto se opone en Francia su control mercantilista y en España su rápida neutralización política. La fachada de la unidad política y el corsé de la unidad espiritual inhiben y reprimen las fuerzas vivas que debían darle fuerza y contenido: los judíos expulsados por los Reyes Católicos (1492), las ciudades y comuneros (los *whig* españoles) vencidos por Carlos V en Villalar (1521), los moros y disidentes juzgados por Felipe II (1559), los portugueses y los catalanes enfrentados a Felipe IV (1640).

La rapidez y eficacia con que los Reyes Católicos eliminan todos los particularismos y la «ventaja histórica» que con ello adquiere España, conforman todavía la noción —y la ilusión— del nacionalismo español. En veinticinco años transforman a los nobles en administradores, a los cortesanos en funcionarios, a los aventureros en soldados y a los disidentes religiosos en conversos o expulsados. Pronto en Alcalá (1509) los aprendices gremiales van a mutarse en universitarios (Cisneros) y la lengua franca peninsular va a convertirse en el castellano (Nebrija).

Pero mientras que la victoria cultural de la Contrarreforma prepara la eclosión del siglo de oro literario y de la colonización, la derrota política de comuneros o catalanes anuncia una unificación administrativa que inhibe el desarrollo de aquello mismo que debía administrar. Una sofisticada burocracia de cancillerías, audiencias y alcaldías se sobrepondrá a la espontaneidad económica y comercial de las ciudades, mientras los fueros y discriminaciones que impiden la formación de un mercado libre se ven reforzados.

Las Siete Partidas de 1256 y las Leyes de Toro de 1505 marcan en España el progresivo dominio del Derecho Civil sobre la tradición gótico-medieval de los fueros y privilegios, el precoz tránsito del feudalismo a la soberanía nacional. El centralismo legal adquiere una renovada fuerza y prestigio desde que se constituye con los Reyes Católicos en el gran factor de unificación de España, que pesará luego sobre el desarrollo de la sociedad peninsular. Sólo por unos años, como por un milagro, un hombre como Cortés consigue que el voluntarismo e iniciativa individual no se vean aplastados sino potenciados por el crecimiento nacional y administrativo. Un espíritu individualista y emprendedor que es vencido en España (Villalar, 1521) justo cuando, escapado, consigue su más grande victoria con la toma de Tenochtitlan. Como observó Marx,

> Las antiguas libertades fueron al menos enterradas en un sepulcro suntuoso: eran los tiempos en que Vasco Núñez de Balboa hincaba la bandera de Castilla en las costas de Darién, Cortés en México y Pizarro en Perú; en que la imaginación meridional de los iberos se encandilaba con la visión de Eldorado...

Pero pronto el centralismo y legalismo castellanos llegarán también a América tanto para proteger a los indios como para establecer un laberinto de cargos que «empapelan» toda iniciativa y generan un intrincado sistema de funcionarios, vigilantes de los funcionarios, sobornos, venta de cargos, corrupción; un intrincado sistema de incompatibilidades que pretende evitar la burocracia con más leyes todavía, y que genera más especialistas en la administración que en la producción, en el monopolio que en la competencia.

EL CRECIMIENTO y madurez prematura del Estado —sea del *welfare* o del *warfare State*— acaba siempre pagándose. Lo vimos en el caso griego (supra pp. 46-48) y así lo experimentó el imperio de Carlomagno que, como dice Díez del Corral, «malogra con un milenio de adelanto el genio de Napoleón» al organizar la forma del Imperio sin sus supuestos económicos, jurídicos y técnicos. Es lo mismo que puede comprobarse cuando España se empeña ahora en proyectar espacialmente (Carlos V) o en interiorizar espiritualmente (Felipe II) esta superestructura o caparazón estatal diseñado por los Reyes Católicos (vid. nota 52). También aquí, como dice Paz de México, «tuvimos un Estado y una Iglesia antes que una nación». De Pavía a Mühlberg, Carlos V se lanza a una costosa política de expansión y prestigio en Europa. De Lepanto (1571) a la Invencible (todo un símbolo: en 1588 el imperialismo político sucumbe por primera vez ante el incipiente imperialismo económico... aunque sea por razones más climáticas que «dialécticas»), Felipe II se empeña a su vez en consolidar con la Inquisición la «españolidad» —la unidad de sangre y convicciones— del país: «Antes perdería mis reinos —anuncia— que ser señor de herejes.» Se unifican así las almas y las tierras en lugar de unificar el mercado que suscite la concurrencia y emulación de las competencias técnicas y comerciales, mercantiles y financieras. Al contrario: estas competencias mismas se hacen sospechosas, de manera que la ética del trabajo y la iniciativa individual queda inhibida ante la ética guerrera del hidalgo —pronto degradada en la ética conservadora del militar o el funcionario—. Y así es cómo el país se organiza a partir del nacionalismo esencialista cuyas dos variantes prefiguran ya Carlos V y Felipe II: el *«antes roja (i.e.* protestante) *que rota»* cuando Carlos V trata ya de contentar a los protestantes en Trento para asegurar la unidad del imperio; el *«antes rota que roja»* que se prefigura en las anteriores palabras de Felipe II. Está claro que, como decía lord Keynes, las ideas hechas tienen más fuerza aún que los intereses creados.

Los impuestos y las levas requeridos para sustentar esta política ideológica y expansionista en Europa y América pronto se traducen en el empobrecimiento y crisis demográfica del país. A falta de una infraestructura comercial y una política económica que le permitiera aprovechar el oro de América para su desarrollo interior, el flujo de riqueza se traduce en inflación o en divisas para manufacturas y mercenarios. «Apenas constituida la nación —escribía Ganivet— nuestro espíritu sale

Aranda se apresura a recomendar el reconocimiento del nuevo país (los EE. UU. independientes, en el grabado), el establecimiento con él de buenas relaciones y, lo que es más importante, propone inspirarse en su estructura federal para organizar los propios territorios españoles de ultramar y su relación con la Corona.

En Inglaterra la función legislativa del rey, y la del mismo parlamento, aparece limitada por una «common law» o usos vernáculos que sólo los tribunales (en la imagen) pueden interpretar y actualizar.

Compárese la libertad con que los disidentes ingleses escapan a América en el siglo XVII (en la litografía, llegada de los «pilgrim fathers» a New Plymouth a bordo del «Mayflower») con la minuciosidad cómo la Casa de Contratación de las Indias organiza las expediciones y «filtra» a los emigrantes desde 1503.

del cauce que le estaba marcado y se derrama por todo el mundo en busca de glorias exteriores y vanas, quedando la nación convertida en un cuartel de reserva, en un hospital de inválidos, en un semillero de mendigos.» Convencidos todavía de que la fuerza está en la cantidad, en la extensión del territorio, los españoles adoptan «el sistema generalmente seguido por los nobles arruinados: nada de reducir los gastos por no descubrir lo que está a la vista, que la casa se hunde; préstamos usurarios, alardes estúpidos de poder para inspirar confianza, enlaces en que se busca una dote providencial»... Caminos todos a la bancarrota que pronto dejan a España en manos de la «banca suiza» (los Fugger, Welser y Shatz) y de las empresas europeas. «¿Para qué pensáis ir vosotros a América? —preguntará Gracián a los europeos—, *¿no veis que los españoles son vuestros indios?*»

Pero pronto se ve que no todo el mundo en España está dispuesto a seguir haciendo el indio. Ni portugueses ni catalanes parecen ya interesados en esta empresa española que ni ha calado ni ha beneficiado a sus países. Y así es cómo a principios del XVII se experimenta ya el techo de aquella unidad formal o administrativa de los Reyes Católicos hecha más por exclusión que por integración. Cansados de esperar una convocatoria a Cortes que nunca llega, los catalanes —modelo, según dicen, de *El Alcalde de Zalamea* de Calderón— se levantan en 1640 contra unos impuestos destinados a pagar un imperio ruinoso y contra la presencia de tropas y funcionarios no nacidos en el país. Está claro que a estas alturas aquella unidad «política y espiritual» se ha hecho sentir pero no ha llegado a permear el país real.[71]

Decíamos que el moderno Estado-nación necesita del *nacionalismo* para su legitimación y expansión, del *comercio* para su consolidación, y de las *libertades municipales* para su penetración y evolución democrática. El temprano Estado español ha pretendido fundarse en uno solo de estos principios y llega a 1640 tan extenso como extático. La independencia de Portugal y el Tratado de los Pirineos de 1659 cierran provisionalmente —hasta la guerra de Sucesión— el marco peninsular.

> ¿Cómo podemos explicar —escribe Carlos Marx— que precisamente en el país donde la monarquía absoluta se desarrolló en su forma más acusada antes que en los demás Estados feudales, jamás haya conseguido arraigar la centralización? La respuesta no es difícil (...) En los otros grandes Estados de la Europa del XVI la monarquía absoluta se presenta como la iniciadora de la unidad social. Allí era la monarquía absoluta el laboratorio donde se mezclaban y trataban los distintos elementos de la sociedad hasta permitir a las ciudades trocar la independencia local y la soberanía medievales por el dominio general de las clases medias y la común preponderancia de la sociedad civil. En España, por el contrario, mientras la aristocracia se hundía en la decadencia sin perder sus privilegios más nocivos, las ciudades perdían su poder medieval sin ganar en importancia moderna.

...Y así es cómo en España el Estado sale con ventaja respecto de la sociedad civil. Hacia América, ciertamente, pero también hacia dentro de la propia península.

A LA SAZÓN, INGLATERRA CARECE de la unidad y coherencia requeridas para un auténtico proyecto colonial. Anda todavía escindida, como escribe Hegel, «entre puritanos, episcopalianos, católicos y cuáqueros, todos divididos entre sí, ocupando ahora unos ahora otros el poder, y emigrando muchos en busca de libertad religiosa». Los disidentes escapan pues de un país aún no «nacionalizado» y se enfrentan a su vez a los «bárbaros» de la otra orilla —a unas tribus nómadas y cazadoras que no han rebasado la economía de subsistencia—. La falta de unidad tanto en su origen como en su destino les asegura la libertad e independencia a la hora de buscar la salvación y la felicidad personal fuera de todo pie forzado. En España, por el contrario, estas minorías no pueden *escapar* a América porque antes el Estado ha conseguido ya *expulsar* a sus herejes unificando político-religiosamente el país y va ahora a *organizar* las expediciones desde la Casa de Contratación.

Los comentaristas se han empeñado aquí en contraponer el estilo privado, espontáneo, popular y aun medieval de la colonización española al inglés, «ejecutado por la acción reflexiva de minorías poderosas (...) bien en consorcios, bien por secesión de un grupo selecto que busca tierras donde mejor servir a Dios» (Ortega). Y es cierto, sin duda, que en el siglo XVIII, cuando van a América los ingleses y holandeses, ya es evidente en Europa el impacto de la revolución científica, religiosa y comercial, mientras que los castellanos se embarcan en el XVI sin este bagaje de modernidad.[72] Como es cierto que la colonización castellana —«refugio de los desesperados de España» (Cervantes)— no está encabezada por personajes como Raleigh o Penn, sino por gente pobre, casi analfabeta, y sin experiencia comercial ni patrimonial alguna. Políticamente, sin embargo, la colonización española es mucho más moderna, ya que trasplanta el nuevo espíritu nacional, sistemático, jurídico y burocrático, con el que construyen en América un sólido edificio de monumentos e instituciones. Entre aquel pueblo y este Estado: nada. De ahí el contraste entre el *individualismo* feudal, religioso y comercial que exportan los ingleses y las *individualidades* renacentistas y ambiciosas que emprenden la colonización española, impulsadas por el espíritu de independencia descrito por Ganivet y armadas con los resortes políticos y estratégicos de un Estado. Moderno y grandioso, es cierto, pero también peligroso.

El maquiavelismo *avant la lettre* de Cortés permite ocupar en pocos años un imperio que el modelo administrativo peninsular estructura en un rígido sistema de Virreinatos, Audiencias, Visitadores, Corregimientos, Cabildos y Ciudades, al tiempo que sus hombres van siendo «contraconquistados» por los países que ocupan, impregnados por las culturas que destruyen y seducidos por las mujeres que violan. Nada de esto encontramos en la colonización del norte: el modelo nacional o la estrategia individual, el estímulo para una ocupación territorial o la impronta del modelo cultural indígena (con razón se ha dicho que entre los aztecas o los mayas y los masachutos o los hurones el abismo es más grande que el que separaba la Roma de los césares de los pueblos bárbaros de Europa).[73] En el norte se limitan pues a proyectar sus esquemas e ideales en el «vacío» americano, a explotar sus recursos y establecer sus *propietary* y *society colonies* con relativa independencia de una metrópolis envuelta en sus guerras civiles (ellos se consideran vasallos del rey, que les había concedido las cartas, pero no de la nación inglesa ni de su parlamento). No tienen detrás una Corona de España ni delante un Imperio Azteca o Inca, y sí, pues entre otras cosas estamos en 1620 y no en 1492, un impulso comercial y liberal que les orienta más al establecimiento y consolidación de colonias costeras que a la conquista territorial allende los montes Allegheny.

No es pues su cultura y modernidad, sino precisamente la falta de ellas —tanto de su término *ad quem* como *a quo*— lo que les ahorra a los ingleses u holandeses los problemas teóricos y prácticos, hermenéuticos y de mestizaje, con que los iberoamericanos nos enfrentamos y de los que no hemos salido aún. *Al cuadro figurativo que han de pintar los españoles con su moderno «estilo» político frente a un perfilado «modelo» indígena, se contrapone la libre expansión y expresión anglosajona de una imaginación milenarista que no se ve tampoco confrontada a ningún «modelo» local alternativo.*

Compárese en fin la libertad de los disidentes ingleses que escapan a América en el siglo XVII y la minuciosidad con que la Casa de Contratación organiza ya las expediciones y «filtra» a los emigrantes desde 1503 (vid. supra nota 22). Compárense las aspiraciones concretas a la felicidad, la libertad y el bienestar de los peregrinos con los ideales de engrandecimiento imperial, fortuna personal y evangelización universal de los conquistadores. Compárense las rudimentarias colonias de Massachusetts, Providence o Newport en 1650 con la planta renacentista —traza y plaza regular en damero exacto— de las ciudades iberoamericanas desde Francisco de Garay en 1516.[74] Compárense, digo, y piénsese cuál es en realidad la colonización «popular, tradicional y espontánea» y cuál la «moderna, culta y deliberada».

16. La democracia gaseosa y las paradojas de la precocidad

A partir de ahí, y por una especie de «astucia del espíritu», las tornas se vuelven: un *círculo virtuoso* parece enlazar el tradicionalismo piadoso y popular de los pioneros con la modernidad, mientras que un paralelo *círculo vicioso* impide que la precoz modernidad española llegue a hacerse contemporánea.

Los Estados Unidos son el producto de una revolución conservadora (1776) que luchó por preservar las libertades más que por conquistar la Libertad. La comunidad se imagina y organiza como una «reserva» que protege su autonomía y sus fueros frente a cualquier instancia superior. Las virtudes de la comunidad —la organización racional y la salvación por el trabajo— no han de verse rebasadas por ninguna instancia que vaya más allá del pacto social mismo: tanto el crecimiento estatal como la dependencia internacional ponen en peligro este ideal autárquico que va de Aristóteles a Monroe pasando por el foralismo medieval, y que los antropólogos modernos creen descubrir también como *ratio* profunda del tribalismo. Como ellos, Jefferson parece intuir que sólo un tamaño limitado y un aislamiento relativo de la colectividad permiten mantener las libertades de sus miembros: de ahí su alergia a todo crecimiento o referencia superior —metropolitana o americana— que venga a solidificar el estado «gaseoso» de la pequeña comunidad libre y sus intereses particularistas. Es desde sus mismos orígenes en 1773 —sublevación de Virginia en defensa de los salarios-tabaco de los *clergymen*, «motín del té» contra el impuesto del timbre y la aduana— que la defensa de las libertades ha estado siempre ligada en Estados Unidos a intereses particulares y corporativos: *lobbies* y mafias, *caucuses* y *single issues*. Ya en 1830 se asombraba Tocqueville de este dominio del espíritu de Asociación sobre el de Misión, del Interés particular sobre el ideal del Bien común, cuya íntima paradoja formulaba Huizinga en 1921:

> América nació y se mantuvo gracias al tozudo y arcaico individualismo de aldea —casi podríamos decir por el individualismo medieval—. Y sigue siendo uno de los fenómenos más sorprendentes de la historia moderna el hecho de que un continente pudiera ser conquistado con tales principios, mientras que la política imperialista de la corona francesa fracasaba en la misma empresa aun cuando su visión de las posibilidades geográficas del país era más amplia que la de los colonos ingleses, y sus planes mucho más vigorosos y uniformes.

Un «círculo virtuoso» parece en efecto unir al individualismo conservador y corto de miras de los colonos ingleses con la expansión económica y la consolidación política del país. «El feudalismo —escribía Emerson en 1844— no ha terminado todavía. Nuestro gobierno aún está embebido en él. El comercio llega a hacer insignificante al gobierno.» Desde Madison y Hamilton, los derechos individuales y la libertad religiosa de Jefferson han ido ya mutándose en derechos de la propiedad y en libertad comercial. Pero no será hasta mediados del siglo XIX cuando dos grandes mutaciones —el nacionalismo y el desarrollo técnico— terminan por transformar el individualismo de los peregrinos o de los Padres de la Constitución en el imperio del *big business*.

El alambre de púas acaba en 1870 con el Oeste de las películas al tiempo que la máquina cosechadora de McCormick y el refrigerador favorecen la concentración de la propiedad y el desarrollo de la industria cárnica en Chicago. La máquina de coser de Howe inicia la transformación de la actividad doméstica y «convivencial» por antonomasia en una empresa industrial. El tren y el telégrafo con los que va a colonizarse el Oeste exigen también la formación de grandes compañías (Western Union, Missouri Pacific, etc.), que desde el principio subordinan la colonización del Oeste a los intereses del capital. El telégrafo favorece a su vez la concentración de los centros de decisión y las grandes especulaciones, de modo que, hacia 1880, aquella sociedad medieval de los Peregrinos ha recreado sus nuevos señores feudales —los Rockefeller, los Morgan, los Carneggie— con los que no pueden las sucesivas leyes anti*trust*, y que culminan en las *consolidations* que aúnan los intereses del hierro y el acero, de las minas, de los transportes y pronto del petróleo.[75] Sólo falta entonces que, a partir de la Guerra de Secesión, Lincoln acabe de unificar el mercado de trabajo, dé un contenido político a la Constitución y descubra el «destino manifiesto» de la nación. Así es cómo la primitiva libertad religiosa, transformada desde la Constitución en derecho censitario, desemboca por fin en la libertad empresarial. Para Jefferson el negocio americano era la libertad y la felicidad. Para Coolidge «el negocio de los Estados Unidos es el negocio». El espíritu nacional no nace en USA, como en España, *antes*, sino *después* y a partir de esta transformación de la piedad medieval en culto al capital. Un culto que en pocos años hará de los USA el país más rico de la tierra y que desde finales del XIX invierte, como señaló M. Espinosa, el orden de los acontecimientos: América dejará de ser un suceso de Europa al tiempo que Europa empieza a transformarse en un suceso de los Estados Unidos... ¿Quién es hoy epígono o epifenómeno de quién?

Algo parecido se observa en la transformación no ya económica sino política e ideológica. También aquí el tradicionalismo foral y los intereses particulares se imponen a los modernos ideales universales. Cierto que las ideas de Justicia, Razón e Ilustración resuenan en la Declaración de Independencia de 1776. Pero nunca aparecen allí más que como un

Para Coolidge (en la foto), «el negocio de los Estados Unidos es "el" negocio». El espíritu nacional no nace en USA, como en España, «antes» sino «después» y a partir de esta transformación de la piedad medieval en culto al capital.

«**El feudalismo** (escribía en 1844 Emerson, en la foto) no ha terminado todavía. Nuestro gobierno aún está embebido en él. El comercio llega a hacer insignificante al gobierno.»

El tren (en la litografía, el «American Express») y el telégrafo con los que va a colonizarse el Oeste exigen la formación de grandes compañías (Western Union, Missouri Pacific, etc.) que desde el principio subordinan la colonización del Oeste a los intereses del capital.

medio —por lo demás insuficiente— para la conquista de la salvación personal o el bienestar colectivo. Rousseau y Montesquieu habían pretendido sustituir los viejos valores medievales —individualistas y forales— por la nueva virtud republicana —moral y universal—. La ética y el patriotismo tenían que suplir al honor y al egoísmo en el alma de los hombres nuevos. Los Padres de la Constitución americana son mucho menos idealistas. «Razón, Justicia y Equidad —dice John Adams— nunca tienen razón suficiente (...), sólo el interés lo tiene y sólo en él puede confiarse.»

Los intereses particulares y divergentes no pueden ser pues superados con vagas apelaciones a la Nación o a la Equidad. «La conclusión a la que debemos llegar —sentencia Madison— es que la causa del espíritu de facción no puede suprimirse y que el mal sólo puede evitarse teniendo a raya sus efectos.» Para R. Herr, «Madison se opone aquí a la virtud y al patriotismo como principio del Estado por razones que ahora llamaríamos materialistas. Advierte, antes que Marx, que los hombres están dominados por los intereses económicos y que la sociedad está movida por esta lucha entre intereses. El mejor gobierno es el que impide el dominio de un interés o un partido sobre los otros. Madison creyó que nunca sería posible la supresión de los conflictos de clase. Marx, por el contrario, creía que después de la revolución proletaria desaparecería la división de clases y la sociedad entera obedecería a una moral o una virtud parecida a la que propugnaba Rousseau». Frente al materialismo «científico» de Marx, el de Madison y los Padres de la Constitución americana parece encarnar pues un materialismo «vernáculo» que, lejos de creer en el *happy end* jacobino, expresa una ancestral reticencia y resistencia de la sociedad civil hacia el poder del Estado.

Nada parecido en el caso español. En contraste con aquella constitución conservadora, que aparece como evolución del propio feudalismo, la de Cádiz es el prototipo de una constitución «virtuosa» que no duda en prescribir a los españoles «el amor a la patria (...) y el ser justos y virtuosos» (art. 6). Es desde este beato modernismo que se redactan una serie de constituciones siempre mejores que las anteriores, casi siempre mejores de la cuenta. La tradición empirista de la *common law* (algo que en España sólo conocemos como casuismo moral o teológico) permite en los Estados Unidos la pervivencia, sucesivamente enmendada, de una misma Constitución.[76] Aquí el modelo de las Cortes de Cádiz nos ha conducido desde 1918 a nueve reformas constitucionales.[77]

Ya hemos visto, por otro lado, las consecuencias económicas que tuvo para España y sus colonias el haber seguido un proceso exactamente inverso del americano: temprana consolidación nacional y administrativa (cuatro siglos separan a los Reyes Católicos de Lincoln) *anterior* a la modernización técnica y comercial. Un ejemplo paradigmático de este desmesurado dominio de lo administrativo sobre lo técnico es la legislación que limita hasta el siglo XVIII el tonelaje de los barcos a fin de que puedan entrar en los puertos de Sevilla o Veracruz. En vez de ampliar técnicamente los puertos (o de sustituirlos por los de Cádiz o San Juan de Ulúa) se pretende así asegurar legalmente su monopolio, aun a costa de incrementar los riesgos de la travesía y de boicotear el proyecto arbitrista de hacer navegable el Tajo.

A falta de una verdadera reconversión, las riquezas de América sirven para seguir vendiendo principios e importando tecnología. El «cuadro» que nos pinta Madariaga de una Armada Real que en el siglo XVII no puede hacerse a la mar mientras no le llega la lona y el alquitrán de Holanda es bien expresivo de la situación en que se halla ese que Calderón llamara «el océano español».

Cierto que, como se ha dicho tantas veces, la nueva sensibilidad comercial e ilustrada llega a España con Carlos III y con él viaja a América. Pero ahí precisamente se comprueba *el peligro de que la revolución técnica e ideológica la haga el Estado sin haber tenido ocasión de hacer, ella, al Estado; de que el nuevo Estado ilustrado venga a reforzar más que a romper las viejas estructuras centralistas del estado patrimonial.*[78] A diferencia de las colonias inglesas, donde hemos visto al nuevo espíritu comercial infiltrarse y maclarse con sus estructuras tradicionales, aquí nada se infiltra: todo se decreta y manda.

También en «la economía» se ingresa aquí por decreto. Los de libre contratación y comercio de 1778 se traducen, según J. M. Delgado, «en un incremento de la presión fiscal sobre el tráfico transatlántico y una liberalización de las importaciones de tejidos de lino y algodón procedentes del extranjero, desestimulando las inversiones de capital comercial en el sector de manufacturas indianas; (...) un sistema que arruinaba a los cargadores españoles, incapaces de competir con el comercio clandestino, y provocaba el rechazo de los comerciantes y consumidores americanos hacia los impuestos excesivos». De un plumazo se pretendía ahora sustituir las Encomiendas en la línea de las Compañías guipuzcoanas y catalanas, cuyo modelo, según Fontana, es ya el sistema anglosajón de las factorías y plantaciones (monocultivo y trabajo servil contra las veleidades independentistas de los criollos). El Estado arrendaría grandes zonas a las Compañías, quienes deberían explotarlas en régimen de monopolio de los recursos físicos y humanos (tierras y minas, indios y negros). Con ello se enfrentaban a los *nuevos* derechos de los criollos, pero también a los *viejos* privilegios de las comunidades indias que, protegidas hasta entonces por las Leyes de Indias, habían llegado a sobrevivir y convivir hasta el siglo XVIII «junto a otras formas de propiedad gracias a la naturaleza del mundo fundado por los españoles, orden universal que admitía diversas concepciones de la propiedad, tanto como cobijaba una pluralidad de razas, castas y clases (...). Las reformas que emprende la dinastía borbónica, en particular Carlos III, sanean pues la economía y hacen más eficaz el despacho de los negocios, pero acentúan el centralismo administrativo y convierten a Nueva España en una verdadera colonia, esto es, un territorio sometido a una explotación sistemática y estrechamente sujeto al poder central (...) Los Borbones transforman a Nueva España, reino vasallo, en simple territorio ultramarino» (Paz). Como vimos ya en el capítulo 3, se trata ahora de eliminar o pervertir el sistema comunal de las aldeas y resguardos que ofrecía a los indígenas una alternativa al trabajo asalariado o al nuevo peonaje de deuda hereditario. Con ello se crean también las condiciones para una más eficaz explotación de los indios por los oligarcas criollos, que se enriquecen y pasan en pocos años a controlar las tierras fértiles y bien irrigadas que hasta el siglo XVIII se habían mantenido más de un 70 % en manos nativas.

Creo que lo dicho hasta aquí basta para mostrar las disfunciones que resultan de este proceso inverso del norteamericano, donde el poder político decide, dirige y controla la modernización, la formación del capital y la transformación social. Y por varios motivos. En primer lugar, porque supone una ruptura traumática con el proceso y los mecanismos de defensa generados en el sistema anterior, ruptura que no se produce cuando es el propio cambio de la «infraestructura» el que va transformando lenta y progresivamente la superestructura política hasta secretar la nueva forma de Estado. En segundo lugar, como acabamos de ver, porque aunque refuerza el poder económico de la burguesía, no le concede el correspondiente poder político — de hecho, es esta dicotomía y falta de circulación entre ambos poderes (político de los funcionarios españoles, económico de los nobles americanos descendientes de los encomenderos) lo que, como en la Roma de Marco Tulio, está en la base de la revuelta de la aristocracia criolla contra la burocracia española —. En tercer lugar, porque incluso a aquellos que rechazan el poder español y fundan naciones nuevas les ofrece un modelo de independencia que pronto va a degenerar en despotismo político y en dependencia económica.

Los dos primeros puntos nos han servido para explicar el distinto resultado en el proceso de emancipación norteamericana e iberoamericana. El último será ahora nuestro guía para entender el contraste entre la unión que resulta de la independencia en el Norte y la fragmentación con que se resuelve en los países iberoamericanos.

17. Emancipación y fragmentación de Iberoamérica

> ... edificar sobre una base gótica, un edificio griego al borde de un cráter.
>
> (Carta de Bolívar a Santander.)

«Los grupos y clases que realizan la independencia en Sudamérica —escribe Octavio Paz— pertenecían a la aristocracia feudal nativa; eran los descendientes de colonos españoles, colocados en situación de inferioridad frente a los peninsulares. La metrópoli, empeñada en una política proteccionista, por una parte, impedía el libre comercio de las colonias y obstruía su desarrollo económico; por la otra, cerraba el paso a los "criollos" que con toda justicia deseaban ingresar en los altos empleos y la dirección del Estado». Al fin, son estos criollos quienes «rompen con España pero no son capaces de crear una sociedad moderna». ¿Por qué? En este punto, el argumento de Paz se hace algo más especioso. «No podía ser de otro modo —añade— ya que los grupos que encabezaban el movimiento de la Independencia no constituían nuevas fuerzas sociales, sino la prolongación del sistema feudal (...). Algunos llegaron a "alzarse con los reinos" como si se tratara de un botín medieval. La imagen del "dictador iberoamericano" aparece ya, en embrión, en el "libertador".»

La descripción es exacta —no sé si la interpretación—. La figura y el papel del dictador, en efecto, aparecen *in nuce* en los caudillos de la independencia. Pero no es ésta una figura medieval sino todo lo contrario: moderna, idealista en el sentido que la filosofía hegeliana daría al término, resultado de la yuxtaposición de los ideales ilustrados sobre una estructura social que, como la alemana o la española, ha evolucionado poco desde el siglo XV.* Bolívar y San Martín, Rodríguez de Francia y Francisco de Paula Santander son quienes encarnan y representan *an sich*, más puramente que Napoleón, este estadio en la evolución del Espíritu que, al decir de Hegel, antecede siempre a su formulación teórica. Bolívar es hegeliano antes de Hegel como Cortés había sido maquiavélico sin necesidad de leer a Maquiavelo. Eso los distingue tanto del espíritu provinciano de los padres de la Declaración americana como

---

* En *De la Modernidad* (pp. 175-182) creo haber mostrado cómo sólo la «mediación» idealista permite que la *ideología* humanista de la Ilustración llegue a transformarse en modelo o *ingeniería* del mundo moderno. Durante la Edad Media la Teoría había huido de la realidad y construido un mundo ideal aparte. Desde ahí, volvía ahora a este mundo, pero no ya para iluminarlo, sino para definirlo y configurarlo como Naturaleza, Razón o Estado —es decir, para dotarlo de universalidad.

del «guadalupismo» de Hidalgo o Morelos, que, como señala el propio Paz, «jamás manifestaron la pretensión de universalidad que es a la vez la grandeza y la ceguera de Bolívar». Y así es cómo prohíja España una serie de naciones tan progresistas como impotentes, que reproducen clónicamente —cómicamente, diría Marx— el propio drama español. Vimos que una extraña «astucia del espíritu» parece conectar la sensibilidad foral de los peregrinos con la federación y unión americanas. Pues bien, es esta misma astucia, sólo que trabajando al revés, la que en Iberoamérica hace que el nacionalismo y centralismo ilustrados desemboquen inexorablemente en la fragmentación. Mientras que el tradicionalismo y el espíritu comercial del Norte pretenden, en palabras de Hamilton, aprovechar la historia de Inglaterra sin tener que repetirla,[79] el caudillismo del Sur repite la historia de España sin aprovecharla. De modo que por los mismos años en que se consolida ya la unión norteamericana, se está fragmentando definitivamente la iberoamericana (México, 1836; Ecuador, 1841; Chile, 1844; Venezuela, 1845).

En pocos años los cuatro virreinatos españoles (uno solo de los cuales cubría toda Sudamérica hasta 1779) no se traducen en las tres grandes naciones propuestas por el conde de Aranda. Tampoco en la Confederación de Provincias, Juntas o Naciones que podían haberse seguido respectivamente de la extensión de la ciudadanía en las Cortes de Cádiz, de la insurrección frente a Bayona o de los proyectos de Bolívar. En su lugar surgen dieciocho naciones «libres y soberanas» que son el fruto —en el doble sentido de producto y copia— de los conflictos que en España resultan de la modernización borbónica del país placada sobre una estructura mental y funcionarial todavía patrimonial.

La Emancipación de América es ante todo una guerra civil entre españoles donde se juegan las alternativas políticas y económicas que están desgarrando la metrópoli. Hay muchos «americanos» —en especial negros e indios— del bando leal, como hay muchos liberales y librecambistas españoles que apoyan la insurrección. El propio talante de los caudillos insurrectos parece reproducir ahora las diversas etapas por las que ha pasado el «espíritu» español: talante quijotesco y conquistador de Bolívar (que, como confiesa a Gual en Tegucigalpa, aspira a completar la insurrección con la liberación de Filipinas o la reconquista de España), espíritu de independencia de San Martín (que vuelve a América para «culminar» su participación en la Guerra española contra Napoleón), pasión librecambista de Artigas... Poco hay pues de marginal, indígena o particularista —México aparte— en las personalidades que encabezan la Emancipación. Como tampoco en los lugares donde ésta se cuece: las Juntas patrióticas y los Cabildos municipales —en los que vamos a detenernos ahora un par de páginas.

Las *Juntas* que se reclaman del «bienamado» —y, por Goya, mejor pintado— defienden en clave suareciana (el *pactum translationis*, reversible luego de la traición de Bayona) una soberanía española que ni Iturbide ni San Martín cuestionan. Era necesaria la singular miopía de Fernando VII para no saber aprovechar este nuevo principio integrador en los años de recuperación española en América, de 1814 a 1824. Sumando ahora la ortodoxia mercantilista a la vieja tradición centralista y patrimonial, Fernando VII no concede a las nuevas Juntas el derecho a comerciar, y reivindica, en cambio, los más trasnochados derechos de la Corona —el de «presentación de obispos» entre ellos—. Y así es cómo el españolismo de las primeras Juntas se trueca pronto en un nacionalismo criollo enfrentado a los delegados o cargos con los que el nuevo poder absoluto pretende ahora permear y controlar la vida americana: los oficiales de la milicia regular creada por Carlos III, los mercaderes catalanes de las Compañías (que no se limitan a «descargar» sino que quieren controlar la distribución y venta de sus productos), los nuevos funcionarios sevillanos y burócratas castellanos, etc.

Los *Cabildos* municipales, el otro gran foco de la Emancipación, surgen a su vez de la moderna estructura urbana que, como vimos, caracterizó a la colonización española. Frente a los Virreinatos o las Audiencias en manos de *gachupines,* los criollos no buscan sus alianzas en el campo (México, una vez más, es aquí excepción), sino que toman los Cabildos o Asambleas municipales desde donde tratan de hostigar a los funcionarios reales. Al mundo rural se le evoca en los discursos, se le invoca en las proclamas, pero poco o nada se le convoca a las asambleas. Una vez más es la superestructural modernidad española —municipal ahora— la que se interfiere con una modernización coherente y homogénea. Una maravilla renacentista de leyes y trazados urbanos se sobrepone emblemáticamente a un *hinterland* rural y tradicional[80] que prefigura ya la «economía paralela» propia del subdesarrollo analizada por Cardoso y Furtado.[81] Lo cual no hace sino agravarse con el paso de la estructura de la ciudad-estado renacentista a la ciudad del Estado barroco: ciudad de terratenientes, prelados y funcionarios donde, como dice el clásico, «todo es miseria lo que no es palacio». (En contraste con el confort y elegancia de las casas de campo de Virginia o Carolina, aquí la pobreza de los pueblos y las haciendas se yuxtapone a la espectacular magnificencia de las iglesias y edificios oficiales: Tepozotlán, Sta. Rosa de Querétaro y Sta. Prisca en Taxco, Academia de San Carlos, Casa de la Moneda.) La Emancipación inspirada por los Cabildos puede así entenderse, para usar términos de J. A. Maravall, como una revuelta de aquella ciudad renacentista «que había perdido su libre iniciativa municipal y se había convertido en un núcleo administrativo incorporado y gobernado desde el Estado». Sólo que la sociedad civil o ciudadanía que ahora se insubordina es también producto de la misma ciudad barroca de los siglos XVII y XVIII. Por un lado, funcionarios «no numerarios» y criollos arruinados por el mercantilismo borbónico, que encontrarán en las ideas jacobinas el medio para transustanciar en nacionalismo su resentimiento. Por otro, los ricos hacendados absentistas y la aristocracia territorial urbanizada, acostumbrados a vivir de rentas más que de beneficios industriales, y que se enfrentan a un gobierno central racionalista e innovador.[82] Nacionalistas de las *Juntas,* funcionarios y rentistas de los *Cabildos:* su amalgama, catalizada por las ideas de la Ilustración, la Revolución y el Bonapartismo de sus caudillos, no podía sino favorecer el más puro idealismo y la más perfecta fragmentación política... Así es cómo, justo en el momento en que el tradicionalismo pragmático está fraguando la unidad norteamericana, el modernismo ideológico empieza a fragmentar la iberoamericana: una *real* atomización de Iberoamérica resulta nada más y nada menos que de la multiplicación de los *ideales* de unidad nacional o continental.

A estos magníficos nacionalismos de importación les queda corta —y ancha— la fluida realidad americana, a la que muy hegelianamente se quiere «elevar a la altura del concepto». Lo cual significa, según vimos, repetir la historia de Europa en lugar de aprovecharla: trasplantar y reconstruir en América —tal la «casa de fierro» de Eiffel levantada en plena selva peruana— los ideales y proyectos políticos españoles o franceses. Así, en el espacio de una generación se pretende ya decretar una *unidad* nacional más intensa y cohesionada que la norteamericana («sería mejor adoptar el Corán que el gobierno de los Estados Unidos» se dice en el discurso de Angostura). Y también más extensa y ambiciosa que ella: una confederación de Estados iberoamericanos que, en base al modelo de Filipo de Macedonia, tendrá en Panamá su Corinto. El resultado de tanta pasión de unidad, claro está, es el caos que J. H. Parry describe sucintamente: «Los libertadores y sus sucesores se fusilaron y expulsaron entre sí con la misma facilidad con que habían luchado contra los virreyes... En la década 1820-1830 casi todos los países de la América española estaban ya destrozados por la guerra civil entre caudillos rivales. En algunos, el único resultado posible fue la partición; en otros, la dictadura. La América española ya era libre.»

Pero esta multiplicación de naciones se ve aún replicada por la fractura, en el interior de cada una, entre el país real y el oficial: entre el sistema de hábitos y creencias de la gente y el sistema de conceptos e ideales de la clase dirigente. El nacionalismo progresista de aquellos políticos urbanos se enfrenta al particularismo conservador y religioso de los campesinos e indígenas. La tradicional intolerancia religiosa se muta ahora en la intransigencia doctrinaria con que los «positivistas» o «liberales» reprimen brutalmente las revueltas de *religioneros* y *cristeros* en México (1873-1875, 1926-1929) o la de *os sertões* en Brasil (1885-1897) —ésta brillantemente recreada y reinterpretada por Mario Vargas Llosa en *La guerra del fin del mundo*—. Los complicados procedimientos burocráticos que la Corona había establecido para controlar a unos súbditos lejanos, se transforman en los objetos litúrgicos de estos nuevos políticos y funcionarios. Basta acercarse aún hoy a una oficina mexicana o colombiana para comprobar cómo perdura allí el culto a la póliza y el fetichismo del quintuplicado. Un culto del que el pueblo sólo consigue reapropiarse, bien llevando a su límite extremo el formalismo hasta crear un nuevo barroco del papel timbrado, bien pervirtiéndolo y personalizándolo mediante la «mordida».

Mientras que el tradicionalismo y el espíritu
comercial del Norte pretenden, en palabras
de Hamilton, aprovechar la historia
de Inglaterra sin tener que repetirla,
el caudillismo del Sur (en el grabado,
el general Páez) repite la historia
de España sin aprovecharla. De modo que en
los mismos años que se consolidaba ya
la unión norteamericana, se está fragmentando
definitivamente la iberoamericana...

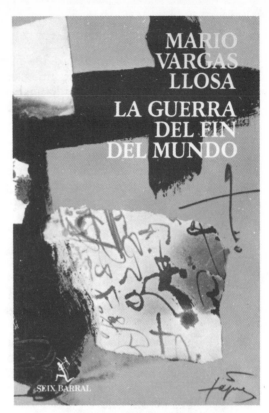

... Pero esta multiplicación de naciones se ve
aun replicada por la fractura, en el interior
de cada una, entre el país real y el oficial:
entre el sistema de hábitos y creencias
de la gente y el sistema de conceptos e ideales
de la clase dirigente. El nacionalismo
progresista de aquellos políticos urbanos se
enfrenta al particularismo conservador
y religioso de los campesinos e indígenas.
(Perfectamente reflejado por Mario Vargas
Llosa en «La guerra del fin del mundo».)

En contraste con el confort y elegancia
de las casas de campo de Virginia o Carolina,
aquí la pobreza de los pueblos y las haciendas
contrasta con la espectacular magnificencia
de las iglesias (tal esta barroca
basílica de Nuestra Señora
de Ocotlan, en Tlaxcala) y edificios oficiales.

Ahora bien: *algo* debía mantener unidas aquellas creaciones antes decretadas que construidas, como *algo* debía asegurar la conexión entre una política demasiado ilustrada y una población más analfabeta de la cuenta. El *militarismo* y el *caciquismo,* endémicos desde entonces en Iberoamérica, son ese «algo» con el que se iba a salvar la distancia entre las palabras y las cosas, entre las instituciones y las poblaciones: los capilares que de un modo u otro (en general más otro que uno, y cobrando su peaje) conectan el orden proclamado con la realidad social y económica, étnica y geográfica del país. Así es cómo el terrateniente se hace nombrar Gobernador, y el ladino, Alcalde. El nuevo poder formal, concentrado en la capital, depende, para su control del país, de los acuerdos a que pueda llegar con quienes manejan las influencias locales, y éstos exigen y consiguen ahora un reconocimiento oficial que la Corona había ido primero limitando y luego eliminando por completo desde finales del XVI (Parry). Igual que las tierras desamortizadas por decreto pasan ahora a engrosar el patrimonio de los ricos, también los países emancipados de repente pasan a depender de esos tiranos locales «de todas las razas y colores» que cita ya Bolívar al renunciar a la presidencia de la Gran Colombia.[83] De ahí la tesis de Parry según la cual la Emancipación recrea una situación muy parecida a los primeros años de la Conquista, antes de que la Corona consiguiera impedir que los conquistadores se establecieran a modo de gobernadores permanentes.[84]

Pero aquellos conquistadores pasaron a ser soldados y luego, con la formación por Carlos III de un ejército permanente y una milicia de Indias, se transformaron a su vez en militares. Unos militares que se hacen tanto más necesarios y poderosos en estas nuevas «naciones sin nacionalistas» (Bryce Echenique), donde pronto acaban siendo el único gran elemento vertebrador que militariza al Estado e inicia la conocida tradición del golpismo.[85] Las «teóricas» naciones constituidas por los políticos y caudillos ilustrados son de hecho extensiones territoriales que sólo un ejército o un militar destacado pueden llegar a controlar y a menudo articular. Pronto nos toparemos ya con proclamas como la del general Obregón en 1910:

> Yo me proclamo como candidato a la Presidencia, por mis propias pistolas (...), sin ofrecimientos previos de un programa: el que quiera que me siga.

El carisma de los nuevos coroneles o generales se ve reforzado aún por el valor simbólico que adquiere el propio ejército en un mundo donde se pierden los signos del poder monárquico. «Había desaparecido el poder de obediencia a un monarca personal —concluye Parry—, pero la idea de lealtad a una república impersonal y abstracta y la obediencia a los que, en aquel momento, formaban su gobierno tardó mucho en arraigar. El propio ejército se convirtió así en el núcleo de la autoridad efectiva. Llegó a ser considerado (o él se consideró) como el guardián de la integridad y de los intereses nacionales, tanto en el gobierno como en la defensa...» Los militares son entonces la alternativa a la monarquía como la monarquía española ha sido ahora en España la alternativa a los militares (luego veremos la lección que de ello puede extraerse). Unos militares que, de un modo parecido a lo que Castoriadis cuenta hoy de la Unión Soviética, parecen desde entonces destinados al mando ya que constituyen el grupo o casta mejor preparado técnicamente, más coherente e independiente de los azares de la política y el clientelismo.

Así es, en definitiva, cómo los caciques y los militares colman el abismo abierto entre el país real y el decretado cuando la modernización de la economía, la administración y la defensa rompen con la tradición colonial que se había mantenido desde los Austrias (y en este sentido es más lo que separa al Consejo de Indias de los ministros de Carlos III, que a éstos de los Rivadavia o Portales surgidos de la Emancipación). No se trata de negar, claro está, que muchas de las lacras que han pesado desde entonces sobre los países iberoamericanos tienen su origen en la lejana tradición colonial. Pero su extensión y consolidación sólo pueden acabar de explicarse por el rechazo doctrinario —ilustrado primero, positivista o liberal después— de aquella tradición y de sus mecanismos compensatorios, tanto ideológicos como legales, que habían asegurado la relativa tolerancia, personalismo y sensibilidad antropológica de la época colonial.

El contraste que establece Paz entre los libertadores o reformadores del XIX y los evangelizadores del XVI es aquí ilustrativo:

> La impotencia de los esquemas intelectuales frente a los hechos corrobora que nuestros reformadores no tuvieron la imaginación de los misioneros del XVI ni su realismo. Impresionados por la ferviente religiosidad de los indios, los *padrecitos* buscaron y encontraron, en las mitologías precolombinas, puntos de inserción con el cristianismo. Al indianizarse, el cristianismo arraigó y fue fecundo. Algo semejante debieran haber intentado nuestros reformadores.

TRES CASOS-LÍMITE, bien distintos entre sí, servirán quizá para reforzar *sensu contrario* el argumento. México, ya lo hemos visto, llega a configurar una nación coherente y un sistema político original (clientelista pero popular, poco democrático pero tampoco militar) precisamente porque no se basa en una revolución ilustrada emprendida en nombre de la Libertad o la Igualdad, sino en una revuelta tradicional encabezada por curas y nutrida de campesinos: «Uno de los pocos estallidos genuinamente populares —escribe O. Paz— inspirados más por el ansia de tierra y el resentimiento contra la pobreza y el peonaje que por el deseo de independencia política.» Cierto es que pronto aparecerán también aquí los caudillos «positivistas» o «científicos» que, de Iturbide a Porfirio

Díaz, tratarán de ilustrar y usufructuar la revolución. Pero será ya demasiado tarde para reconducirla al modelo convencional, primero progresista y luego uniformado. De ahí «esa organización abierta y más bien amorfa —el PRI— dirigida por una burocracia política surgida de las clases populares y medias (con la que) México ha podido escapar, durante más de medio siglo, de esa fatalidad circular que consiste en ir de la anarquía a la dictadura y viceversa».

Aquí la Ilustración llega tarde. En el otro extremo, en La Pampa, vemos lo que ocurre cuando llega demasiado pronto. Argentina nos ofrece el modelo de laboratorio —descarnado— de una pura coloniza- ción ilustrada sin los factores compensatorios de la tradición política española o del empirismo anglosajón. Por un lado, latifundismo: a partir de 1840 el caudillo Rosas deroga las leyes españolas (llamadas luego «de enfiteusis») que sostenían el carácter inalienable de las tierras públicas, impidiendo así la formación de grandes propiedades. Rosas reparte las concesiones entre sus clientes y *supporters,* que crean las grandes «estancias» de ganadería extensiva —luego, de trigo o maíz—. Una situación parecida a la del *West* americano en 1870 pero que, sin su desarrollo técnico ni espíritu comercial, no saben reconvertir como ellos en grandes compañías o en trusts financieros e inician su carrera hacia la dependencia exterior: desde las compañías británicas hasta las guerras europeas. Por otro lado el racismo, donde sí se está a la altura de los *yankees.* Los indios del sur de Buenos Aires y de La Pampa habían sido catequizados, pero no realmente colonizados durante el período español. En la segunda mitad del XIX, a partir del mismo Rosas, de Balcarce —el «héroe del Desierto» contra los pampas— y de los dos presidentes-pedagogos (Mitre y Sarmiento), estos indios van a ser efecti- va y sistemáticamente colonizados a la moderna, es decir, perseguidos y exterminados como en las praderas de Arizona. De ahí tal vez este talante «inmigracionista» argentino que sacrificó un continente indí- gena y que ha tendido a suplirlo por el análisis de su inconsciente edípico. Un análisis tanto más interminable cuanto, como dice el chiste, «el hombre desciende del mono, menos los argentinos que descienden de los barcos». ¿Acaso su primera división no se produjo ya entre los «amigos de Francia» y los «amigos de Inglaterra»? En cualquier caso, el solo ejemplo de La Pampa nos puede dar una idea de lo que habría sido de las culturas indoamericanas si hubiera emprendido la coloniza- ción la mentalidad con la que culminó y continuó entre algunos de sus libertadores.

Brasil: tercer contraejemplo. Es sabido que la independencia resulta allá menos traumática y de consecuencias menos devastadoras. Ni quedan deambulando por ahí héroes de la Independencia en busca de «misión» ni continúan —por lo menos en el área de Sao Paulo— los latifundios de monocultivo «a la argentina», que pronto se reconvierten a *fazendas* medianas de cultivo diversificado o a pequeñas manufacturas. La explicación que nos da E. Caballero puede ser exagerada, pero es la mejor ilustración *a contrario* de lo que veníamos diciendo:

Con el terremoto de la Independencia, la América española se fraccionó en numerosos pueblos. El Brasil, en cambio, permaneció firme en su polifacética unidad. Todo porque los Braganza lograron zarpar hacia Bahía mientras que los majos madrileños inmovilizaron el carruaje del futuro Fernando VII, el Deseado. Por donde se ve que no era tan delirante la aspiración de los próceres del Veinte de julio cuando juraban en Santa Fe obediencia y sumisión a los Borbones, siempre y cuando hiciesen el favor de venir a instalarse en Cundinamarca. La consecuencia que se deduce claramente ahora es que el Brasil constituye un mercado común, mientras que las naciones de origen español creen poder reconquistar el tiempo perdido haciendo tímidos esfuerzos de integraciones parciales: Grupo Andino, Mercado Común Centroamericano, Alale.

En el último capítulo apuntaremos cómo y hasta qué punto puede la actual monarquía compensar la miopía de aquellos majos en un momento en que Iberoamérica se está liberando de sus fantasmas políticos, pero no alcanza aún a cancelar su deuda ni a integrar a todos los grupos y clases sociales en un proyecto nacional. En éste me he limitado a subrayar que es el poder o modernidad política peninsular el más directo responsable de la fragmentación de su herencia entre caciques y militares. Frente a ella, la monarquía para los brasileños y Tupac Amaru, como la iglesia para Hidalgo y Zapata, simbolizaron a menudo tanto la *liberación de la Dependencia* (y sus «gachupines») como la *independencia de la Liberación* (y sus nuevos caudillos o terratenientes). En el próximo capítulo generalizaré el argumento para mostrar que, por paradójico que parezca, es el clasicismo, la vulnerabilidad y plasticidad de la cultura española, lo que fundamenta la profunda unión que a pesar de todo existe aún entre los países iberoamericanos.

18. El presente imperfecto

Lo habíamos oído respecto a los dinosaurios: se puede también perecer por *exceso* de tamaño. Hoy lo escuchamos a psicólogos, economistas o biólogos por igual: la excesiva productividad acaba siendo contraproductiva, el crecimiento prematuro entorpece a menudo la capacidad de adaptación y desarrollo, la pronta comprensión inhibe la experimentación.[86] Lo hemos visto en este libro en relación con los griegos, con Carlomagno y sobre todo con la precoz modernidad política española: su temprano nacionalismo e imperialismo resultaron a la larga políticamente menos eficaces que la más lenta, espontánea y tradicional colonización anglosajona.

Ahora bien, desde un punto de vista cultural la situación es exactamente la inversa y se vuelven las tornas: el éxito corresponde aquí a una cultura más clásica y tradicional como la española que, precisamente por ello, es capaz de convertir y convertirse, de traducir y traducirse a una realidad otra. Provincial y lineal, la cultura gótica es insensible a todo lo ajeno o anterior a ella, que tiende a tomar como naturaleza (como «frontera») hasta que aprende a consumirlo como folklore. Su llegada a la zona más salvaje de América no podía sino reforzar esta tendencia. Más reticente y viscosa, la cultura clásica española (y luego justificaré lo de «clásica») es más permeable e integradora. Y también aquí su encuentro con las culturas amerindias más desarrolladas no podía sino confirmar esta actitud.

Europa en su conjunto había avanzado en el proceso de modernización que tradicionalmente se asocia a: individualismo, desencantamiento del mundo, secularización de las relaciones, distinción absoluta entre sujeto y objeto o entre hechos e ideas, concepción del conocimiento como control de la realidad y de la moral como asunto personal, etc. Este proceso fue sancionado —e incluso, paradójicamente, bendecido— por el protestantismo en el siglo XVI y siguió a partir de ahí un proceso lineal —racionalismo, Ilustración, idealismo trascendental, historicismo, marxismo...— donde cada etapa desmitificaba la anterior y extraía de ella el «núcleo racional» separándolo de su «ganga mística». Vimos que en los Estados Unidos esta tendencia puede llegar al paroxismo ya que se encuentra sin un pasado de instituciones (iglesia, corona, nobleza, ejército) que defiendan los valores tradicionales y sin un horizonte donde sepan reconocer valores alternativos. La falta de peso de lo *anterior* favorece y se complementa con su impercepción de lo *exterior*. La cultura puritana «purifica» efectivamente su entorno hasta transformarlo en un espejo donde sólo se ve reflejada a sí misma.

En España este proceso de «modernización» es distinto. El desencantamiento del mundo no se produce de un modo lineal sino que genera reticencias y provoca resistencias. El mundo de las apariencias no se deja reducir ni disolver fácilmente en su nueva «verdad» abstracta: lucro y predestinación, pietismo y pragmatismo, razón instrumental e imperativo moral, sujeto intelectual y res extensa. Las formas exteriores que la Verdad o la Intimidad vengan a tomar no llegan nunca a ser inesenciales. Esto genera, claro está, cierta rigidez o «torpeza» en su conducta —«los españoles tienen algo de mecánico movido por un principio automático», dice Chandler— y cierto formalismo o viscosidad en su pensamiento, nunca perfectamente absuelto de imágenes sensibles o de categorías tradicionales. Pero es eso mismo lo que les permite asimilar otras formas sin limitarse a extraerles su «núcleo» racional o espiritual. Y así es cómo los frailes españoles se ponen a traducir y traducirse a las nuevas culturas. Vimos en el capítulo 2 que el germen del universalismo cristiano distingue a la colonización española de la clásica, y vemos ahora cómo su sensibilidad clásica le impide a su vez arrasar o prescindir de las formas culturales con que se encuentra, al estilo de una colonización ya puramente intimista como la protestante. Difícil, precario equilibrio...

Los disidentes ingleses y holandeses que salen huyendo de sus países no traen con ellos una cultura institucional; vienen sólo con sus ideales de libertad y un piadoso anhelo de salvación terrenal. Los hispanos no llegan huyendo sino que traen consigo, como los romanos, sus leyes, sus instituciones y sus monumentos. En el mismo acto de destruir los ritos o instituciones de la cultura a que se enfrentan, no pueden dejar de experimentar la necesidad de «convertirla». En su tradición, las formas externas del culto no son nunca meramente circunstanciales y hay que encontrarles de un modo u otro su acomodo entre las propias. Los franciscanos empezarán por respetarlas, el laxismo jesuítico tratará de integrarlas y los hermeneutas, desde Durán y Sahagún, se esforzarán en su traducción. No es exagerado decir que el relativismo cultural de estos hombres del siglo XVI y XVII no ha sido superado aún por la antropología moderna. Ni podía serlo, por otra parte, desde que la busca de la «verdad» profunda y única de las formas sustituyó a aquel sentido e interés clásico-escolástico por las analogías formales. La reducción de los ritos o mitos a su verdad funcional (Malinowski), lógica (Lévi-Strauss) o pragmática (Harris) es sin duda mucho más etnocéntrica y reductivista que la simple transformación que les aplican nuestros evangelistas.

El sacrificio se hace sacramento, el culto a la diosa del maíz se convierte y protege bajo el manto de la Virgen y los ritos de la fertilidad se mutan en procesiones votivas. Los españoles entienden y se dejan impresionar también por esa dignidad indígena, vejada y hecha nihilismo, que nos relataba admirado el padre Gumilla («ellos no se acercan a sus mujeres para no engendrar esclavos»; ellas «por no parir criados (...) se esterilizan

137

con yerbas y bebidas que toman para el intento»). O aun por la patética entereza con que, según nos cuentan Bartolomé Colón y Juan de Zuma, se suicidan los indígenas de Veragua antes de aceptar la cautividad: «Al levantarse la mañana siguiente, los españoles contemplaron el más horroroso espectáculo. Todos los presos, hombres, mujeres y niños, se habían ahorcado valiéndose de las cuerdas que hallaron a mano, y como el puente no era suficientemente alto, algunos hubieron de ahorcarse arrodillados.»

La sintonía con el mundo indígena tiene sin duda que ver con la «imperfecta» modernidad del propio pensamiento y talante español en el que no acaba nunca de consumarse la escisión entre un fuero interno (sacralizado por el protestantismo, universalizado luego por la Ilustración) y un mundo externo cada vez más desencantado. A partir de ella, tanto las categorías morales como las gnoseológicas abandonan el mundo figurativo y cotidiano para quedar recluidas en el mundo de los conceptos e intenciones puras. Espontaneidad y eficacia, trabajo y borrachera, piedad y rigor caracterizan a este espíritu moderno al que, como dice Tocqueville, «las figuras o los símbolos le parecen artificios pueriles y le dejan frío las ceremonias». Pero allí donde este espíritu no ha acabado de cumplir la escisión, las formas de la conducta —su estilo, porte o figura— siguen manteniendo la clásica aspiración del *Kalós Kagathós*[87] descrita por Jenofonte, aunque sea sólo en la forma a la vez simplificada y exacerbada del «genio y figura» español.

Es el formalismo que ilustra el capitán Meneses quien, en trance de hundirse el barco, viste sus mejores galas y espera la muerte leyendo a Lope en un alarde de lo que denominó Ortega «trágico formalismo suntuario». Es el de los condenados a muerte descritos en el *Guzmán de Alfarache* que «roban sus últimas horas a la salvación de su alma (...) para terminar y aprenderse de memoria el discurso que quieren pronunciar desde lo alto del patíbulo». O es, en versión menos melodramática, el que trata de recuperar el propio Guzmán con la ayuda de una caña. «Busqué —dice— una cañita para llevar en la mano, parecióme que con ello era ya como llevar capa...»

La moralidad que se resiste a abandonar la *Palestra* clásica para penetrar en el *Abyssus Conscientiae* agustiniano se queda en un punto medio: el punto del honor.[88] Hegel entiende este «honor español» como el sentimiento de que la subjetividad toda se juega en cada una de las manifestaciones externas del individuo, en su figura, su porte, su nombre... y en especial (añade Lope) el de su mujer:

> *Entre todas las naciones*
> *tiene el español valor*
> *fundado todo su honor*
> *en ajenas opiniones;*
> *y en esta satisfacción (...)*
> *aunque fundada en mujer*
> *veo que debe de ser*
> *la más honrada nación.*

Vemos esta porosidad o autoplasticidad cultural manifestarse cuando el soldado Bernal Díaz (en el grabado) reconoce en la ciudad recién conquistada el arte de los tres indios que «si fueran en tiempo de aquel afamado Apeles, y de Miguel Ángel o Berruguete, los pusieran en el número dellos».

En el mismo acto de destruir los ritos o instituciones de la cultura a que se enfrentan, no pueden dejar de experimentar (los conquistadores españoles) la necesidad de «convertirla». (En el grabado, perteneciente a la serie impresa en los Países Bajos y que contribuyó a fomentar nuestra «leyenda negra», la Cruz acompaña a la Espada.)

Allende los Pirineos el bellaco nunca es más que un personaje cómico y secundario: la casuística del honor es una exclusiva de las clases elevadas. En el teatro español el bellaco llega a ocupar el centro de la escena, de modo que la defensa de su honra se mezcla en Zalamea (en la foto, representación del auto de Calderón) con la lucha de clases y la reivindicación de las libertades municipales.

Un sentimiento que en América, especialmente en México, entra en contacto con la estricta cortesía y etiqueta propias de una sociedad ritual. La verecundia española, la propensión a sentir la pérdida de la propia dignidad, dota ahora de un tinte subjetivo y crispado al formalismo azteca. La menor insinuación, sospecha o desplante puede herir a esta personalidad a flor de piel —desollada— a la que sólo la Forma puede proteger. De ahí, según Octavio Paz, que a la impasividad y recelo se añada en el mexicano el amor a la Forma. «Una forma que contiene y encierra a la intimidad, impide sus excesos, reprime sus explosiones, le separa y aísla, le preserva. La doble influencia indígena y española se conjugan en (su) predilección por las ceremonias, las fórmulas, el orden.»[89]

Un enigma persiste: ¿cómo, si el honor español reclama nada menos que la limpieza de sangre propia del cristiano viejo, pudo fundirse en América con el honor de una raza pagana?, ¿cómo no favoreció allí un estilo de colonización más aristocrático y exclusivista aún que el anglosajón? La paradoja se resuelve con percatarse que aquel «nada menos» es en realidad un «nada más»: que la *limpieza de sangre* española es, como dice Alcina Franch, una reclamación minimalista, popular y democrática, en contraste con la sociedad europea de la época, constituida en verdaderos compartimentos-estanco protegidos por el linaje y la fortuna. Más accesible que la «limpieza de oficio», menos rígida también que la ascendencia noble y a menudo «manchada»,[90] la limpieza de sangre da origen a una nobleza menor que no requiere ni un título anterior ni un privilegio actual: a la ristra de hidalgos y escuderos siempre ridiculizados en la picaresca y los «autores cercanos al complejo monárquico-señorial» (Maravall). Lo que caracteriza pues a Castilla no es tanto el «hidalguismo» como la banalización del mismo: su asociación al propio individuo y a sus obras más que a su estirpe. Esto se hace evidente en el teatro de la época. Allende los Pirineos el bellaco nunca es más que un personaje cómico y secundario: la casuística del honor está reservada a las clases elevadas. En el teatro español el villano llega a ocupar el centro de la escena, de modo que la defensa de su honra se mezcla en Zalamea con la lucha de clases y la reivindicación de las libertades municipales.[91] Como era de esperar en un país cuya teología se había enfrentado a la Predestinación, aquí el concepto de cristiano viejo no se asocia tanto a la pureza de sangre como a la honradez de talante. De ahí el «cristiano soy, y para ser conde esto me basta» de Sancho Panza o el comentario de Quevedo en *Los Sueños*: «Aunque descienda de hombres viles y bajos, como él con divinas costumbres se haga digno de imitación, hace linaje para otros.» Los ejemplos se reiteran desde Calderón:

> ... *aquí a la sangre excede*
> *el lugar·que uno se hace*
> *y sin mirar cómo nace*
> *se mira cómo procede*

hasta Alarcón que, nacido ya en México, tiene buenas razones para recordarnos que la verdadera nobleza no es de origen sino de destino:

> *Sólo consiste en obrar*
> *como caballero, el serlo*
> ....
> ....
> *Sin mirar su nascimiento*
> *hazañas de hombres ilustres*
> *honraron sus herederos.*

Y así es cómo en esta lengua también los criollos, los mestizos y los indios podían eventualmente honrar a los suyos. Una lengua que empezó por fijar y salvar «por memoria» las leyendas o costumbres vernáculas en el código bilingüe de Bernardino de Sahagún, que convivió y respetó las lenguas indígenas en las mismas cortes de justicia[92] y que acabó por vehicular la sensibilidad mestiza desde la que el inca Garcilaso traduce al castellano los textos neoplatónicos y de León Hebreo, o la suprema aspiración barroca de sor Juana Inés de la Cruz —a la vez gongorina y femenina— de integrar el Cosmos entero en un *Sueño*:

> *El mar, no ya alterado*
> *ni aun la instable mecía*
> *cerúlea cuna donde el Sol dormía;*
> *y los dormidos, siempre mudos, peces,*
> *en lechos lamosos*
> *de sus obscuros senos cavernosos,*
> *mudos eran dos veces (...)*

Vimos esta porosidad o autoplasticidad cultural manifestarse ya cuando el soldado Bernal Díaz reconoce en la ciudad recién conquistada el arte de los tres indios que «si fueran en tiempo de aquel afamado Apeles, y de Miguel Ángel o Berruguete, los pusieran en el número dellos». Una sensibilidad que pronto empezará a trabajar las imágenes de los santos y a trepar por las fachadas de las catedrales, al tiempo que infiltra el Génesis en el Popol-Vuh y los sones de la jota adquieren una sonoridad nueva en el Jarabe tapatío. Con elementos platerescos y luego barrocos (aunque, atención, en plantas más renacentistas o aun herrerianas —así Antigua— que propiamente barrocas borrominescas) empieza a producirse allí una variación original de los estilos peninsulares. Prolifera un elemento que el barroco español parecía haber rechazado: la pilastra *estípite* o pirámide truncada con la base mayor arriba. Se multiplican también los arcos mixtilíneos de influencia mudéjar, en los que la inspiración árabe parece conectar directamente con la indígena. De un modo absolutamente inédito, los azulejos recubren la cúpula de Santa Prisca de Taxco e incluso la fachada, el portal y las columnas de San Francisco de Acatepec. Por primera vez aparecen también estos azulejos alternando con ladrillos planos en las iglesias y edificios públicos de Puebla, o contrastando sabiamente con la piedra de Cholula o el *tezontle* volcánico. Los temas vegetales, los motivos exóticos, los rasgos prehispánicos y la sonrisa socarrona de los ángeles muestran igualmente la impronta de una experiencia y sensibilidad indígenas en la decoración e iconografía...

* * *

Hemos visto en este capítulo cómo la pura subjetividad protestante ha olvidado la forma clásica y arrasa a su vez toda forma extraña que se interponga en su camino, mientras que la espiritualidad católica arrastra aún adherencias formales del paganismo clásico y acoge los del nuevo paganismo americano.[93] En lo que sigue hemos de ver cómo este empeño en traducir figurativamente elementos tan dispares —cristianos, paganos, bárbaros— no podía sino producir unas formas cada vez más rebuscadas y exaltadas, ya que, como dice el clásico,

aquí para vivir en santa calma
o sobra la materia o sobra el alma.

El primer gran intento de introducir la «conciencia desgraciada» en las figuras clásicas había ya producido los grotescos capiteles y las gárgolas fantásticas del arte románico. El nuevo intento de hacer caber en ellas a la vez el espíritu tradicional y nacional, capitalista y colonial, iba a generar ahora el simbolismo emblemático del barroco, donde tratan de conjugarse aún la causalidad y la analogía, el concepto y la intuición.[94]

19. El Barroco: frontera del mundo clásico

Decía Platón en su Carta VII que la comprensión requiere no sólo *atender* a las cosas sino también *hacerse* a ellas: «Hay que ponerse en afinidad con la cuestión... hasta que nuestra alma se haga parecida a los objetos que quiere conocer.» Valga esta referencia para justificar la interpretación sin duda muy barroca que del Barroco se da a continuación.

El Barroco, y singularmente en España, se me aparece aquí como el intento de mantener los ideales clásicos en un mundo donde todo parece rebasarlos; el portentoso esfuerzo por contener en un perímetro figurativo unos contenidos que necesariamente lo desbordan, por ofrecer contra viento y marea una traducción aún sensible de un mundo desgarrado por el cristianismo, desmesurado por la Iglesia y desquiciado por el Estado, descualificado por la economía dineraria y descentrado por los descubrimientos cosmológicos y geográficos. Calderón manifiesta expresamente este deseo de

ver en un día...
sombra y luz como planeta
pena y dicha como imperio
gente y brutos como selva
paz y quietud como mar
triunfo y ruina como guerra
vida y muerte como dueño
de sentidos y potencias.

¿Pero cómo mantener «a la vista» tanto planeta y tanto imperio? ¿Cómo dar forma a tantos fantasmas nuevos y tantas ideas modernas? ¿Y cómo no esperar, en fin, que en esta «frontera» geográfica e histórica del clasicismo las formas no adquirieran un sesgo ampuloso, expresionista y desgarrado? De hecho, la *Forma* barroca prefigura y anticipa lo que pronto va a pasarle al *Ser* hegeliano: que a fuerza de querer definirse por inclusión y no por exclusión, a fuerza de pretender embuchar en su seno cualquier realidad temporal o contingente, acaba adquiriendo los rasgos mismos de todo aquello con lo que se ha atiborrado y se transforma así en un Ser inquieto, cambiante, histórico, lábil.[95] De ahí, según A. Regalado, la simultánea afirmación barroca del mundo como cotidianidad (Murillo) y como quimera (el Bosco), como voluntad y como representación (el Quijote), como verdad y como error, es decir, como imagen. Pero no como una diltheyana «imagen del mundo» constituida ante el sujeto, sino como un «mundo» heideggeriano constituido en imagen por la propia reciprocidad de las conciencias. Una fenomenología de la ilusión que incluye al sujeto —«¿me mienten los ojos o el deseo?» es la pregunta calderoniana—, en la que «verdad y mentira son hermanas engendradas por la misma madre, la Mente, alimentadas por la Idea y cuya partera es el Lenguaje».

Pero antes de entrar en esta fenomenología hemos de detenernos para decir unas palabras, tanto sobre el «ideal clásico» (cuyo último bastión pretendemos reconocer en el barroco español), como sobre el marco físico y cultural al que responde. Lo que más nos admira del mundo clásico es sin duda el equilibrio o reconciliación «ideal» que en él mantienen lo individual y lo colectivo, lo teórico y lo figurativo, lo intelectual y lo sensible. En su ciudad no hay Sujetos individuales ni Hombres universales: sólo ciudadanos (además, claro está, de esclavos). En su arte no hay Reproducción literal ni Abstracción: sólo tipos ideales, arquetipos. Sus «Diálogos» filosóficos inauguran la razón occidental —pero no prescinden tampoco de las narraciones míticas—. Su teoría cuenta aún con las fábulas y los dioses, los ritos y las tradiciones que no puede —ni quiere— desarticular: impone límites a la interpretación de la realidad como su arte los impone a la estilización de las apariencias. Su capacidad de abstracción no se desliga nunca de una concepción plástica y figurativa de las cosas. *Theoria* significa para ellos «visión»: *el* sentido de las cosas tiene siempre que ver con lo que de ellas nos cuentan *los* sentidos. De ahí que en Grecia no se pase nunca de la teoría a la pura alucinación ideológica que caracteriza a la filosofía-teología moderna. De ahí también su capacidad de ponderar las apariencias y detenerse en las formas —no sólo en los significados o las fórmulas—. De ahí en fin su creación de un mundo arquetípico y simbólico equidistante de lo sensible y de lo inteligible, donde todo está relacionado con Todo... pero con nada más.[96] Ahora bien, este ideal clásico requería un medio social y cultural perfectamente delimitado, donde fuera sostenible la conexión entre lo intuitivo y lo racional, lo natural y lo cultural, lo especulativo y lo imaginario, lo figurativo y lo expresivo. Platón y Aristóteles son perfectamente conscientes de ello y en más de un lugar refieren y defienden estas «condiciones objetivas». Platón en el ámbito artístico, donde critica un arte demasiado amable y verosímil que, según él, genera una apreciación meramente pasiva y hedonista: un consumidor de sensaciones y no ya un partícipe de ideales. Aristóteles en el político y social, denunciando el peligroso cambio de escala que se está produciendo en la ciudad y en la economía. La ciudad clásica ha de tener un tamaño, como diría hoy Lynch, «imaginable», donde los ciudadanos puedan reconocerse entre sí: más allá, con el cosmopolitismo, nacería ya el espíritu ecuménico y desgarrado de los estoicos. La economía ha de estar relacionada, efectivamente, con el *oikos* (la casa), de modo que la actividad lucrativa *(krematistiké)* no dirigida a la satisfacción de las necesidades domésticas no es ya propiamente «económica». Antes que Marx para analizar el capitalismo, Aristóteles había descubierto pues, y rechazado, el «valor de cambio» como un atentado a los principios clásicos.

Y lo menos que puede decirse es que la intuición de Platón y Aristóteles era acertada: la cultura clásica y figurativa no era compatible con tamaña ampliación de la experiencia. A partir de cierto umbral, a la polis le sale el Estado y a los ciudadanos les crece el Alma. El cielo claveteado de Empédocles se muta en Cosmos infinito, el Destino se transforma en Deber y Culpa —imperativo categórico—, y la oikonomía en economía —valor de cambio—. A su vez la ontología se hace epistemología, el eros o la filia se vuelven amor —cortesano o romántico—, y la higiene de los gimnasios da paso al sexo de los burdeles o a la *libido sentiendi* de los jansenistas... La inabarcabilidad del entorno, el carácter anónimo y anómico de la ciudad están así en la base tanto del individualismo económico, erótico o moral... como de las «artes de artimañas» con las que el Discreto de Gracián tratará de sobrevivir en este laberinto.[97]

Un Estado extenso y un Alma intensa surgen pues, aliados, para romper definitivamente la posibilidad de toda «reconciliación» canónica o figurativa. Los clásicos no tenían lo uno sin lo otro —y en esta medida eran clásicos—. ¿Pero cómo mantener aquella aspiración a la síntesis en un mundo desgarrado entre el cristianismo y el capitalismo, el colonialismo y el urbanismo? ¿Cómo mantener todavía la imagen global de un mundo en el que cada día surgen nuevas «autonomías»?: autonomía de la fe (protestantismo) o de la razón (cartesianismo), de la experiencia (empirismo) o de la ganancia (mercantilismo). Ésta es la desmesurada tarea en la que se empeña el barroco luego del fracaso práctico del proyecto renacentista a partir del siglo XVII.

El mensaje clasicista cabía aún con relativa holgura en el mundo visual y figurativo del *quattrocento*. Las repúblicas libres de Génova o Venecia mantienen todavía una escala «humana» cercana a la *polis* y sus ideales de proporción, simplicidad y simetría. La ciencia aparece en las tablas anatómicas de Vesalius o Leonardo íntimamente asociada al arte; la *virtu* de sus *bravi* tiene aún que ver con la presencia y la fuerza. Lo ideal, como en Grecia, cabe aún en lo real: en la «maravillosa Necesidad» que canta Leonardo o en la «sagrada armonía de las partes» que Miguel Ángel descubre en el hombre y Copérnico o Galileo reconocen en las estrellas. La unificación de lo real y lo ideal no se hará aquí, sin embargo, como en Grecia, por medio del «arquetipo» sino a partir de la pupila: «ese lugar maravilloso donde los colores y las imágenes de todo el universo se concentran en un punto; el nuevo lugar de todas las cosas» (Leonardo). La perspectiva lineal y la composición en pirámide de Andrea del Sarto son el audaz invento gracias al cual el Renacimiento podrá ahora racionalizar y sistematizar el mundo desde este «punto de vista» unitario: pintar un espacio perfectamente continuo y homogéneo.

Pero pronto empezó a sentirse que el espacio de los Gozzoli, Bellini o Perugino era más geométrico que propiamente atmosférico, y a finales del siglo XVI se observa ya la transformación de las macizas figuras de Massaccio en la *certa idea* de Rafael, los planos precisos de Ucello en el *sfumato* de Leonardo, el equilibrio de Donatello en la *terribilitá* de Miguel Ángel, las fachadas planas de Alberti en la *maniera* de Vignola. Parece que el individuo ha perdido la fe en su visión y no confía ya en que el mundo se organice regular y sumisamente a su alrededor. Aquel ojomente que era centro y lugar de todas las cosas anda ahora perdido y rebotando de un lado a otro en el nuevo arte. En efecto: mientras que la ampliación de cualquier detalle de un Masaccio o un Botticelli es en sí mismo un cuadro donde la mirada se puede reposar, en un retablo barroco, el ángel a la derecha no es sino contrapunto de (y remisión a) el otro ángel que está a la izquierda. Mientras que en la Piazza Santíssima Annunziata de Brunelleschi cada edificio constituye una unidad formal y autosuficiente, en la Piazza di Spagna todos los edificios se organizan en función de la continuidad parietal que han de formar con la plaza en su conjunto y que no puede percibir sino el viandante. También los edificios de Alberti están compuestos de «elementos», mientras que la villa del Zeno de Palladio es un entramado de referencias donde cada uno de sus elementos no puede ser percibido sino es en relación con todos los demás.

Esta crisis de las formas renacentistas tiene desde luego su «historia social»: la invasión de Italia en 1493 y el significativo discurso de Savonarola; la ocupación de Italia por los tercios españoles y el *Sacco* de Roma; la Reforma, las luchas dinásticas y la guerra de los Treinta Años; el sarampión de los nacionalismos que durará un siglo hasta que se estabilicen las monarquías absolutas... La Edad Moderna no encuentra sus soluciones políticas y sociales con la misma rapidez con que el Renacimiento había establecido idealmente sus bases culturales. Y este *décalage* entre modernismo cultural y modernismo político-social es lo que, según Hauser, anuncia el manierismo y prepara el barroco. El equilibrio formal renacentista se ve desgarrado en el siglo XVII por fuerzas polares y contradictorias: Reforma y Contrarreforma, ascetismo y laboriosidad, racionalismo y empirismo, Estado e intimidad, éxtasis y sensualidad, Cano y Rubens. Ya no hay modo de traducir todo esto en términos del equilibrio o reconciliación renacentista entre materia y espíritu, realidad e idealidad, experiencia y razón. Lo particular deja de ser un caso de lo general, la pasión un mero motor de la personalidad racional y la realidad un macrocosmos hecho a la medida y en mística correspondencia con el alma humana. Valdés Leal pinta la Muerte y Murillo la Gloria; Bernini el Éxtasis y Ribera la Miseria.

La crisis de las «condiciones objetivas» del clasicismo griego y de su renacimiento en la Italia del *quattrocento* provocan así una ruptura de las *formas* que vienen entonces, 1) bien a resolverse exteriormente en *imágenes* exaltadas o figuras retóricas, 2) bien a disolverse interiormente en *ideas* abstractas. Veamos separadamente estos dos momentos para apuntar, ya en el próximo capítulo, el original esfuerzo de síntesis y continuidad representado por el barroco español.

1. *La moderna* expansión del Estado, la Iglesia o el Capital plan-

Lo que más nos admira del mundo clásico es, sin duda, el equilibrio o reconciliación «ideal» que en él mantienen lo individual y lo colectivo, lo teórico y lo figurativo, lo intelectual y lo sensible. (En la foto, una de las estatuas griegas de bronce, encontradas en Riace, siglo V a.C.)

La unificación de lo real y lo ideal no se hará (en la Italia renacentista) como en Grecia, por medio del «arquetipo» sino a partir de la pupila, «ese lugar maravilloso donde los colores y las imágenes de todo el universo se encuentran en un punto: el nuevo lugar de todas las cosas» (según Leonardo, en el grabado).

La columnata frontal de San Pedro (en la imagen) no pretende reflejar o expresar su laberíntico interior de pasillos, antesalas, oficinas y capillas, sino precisamente camuflarlo para ofrecer la imagen homogénea y monolítica de una Iglesia, «Una, Católica, Apostólica y Romana».

teaban nuevas exigencias retóricas y simbólicas. El arte que pagan los eupátridas atenienses o los mecenas florentinos va dirigido a sus pares: a personas cuya cultura comparten y que poseen sus mismas claves de interpretación. El auditorio de los nuevos emperadores o Papas es ya mucho más amplio y heterogéneo. Éstos han de preocuparse pues de que su mensaje sea eficazmente emitido, entendido y consumido en los más remotos lugares —y aun que domine sobre los mensajes concurrentes de otras naciones o confesiones—. De ahí que las formas y los signos del arte clásico se transformen ahora en imágenes efectistas y símbolos grandilocuentes. La distancia del poder, la abstracción de su mensaje y la amplitud del auditorio requieren un cambio de énfasis: de la «producción» a la «promoción». Las exigencias simbólicas de la Capital (nacional, eclesiástica, imperial) se imponen sobre las exigencias formales o estructurales de los edificios. La columnata frontal de San Pedro no pretende reflejar o expresar su laberíntico interior de pasillos, antesalas, oficinas y capillas, sino precisamente camuflarlo para ofrecer la imagen homogénea y monolítica de la Iglesia «Una, Santa Católica, Apostólica y Romana». Las obras que encarga Olivares para el palacio del Buen Retiro —la *Rendición de Breda* y la *Toma de Bahía*— tratan igualmente de promocionar la imagen de un vencedor magnánimo que «vence dos veces», ya que también se vence a sí mismo. Así es cómo se cumple en el mundo real el mandato que da el Autor a los personajes de *El Gran Teatro del Mundo:*

> *fabricar apariencias,*
> *que de dudas se pasen a vediencias.*

El dominio del *efectismo* sobre el *formalismo* responde así a las exigencias de persuasión que surgen a partir de ciertos umbrales de extensión y abstracción del poder. El paso de la «democracia» a la «república» civil o eclesiástica ha hecho ya inviable la apelación aristotélica a que los ciudadanos se reúnan y discutan para tomar decisiones. Esto ya no es posible, escribe ahora Bodino, «dadas las dificultades existentes para reunir a un pueblo en un lugar determinado, el desorden que constituye una multitud y la vanidad e inconstancia de la gente». Una multitud, añade Quevedo, que «en lugar de acompañar confunde; que es carga y no es caudal (...), alborótase como el mar, con un soplo, y sólo ahoga a quienes se fían de ella».[98]

Como era de esperar, en este contexto la función o «verdad» de las formas artísticas que las clases dominantes empuñan no estará ya en su génesis o estructura sino en su destino: en el impacto que han de provocar en el usuario, el feligrés o el consumidor de turno «esas imágenes vivamente pintadas que casi violentan los sentidos incautos» (Pacheco). De una cultura «aristocrática» (Nietzsche) basada en la *procedencia* se había pasado a una cultura ciudadana fundada en la *coherencia* para desembocar ahora en una cultura estatal que se legitima por su efectismo e *incidencia*.

Pero el Estado y la Iglesia no sólo crecen en Europa: también se extienden por América. Y lo que podía ser aquí necesario para transmitir el mensaje del poder, resulta allí fundamental para introducir la cultura europea. Asistimos, pues, en las Indias, al paroxismo de lo que he llamado una «situación barroca»: *la necesidad de amalgamar realidades dispares y de comunicar con auditorios desconocidos*. Y también a su brillante resolución en unas iglesias que no se dejan impresionar por el espíritu indio sin impresionarlo a su vez y seducirlo con la magnificencia de sus coros, su liturgia, sus imágenes y sus metáforas: todos los elementos que, según el jesuita Lejeune, «inspiraron una profunda admiración en la mente de los indios, de modo que abrazaron, sin ninguna presión ni constricción, las creencias de aquellos que admiraban». Buena muestra del tono y estilo de esta predicación barroca es la descripción que en 1768 hace el padre Curiel de la entrada de un jesuita en la ciudad de Asunción:

> Desde dos leguas antes de la ciudad, a donde había salido mucha gente a verlo, entró descalzo de pie y pierna con un crucifijo en la mano, predicando por todo aquel trecho a la multitud que se iba aumentando al paso que se acercaba a la ciudad, y al llegar a la plaza, en un tablado que le tenían prevenido, comenzó su sermón con un fervor de un San Pablo con el texto: *terra, terra, terra, audi verbum Dei*, de que quedó aterrado y muy compungido el auditorio, y se iba aumentando la compunción y mudanza de vida en los dieciséis días que duró la prédica, que fue de muy colmados frutos.

2. *El contrapunto* de este desbordamiento externo de las formas en *imágenes* y *efectos*, decía, es su disolución interna en *ideas*. La política de Estado, la religión protestante, la economía dineraria o la cosmología copernicana han supuesto un desarrollo *energuménico* de todo aquello que el arte debía ahora expresar. Energuménico significa, etimológicamente, «regido por las ideas», e ideas son, no ya formas sensibles y evidentes, la Ciudad anónima, el Estado absoluto, la Riqueza minera o colonial, la Culpa o Piedad protestantes, el Dios pietista, el «gran sol» de la astronomía que Descartes contrapone en las *Meditationes de Prima Philosophia* al «pequeño sol» de la contemplación sensorial... Realidades que pueden sin duda ser pensadas, sentidas, calculadas incluso, pero no ya vistas. Todo lo que han ganado en significación se lo han robado a la intuición. De ahí que tanto la representación clásica como la similitud tradicional se hagan ahora problemáticas y aparezca un barroco protestante donde la individualidad y la idiosincrasia de los personajes rompen agresivamente, así en Rembrandt, la belleza o el equilibrio canónicos. La reconciliación del hombre y su medio en la polis se ve escindida entre el miedo al *homo homini lupus*, el estremecimiento metafísico ante «el sistema de los espacios infinitos» y las dudas agónicas de los soliloquios de Shakespeare. Las representaciones en que basaba Aristóteles el conocimiento del mundo se transforman ahora en los engañosos *idola* de Bacon. Las figuras en que fundaba la Iglesia

católica el conocimiento de Dios les parecen a los protestantes meras *anécdotas* que humanizan y desfiguran el puro *esjaton* o mensaje divino: la llamada a una nueva existencia mediante la asunción de la fe. A partir de ahí se inaugura el método que va a seguirse en adelante para enfrentar teóricamente esta hinchazón energuménica de las ideas nuevas. El racionalismo y el empirismo separan los «signos» del «mundo» donde no parecen ya caber, y los colocan, aliados a un Dios cartesiano o berkeleyano, en la Razón o la Sensación. El conocimiento ya no aparece como representación del orden de las cosas sino como expresión del orden de los propios pensamientos o representaciones. Los signos sólo reproducen ahora las «categorías» del entendimiento y la voluntad (Kant) o menos aún: son meras «convenciones» como lo habían sido para los pensadores estoicos en una época de análogo energumenismo político y social. En cualquier caso, el mecanismo de la solución viene siendo uno y el mismo: separar el sentido de la figura, la esencia de la anécdota, la razón o revelación de su vehículo formal, la experiencia emocional de su vehículo figurativo.

20. España: un clasicismo numantino

Pero el barroco es y sigue siendo barroco mientras no se resuelve en aquella separación entre lo representativo y lo significativo, mientras defiende numantinamente la *naturalidad de lo sobrenatural*. Y es en España donde parece refugiarse ahora este espíritu que, al decir de J. M. González Ruiz, «adora la expresión en lo que tiene de concreto y contorneado (...) y siente la constante tentación de domesticar lo trascendente para reducirlo a formas claras y concisas, frente a un espíritu nórdico, familiar al infinito, que carece de esta simpatía por el mito, por lo figurativo y lo sensual, que el bloque católico ha heredado de Grecia y Roma». De ahí la resistencia de nuestro Barroco a «pasar» de las formas, a divorciar los fantasmas de las figuras, la economía de la medida (justo precio), la moral de la religión y la intención de sus manifestaciones exteriores. De ahí aún que Suárez avanzara los conceptos que desembocarían en el idealismo moderno pero se detuviera antes de renunciar a una idea objetiva e individual del ente.

El Barroco español se empeña en seguir dando figura al alma gótica y al espíritu indio, a la economía capitalista y a la política estatal. No le queda, pues, más salida que forzar y distorsionar al máximo las formas clásicas para hacerlas aún habitables por las ideas modernas (de un modo análogo, Picasso tendería luego a distorsionar figuras modernas para dar lugar en ellas a las ideas contemporáneas). Pero es precisamente este esforzado y crispado realismo que trata de representar plásticamente lo más abstracto (o de «clasificar» lo más moderno y cristiano: «fin, coronación y ascensión del alma pagana en el ámbito cristiano» llama Vossler a Calderón) lo que muchos, especialmente en el Norte, sentirán con Nietzsche «como un puñetazo en el ojo, como un cínico escarnio al símbolo». Y claro está que a esas almas familiarizadas con el infinito —con la Vida, el *Ganz Anders*, la Voluntad de Poder, la Razón histórica, o similares— les resultó y les ha de seguir resultando ridícula o perversa esta pretensión gongorina de transformar los personajes en «figuras» y de combinar los versos «de una manera a la vez inventada y sensual» (Paz); de seguir constriñendo en formas siempre más extremosas y en siluetas cada vez más sutiles, este nuevo mundo de experiencias abstractas o ideas sublimes.[99] Personalmente he de reconocer que a la admiración que como clasicista siento por el enorme esfuerzo figurativo y hermenéutico del Barroco español se mezcla el temor que como liberal me produce su voluntad integrista y totalizante.

Una peculiar viscosidad cultural coarta en España la unilateral conversión a las «ideas modernas» prescindiendo tanto de lo *anterior* como de lo *exterior*. En estas páginas hemos visto una muestra de este clasicismo inercial: las Reducciones guaraníes de los jesuitas. Acabaremos refiriéndonos a dos monumentos artísticos y literarios que responden a este mismo talante o tradición.

PARA EXPRESAR PLÁSTICAMENTE una situación que rebasa ya toda escala o intuición humana, las formas artísticas se complican y desmesuran. Para dar forma al doble infinito descubierto por la modernidad —el cósmico y el psíquico—, han de multiplicarse y cruzarse las perspectivas, romperse las proporciones... Bernini o Borromini se empeñan así en una utilización ilusionista y escenográfica de los elementos clásicos de la arquitectura; en los cuadros de Tiziano el punto de convergencia no está en el centro del cuadro sino hacia un lado y hacia arriba, de modo que el «punto de vista» no es ya el del hombre sino el de Dios o del Poder. Frente por frente, en la National Gallery de Londres, podemos comparar el espacio aún frontal, neutral y geométrico del *Guerrero adorando a Jesús* de Vicenzo Catena con la *Familia Vendramini* de Tiziano o las *Alegrías del amor* de Veronese, donde aquel excéntrico punto de vista da a los personajes un nuevo movimiento y grandiosidad. A partir de ahí, el mundo flamenco tratará de ahondar plásticamente en el cosmos doméstico (la familia Arnolfini), penetrar el sentido íntimo (Rembrandt) y abarcar el infinito metafísico de lo *amorphos* más allá del neoplatonismo florentino.

El fenómeno se inicia en Italia y es general en Europa. ¿Cómo se matiza y define en España? Se ha dicho que aquí adquiere toda la exuberancia y desmesura del espíritu contrarreformista. Aunque también puede interpretarse al revés: no como desmesura sino como voluntad de mantener en cintura esta proliferación de infinitos góticos que le salen a la metafísica o a la pintura. Veamos.

Menéndez Pidal cree descubrir un sesgo tradicionalista y realista común a las tres literaturas peninsulares: desde Gonzalo de Berceo a la *chansoneta breu i plana* de Guillem de Bergadà; desde la «actualidad» del *Romancero* hasta la «trivialidad» del *Tirant lo Blanc*, donde, al decir de Cervantes, «los personajes duermen como hombres ordinarios y mueren en la cama luego de hacer testamento»; desde las *Crónicas* de Alfonso el Sabio hasta el propio don Quijote calificando de «seguramente apócrifa» su única aventura realmente fantástica (cueva de Montesinos). Esta alergia a los artificios quiméricos o los elementos maravillosos (reforzada sin duda por el fanatismo religioso frente a los «espíritus elementales» del medioevo) es lo que lleva a Menéndez Pidal a hablar de «una marca de sobriedad y realismo que se extiende sobre el mapa de la península ibérica como un rasgo de pluma que cruzase de Oriente a

Occidente, más grueso hacia el Levante, más tenue en Portugal, pero bien firme en toda su longitud». Más que de voluntad «realista» yo hablaría aquí de voluntad de «realización»: esfuerzo por traducir a lo real o asimilar a lo sensible todo lo que parece rebasarlos. Una voluntad no tan reductiva como inclusiva que necesariamente se hace hiperbólica y descabellada cuando pretende absorber también las fuerzas que desde los cuatro puntos cardinales conspiran ahora para proscribir la figura, abstraer la imagen, romper la proporción clásica y sustituir la forma por el sentimiento o el concepto.

Claro que esto no es sino una lectura posible del barroco español. Esquemática, sin duda, pero también «oportuna» en el sentido en que utilizo el término en la Introducción y el capítulo 9 de este libro. Desde ella, por ejemplo, construcciones españolas de distintos momentos y lugares parecen adquirir un aire de familia e incluso formar sistema en su común empeño por constituirse en frontera. Santa María del Mar o la Universidad de Salamanca —el gótico catalán y el plateresco— tratando de controlar los desafueros góticos o arábigos y manteniendo los motivos más extravagantes clásicamente subordinados a la unidad. El Escorial reduciendo a teorema el propio renacimiento. Los Reales Alcázares, la capilla de la Universidad de Salamanca o la iglesia de Belém —el mudéjar y el manuelino— decididos a «figurar» los arabescos árabes o las grecas indias. La catedral de Puebla o Santa Prisca de Taxco ciñendo los temas indígenas en plantas rigurosamente renacentistas... A partir de ahí el plateresco del seiscientos se nos aparece no como un desbordamiento sino como el esfuerzo por contener el manierismo dentro de una estructura renacentista. Y el churriguerismo del setecientos como una maniobra para mantener aún las formas móviles y los ritmos asimétricos del barroco en un marco rigurosamente constructivo.

Se puede afirmar que el teatro de Calderón es muy teológico, pero sin duda es más justo decir que su teología es muy teatral. No es que los personajes sean ideas sino que las ideas, con él, se hacen personajes. El proceso barroco es deductivo, no inductivo; no es el árbol de tres ramas que se hace Trinidad, es la Trinidad que se encarna en la naturaleza (en *De la Modernidad* he desarrollado el nuevo potencial represivo que ello entraña). El arte español expresa ejemplarmente esta clásica voluntad deductiva de traducir la idea del Mundo en una imagen exterior y sensible (el «Laberinto» de Góngora, el «Mesón de locos» de Fernández Ribera, el «Teatro» de Calderón, el «Sueño» de Quevedo, la «República al revés» de Tirso), de acuñarlo en una forma sobria (Montañés, Zurbarán) y lacónica (Quevedo, Gracián), de recogerlo en una unidad (Herrera, Cervantes) o de acercarlo incluso a la vulgaridad: pintar «a lo valentón» como nos dice Gracián que pretendía Cervantes frente a Rafael o Tiziano.

El *ceugma* conceptista («Es el engaño muy superficial, y topan con él los que lo son», Gracián) es la expresión formal más idónea de esta tendencia. En clave de humor, da lugar a un *sarcasmo barroco* que es el exacto contrapunto de la *ironía romántica,* más cercana ésta al espíritu cínico y estoico. En efecto, de Menipo a Diógenes y de Schlegel a Heine, la ironía romántica trata de marcar la distancia *irreductible* que separa siempre al sujeto —el individuo, el alma— de todo objeto o representación antropomórfica: incluso de su propia obra, incluso de su propio cuerpo. Es este sujeto puro, inconmensurable con apariencia o experiencia externa alguna, el que busca Diógenes con su linterna a plena luz del día, el que expresa el diálogo de Posidonio («puedes hacer lo que quieras, ¡oh, dolor!, que no me llevarás a confesar que eres un mal»), o el que habla por la boca del Santo mártir («desarticulad sus miembros, machacando su cuerpo, que a Eusebio no lo alcanzaréis jamás»), el cual, en el límite de la ironía, llega a dar consejos técnicos a sus torturadores:

«No forcéis más, que vais a romper el brazo.

»¡Crac!

»¿Lo veis? Os lo advertí.»

En contraste con ésta, el *sarcasmo barroco* trata precisamente de mostrar el carácter *reductible y compatible*, en una unidad espacio-temporal, de los elementos más dispares (lo objetivo y lo subjetivo, claro está, pero también lo tópico-Sancho y lo utópico-don Quijote, lo sublime y lo ridículo, lo elegíaco y lo tabernario) o su definitiva *identidad* en el seno de la nada. Frente a la ironía, que aplica a las cosas nombres o imágenes «contrarias a lo común» (Aristóteles) como viático a otra visión de las mismas, el sarcasmo (de *sarkasmos,* desollar) las desnuda inmediatamente de toda aureola mediante un artificio semántico. En un primer momento nos presenta un rasgo noble o peculiar que pronto se resuelve, bien en nadería («en tierra, en humo, en polvo, en sombra, en nada» del soneto de Góngora), bien en una realidad distinta con la que comunica directamente por la forma gramatical o figurativa. Más *radical* en el primer caso que la ironía romántica —menos *grave* también—, la sátira barroca nos habla en este segundo de cómo...

> «... Decían de don Clemente que era de muy buena cepa, y según él bebía, era cosa de creer» *(Vida del Buscón,* 1, 2).
> «... No levantaba los ojos a las mujeres, pero las faldas sí» (ibid., VI, 3).
> «... En el mandamiento de *no matarás,* metía maese Pedro a perdices y capones (...) y el hambre parece que tenía por pecado el matarla» (ibid., IV, 3).
> «... Fernando (...) apretóme entre sus brazos (...) y con esto y volverse y salir de mi aposento la doncella, yo dejé de serlo» *(Quijote,* I, IV, XXVIII).

No han faltado, ciertamente, los intentos de «ironizar» el propio Quijote —que, por lo demás y como toda gran obra, admite múltiples «usos» aunque pocas veces se deja encerrar en una sola de sus interpretaciones—. Heine quiso reducirlo al tipo del héroe romántico que «lucha no sólo contra los libros de caballerías sino contra toda forma de *entusiasmo».* El Quijote se hace así símbolo del individuo *excepcional* que ve el mundo como el territorio inesencial —el *côté aventure*— donde él proyecta irónicamente sus figuras de conciencia. Para Hegel esta excepcionali-

El enigma de «Las Meninas» (en el grabado) es irresoluble, ya que el espacio «no duplica la escena como en la pintura holandesa, sino precisamente lo que está fuera de la escena, lo que se vería si la tela se prolongara hacia adelante» (M. Foucault). Así se cumple el mandato de Pacheco: la imagen ha de salir del cuadro.

Menéndez Pidal cree descubrir un sesgo tradicionalista, realista, común a las tres literaturas peninsulares, «una marca de sobriedad y realismo que se extiende sobre el mapa de la península Ibérica como un rasgo de pluma que cruzase de Oriente a Occidente, más grueso hacia el Levante, más tenue en Portugal».

Ante el Quijote (idealizado aquí por Gustave Doré) «nos vamos a sentir, pues, como ante la vida: indecisos bajo la mirada omnipresente de un autor que, manifestándose con la mayor claridad nos ha dejado intacto el misterio».

dad quijotesca no será ya la del individuo aislado, sino la de la moderna «conciencia infeliz» que ha «desentusiasmado» (*i.e.* desdeificado) el mundo perdiendo toda confianza en una verdad o felicidad externa, ajena a uno mismo. Y puede atribuirse aún al Quijote desde la sublime ironía del santo que reclama sufrimientos y tentaciones para confirmar su infinita superioridad, hasta la astuta ironía de Ulises que se enfrenta a todas las figuras de la pasión para templar frente a ellas su carácter, salvar su alma o construir el «hombre nuevo».

También Ortega y Unamuno pretenden extraer de la «ganga mítica» del Quijote su «núcleo racional». Sólo que con Ortega este núcleo no es ya irónico sino ético, y con Unamuno el héroe deja de ser romántico para hacerse existencial o trágico. Uno nos propone desmitificar este «Cristo gótico lacerado de angustias modernas» para ver en él la conquista de la lucidez y la autoconciencia. El otro, que nos identifiquemos con este «héroe existencial» en su lucha contra todos los bachilleres, curas y barberos que piden a la vida unas previas «instrucciones para su uso». Ambos coinciden, desde diferentes puntos de vista, en el empeño de rescatar al Quijote de la ambivalencia que, como señaló María Zambrano, constituye su gran novedad, a la vez ideológica y formal. Ambigüedad ante todo entre don Quijote y su escudero —«espejo de la conciencia que mira y mide al genial caballero»—. Ambigüedad también (que tanto Unamuno como Ortega quisieran zanjar) entre el propio autor y su obra: «Cervantes, que nunca se confiesa, que no prodiga hablar en primera persona, no deja de estar presente en todos los momentos de la obra.» Ante el Quijote «nos vamos a sentir pues como ante la vida: indecisos bajo la mirada omnipresente de un autor que, manifestándose con la mayor claridad, nos ha dejado intacto el misterio». Y esto es precisamente, concluye María Zambrano, lo que le constituye en «símbolo de algo que se nos figura eminentemente español, pero que en seguida se nos revela como universal: la ambigüedad»... He aquí una imagen moral y liberal de España bien distinta de aquella España «imperativa y asertiva» de Ortega y Castro que vimos en el capítulo 12. Una imagen que emparenta formal e ideológicamente el Quijote de Cervantes con la *Verdadera historia* de Bernal Díaz del Castillo.

«¿Qué significa —concluía M. Zambrano— que el mito épico español sea nada menos que una novela como el *Quijote*?» «En la *Verdadera historia*... —contesta C. Fuentes, refiriéndose a la obra de Bernal Díaz— la épica nace entre el asombro ante el descubrimiento de un mundo encantado y la obligación belicosa de destruirlo. Ésta es una épica vacilante. Y una épica vacilante no es épica: es novela.»

Ambigüedad, duda, vacilación: una actitud flexible y receptiva de la que surge naturalmente la forma novelesca de habitar el mundo. Cierto que también el Quijote toma sus distancias frente a este mundo. Pero no, como aquellos héroes estoicos o irónicos, para salvar su alma o constituir su personalidad aparte, sino precisamente para existir cabe esta realidad. Existir, recuerda el propio Unamuno, significa «vivir fuera». No se trata, pues, de conquistar una «existencia auténtica» (ese sublimado romántico de la vida en el seno de la «conciencia desgraciada») sino precisamente de andar entre las cosas —pecando todos sus pecados, siendo pasto de todas sus razones— hasta que nada mundano le sea ajeno. (Algo que seguramente, y sin querer, me ha ocurrido a mí en esta obra —entre Cataluña y España, entre la escolástica española y la *Common Law* inglesa, entre los Estados Unidos del Norte y el Laberinto hispánico del Sur— que por lo mismo es una *muestra* barroca de lo mismo que *dice*.) Si el Quijote persigue las figuras de su pasión y su conciencia, no es para enfrentarlas al mundo, sino para integrarlas e integrarse él mismo «en un mundo entendido como voluntad y como representación» (A. Regalado). Lo infeliz no es su conciencia sino su figura. Del héroe romántico de la «conciencia infeliz» pasamos así al clásico caballero de la «triste figura» que consigue aún traducir en forma ese mundo ambiguo y descoyuntado donde las almas colindan con las naciones y los feudos con los imperios. Un nuevo mundo donde la «virtud» personal sólo puede defenderse como algo subjetivo... o mantener el clásico ideal de objetividad haciéndose uno mismo objeto —juguete— de todas las situaciones o acontecimientos a los que se enfrente. La moral del Quijote no comparte, pues, la levedad ni la gravedad de la ironía; tampoco es la suya una moral del trabajo ni del juego. Su moral es la del juguete.[100]

El Quijote no pretende salvar de la «falsación» popperiana ninguno de sus ideales o fantasmas. No imagina lo real sino que realiza lo imaginario; no idealiza el mundo sino que da figura a sus ideales. Con lo que esta figura, claro está, se complica y se abarroca. Como se complica formalmente la propia obra que pasa ahora, ella también, a formar parte de este mismo —y único— *experimentum crucis*[101]. El entrecruzamiento de niveles, la asimilación «en curso» de eventos, la corrección sobre la marcha y la representación del efecto de la propia obra sobre el entorno forman así un tejido literario rebuscado y complejo que ningún aspecto de la realidad quiere negar... ni tampoco dejar escapar. Se trata de un libro que *hace* también lo que dice mediante un sofisticado juego de bucles y metalenguajes con los que consigue, no sólo describir, sino encarnar en la narración misma la compleja maraña de un mundo —negativo del renacentista— donde la apariencia ha perdido el carácter de evidencia, las palabras y las cosas ya no se asemejan, las similitudes engañan y las perspectivas se multiplican. Y todo esto, que en otras obras de la época produce la alucinación y el delirio, se encarna aquí en un caballero que trata de mantener en forma de aventura —en gesto y gesta— un mundo regido ahora por las profundidades del determinismo físico y de la conciencia de sí.

José M.ª Valverde ha señalado que algo parecido se observa en *Las Meninas*. Difícil imaginar una obra más equívoca y ambigua, más repleta de tropos y paradojas por centímetro cuadrado. El realismo cotidiano del tema se mezcla con el ilusionismo de su tratamiento pictórico; la disolución de los objetos en la luz con la reflexión sobre el propio acto de pintarlos. Vemos un cuadro desde el que, a su vez, nos mira el pintor. Pero el espejo del fondo no nos refleja a nosotros sino que ya «trae puestos» a Felipe IV y doña Mariana, con lo que éstos ocupan nuestro lugar o el del propio pintor (lo que Valverde ha llamado la «hipótesis pelota», apoyada sin duda en el conocido arribismo de Veláz-quez). Existe aún la posibilidad de que la obra fuera un autorretrato, pero para ello el pintor debería tener un espejo ante sí, y en este caso tampoco podrían aparecer en el espejo del fondo las caras de los monar-cas... El lugar del artista, del espectador y del modelo parecen intercam-biables. Se trata de una aporía visual donde las posibilidades se remiten y anulan las unas a las otras. El enigma de *Las Meninas* es irresoluble ya que el espacio «no duplica la escena como en la pintura holandesa, sino precisamente lo que está fuera de la escena, lo que se vería si la tela se prolongara hacia delante» (M. Foucault). Así cumple el mandato de Pacheco: la imagen ha de salir del cuadro. Y así se invierte también la perspectiva renacentista: no miramos el cuadro sino que es el cuadro el que nos mira; no es la visión perspectiva la que ordena el espacio, sino el espacio pictórico mismo el que organiza y recrea la serie de sus visiones dando lugar a una nueva, a la vez más radical y paradójica, objetividad.

Podríamos seguir buscando ejemplos. Pero creo que las obras seña-ladas bastan para mostrar la potencia a la vez clásica y autoplástica de la cultura española que (en acusado contraste con su centralismo político y su intolerancia religiosa) habíamos seguido ya en la legislación de Indias o en las Reducciones guaraníes: su capacidad de abrirse espiritualmente y de absorber formalmente todo lo que la rebasa.

En la Introducción sugería que hispanos y anglosajones, angloameri-canos e iberoamericanos deberíamos aprender cada uno del conservadu-rismo y tradicionalismo —que no de la modernidad— del otro: nosotros de su tradicionalismo político, ellos de nuestro tradicionalismo cultural. Ahora bien, creo que en España se ha emprendido ya la tarea, y que no será malo —incluso va siendo urgente— que los norteamericanos empie-cen a hacer lo propio. Éstos serán los temas que esquemáticamente esbozaré en el último capítulo, pero que ciertamente requerirían otro libro.

21. Encuentros en el Laberinto

En esta orilla el proceso ha sido, más o menos, el que sigue. A los valores liberales y radicales de la propia tradición peninsular se ha querido añadir los de una tradición democrática y pragmática que hasta ahora nos había sido ajena por no decir extraña. Hemos visto así a dos jefes de gobierno y un presidente autonómico que, más fieles a la realidad que a los propios orígenes (falangistas, marxistas o republicanos), no dudaron en sacrificar sus principios antes que traicionar a su país. Y hemos visto también un electorado cada vez menos cautivo de ningún partido o doctrina, que, en vez de entregar un voto incondicional, se limita a prestarlo y considerar en qué condiciones se lo devuelven antes de decidir quién va a ser su próximo beneficiario. En ambos casos, una concepción doctrinaria de las opciones políticas va dejando lugar al reconocimiento de su carácter simbólico y convencional. «Para escándalo de hispanistas y de turistas —escribe E. Trías— las pasiones se "reconvierten" en razones, las creencias en opiniones y a la vehemencia sucede la inteligencia.» Un nuevo sentido de la oportunidad —equidistante del cinismo y el dogmatismo— empieza a permear la política española.

Aunque no sin el esfuerzo de muchos y el escándalo de unos cuantos. El paso de un imaginario político basado en la solidez de los principios a otro basado en equilibrios y aproximaciones siempre precarios exigía una delicada reconversión psicológica. Esta reconversión, aún en curso, consiste básicamente en:

— Reconocer —frente al tradicional maximalismo y moralismo hispanos— que el conflicto político lo es antes de intereses que de principios o de valores, y que por lo mismo el espíritu de fracción no puede disolverse con vagas o sublimes apelaciones a la Justicia o al Bien Común, al Patriotismo o a las Virtudes Republicanas.

— Saber que a aquellos intereses que toman el lugar de estos ideales, se añaden aún las pasiones —nacionales, étnicas, religiosas— que vienen a enmascararlos o exaltarlos; que el «programa afectivo» de la vida política sigue pues constituido por emociones y reacciones primarias a las que es mejor abrir —conscientemente— la puerta oficial que aceptar —tácitamente— su entrada por la puerta de atrás.

159

— Reconocer, a partir de ahí, que el paso de la legitimación «carismática» a la «racional» es menos lineal o automático de lo que se creyó: que los nuevos fundamentalismos —comunes hoy al sub y al sobredesarrollo— nos marcan tanto los límites de la legitimación técnico-económica del Estado como la necesidad de un principio por así decir «monárquico» que equilibre ambos extremos.

— Asumir una actitud irónica que nos permita tomar opciones políticas sin reclamar garantías de calidad, es decir, sin necesidad de creer que cuando juzgamos estamos con-ju(z)gando el lenguaje mismo de las cosas, o que para decidir hay que co-incidir con la Historia o el Progreso, la Tradición o la Revolución. Esta actitud, que marca la pequeña pero definitiva diferencia que media entre vivir ilusionado y ser un iluso, muestra el paso de una sensibilidad que basculaba entre el entusiasmo y el sarcasmo a la mezcla de distancia crítica e irónica condescendencia con la que se habla cada vez más de la política.

— Llegar en fin a hacer compatible aquella ironía o distanciamiento intelectual con la entrega y compromiso personal hacia las reglas convencionales de un «juego» político que ha de resolver el conflicto social mediante su representación dramática en las cámaras. Más aún: reconocer que este juego merece ser defendido con pasión *precisamente* porque es una convención; porque sólo en un pacto convencional puede fundarse un poder que no se apoye en la fuerza bruta o en la pura superstición.

No hay que olvidar, sin embargo, que esta profesión de fe democrática —este saber que lo postizo no quita sino que añade a lo valiente— es una conquista tan revolucionaria como frágil y precaria —y tanto más en un país adicto, como dijo Nietzsche, «a querer demasiado»—. De ahí que a aquella reconversión psicológica tuviera aún que añadirse un fundamento «mítico» que la dotara de verosimilitud figurativa, de legitimación tradicional y de fuerza «religadora». Pues bien; éste es precisamente el papel que entre nosotros asumió y representa todavía la nueva monarquía constitucional.[102] Veamos cómo ha sido.

— Decía Bertrand Russell que la democracia sólo es firme y segura cuando ha llegado a hacerse tradicional. Sólo entonces, en efecto, deja de ser algo sobre lo que se discute al transformarse en el marco y medio de la discusión misma: en sus reglas de juego. En la España del 75 existían sin duda las «condiciones» económicas y psicológicas para la democracia. Pero luego de tantos años de abstinencia, ésta aparecía más como un mítico objeto de deseo que como una «conciencia del método» —como un referente más trascendental que metodológico—. Cierto que, al principio, una ancestral «lógica de la sumisión» (I. Sotelo) pudo jugar perversamente en favor de la democracia, ya que mucha gente votó la constitución «porque así estaba mandado»: porque así lo ordenaba el

Cuartel General, el Comité Central o la Asamblea Episcopal. Pero es evidente que, a medio plazo, estos hábitos eran una base poco sólida para la consolidación y ejercicio efectivo de la democracia.

— Faltos de la legitimación tradicional a la que se refería Russell, ¿no podíamos en España fundarnos en otros principios? ¿Acaso la historia de las ideas políticas no ofrecía un buen elenco de legitimaciones no tradicionales? —civiles o religiosas, sociales o racionales—. Para Locke, la base sólida en que podía y debía fundarse la democracia era una entidad de derecho privado —la Propiedad—;[103] para Kant, una ley de la razón práctica —el Imperativo Categórico—; según Fichte, era la Vida misma —el impulso a la Felicidad—;[104] en Bergson era una expresa referencia mitológica, y hoy, para Habermas, un compromiso lingüístico...[105] Estos y otros principios han servido para legitimar el estado democrático. A mi entender, sin embargo, el problema de todos ellos es que resultan, bien demasiado míticos, bien demasiado íntimos o explícitos para constituir la convención tácita que funda en último extremo la democracia. Es decir: para basar un acuerdo que no sea meramente personal ni meramente legal; un artificio que haya llegado a «naturalizarse» hasta convertirse en el «sintético a priori» de la actividad pública. Una especie de tacto o civilidad que sea a la vez destilado subjetivo y consolidación objetiva de la convivencia política. «Más que en un gran sistema de leyes —ha dicho Pasqual Maragall— yo sería partidario de un sistema de costumbres, de leyes no escritas, de códigos de equidad consagrados luego en el Parlamento.» Es lo que Gracián llamaba el «buen gusto» del «hombre en su punto» en el que llegan a juntarse el conocimiento de las reglas y el sentido de la coyuntura, la sensibilidad personal, la libertad intelectual y el sentido de la comunidad —un buen gusto que Kant sólo buscó a nivel *antropológico* (en los «juicios reflexivos» universales sin concepto) pero que Gracián intuyó ya como construcción o conquista *social*.

En efecto; antes y más allá de la «interiorización» freudiana está la difusión social de los imperativos de la tribu precipitados en usos y costumbres. «La urbanidad y el tacto —sostenía Th. W. Adorno— suponen una convención ininterrumpida y siempre presente: la reconstrucción (kantiana) de lo que era subjetivamente obligatorio.» Una reconstrucción tan variable como las culturas y en la que, sin embargo, podemos reconocer el límite de todo relativismo cultural: la superioridad absoluta, por ejemplo, de una civilización donde los vehículos se detienen y dejan pasar a los peatones sobre otra donde la convención —y la sobrevivencia— obliga a todo lo contrario. O a la inversa: la absoluta limitación que supone, como advertía Juan de Mairena en 1938, «una cierta carencia de tacto vital y de ironía que ha hecho de los alemanes, gran pueblo de metafísicos, una comunidad políticamente lamentable».

— Si algo hay de cierto en todo ello, la situación española en el 75 no podía ser más difícil ni paradójica. Por un lado no cabía prescindir por las buenas del tipo de legitimación tradicional-convencional. Por otro, aquí se carecía precisamente de esa tradición democrática en que fundar el proceso político. Sólo una convención «sintética a priori» podía resolver el dilema. Una convención como la nueva monarquía democrática, que viniera a *suplir la continuidad y legitimación democrática que nos faltaba mediante su continuidad dinástica y su legitimación institucional.*

Una institución tradicional servía así para romper con nuestra más inmediata y dramática tradición. La monarquía era una realidad a priori, y su radical compromiso con la democracia la dotaba de un carácter sintético. A partir de ella pudieron recuperarse unas libertades faltas todavía del seguro fundamento que sólo llegan a adquirir con la continuidad democrática y los hábitos en ella formados. Su papel era y es pues el de *symbolon* en el sentido etimológico del término: mediación o sutura no traumática entre dos tejidos —entre dos períodos— de nuestra historia a la vez continuos y perfectamente contrastados... ¿Pero a qué, se preguntará aún, esta necesidad de una convención mediadora y catalizadora del cambio? Una larga genealogía atestigua que los hombres han intuido desde siempre que las convenciones son un «viático» indispensable en los momentos de cambio radical.[106] Un día de febrero nosotros mismos pudimos comprobar efectivamente cómo esta convención impedía el «síndrome de rechazo» y el intento de volver al pasado. Hoy empezamos a experimentar por fin su capacidad, no sólo de neutralizar los ataques a la democracia, sino también de sustentar su desarrollo.

— Capacidad que puede mostrar aún nuestra monarquía haciendo de puente o juntura —una vez más: símbolo— entre dos concepciones del Estado que la tan temprana como superficial unificación española no supo amalgamar: haciendo flexible y real lo que había sido una rígida e ideológica unidad. Cierto que la castellanización de la monarquía de Felipe II y su cortesanización con Felipe III parecieron secuestrar a la propia monarquía en estos estrechos y rígidos límites. Pero no es menos cierto que supo a menudo mantenerse sensible y respetuosa de los derechos o libertades de los Estados incluso cuando se enfrentaba a ellos.[107] De ahí la fundada creencia de que perduran en ella las trazas de esta monarquía que, como dice Elliott, «se concibe a sí misma integrada por diferentes Estados individualizados, ligados cada uno a su soberano por vínculos legales tradicionales, y que siguen llevando vidas independientes de acuerdo con sus propios e históricos sistemas de gobierno». Lo seguro, en cualquier caso, es que la tradición monárquica resulta mucho más capaz que la tradición del moderno Estado absoluto para asumir la diversidad interna y absorber la externa; para representar una lengua que surcó los mares pero que no pudo vadear el Cinca; para reconocer a España como una realidad lábil, no cerrada por dentro ni por fuera, que es más y menos de lo que incluye el Estado español y cuya identidad no es otra que el solape o «producto lógico» de su aventura colonial y de su pluralidad nacional.

Es más, sólo este ideal de una tan nueva como flexible unidad con

Iberoamérica puede ayudarnos a superar la histérica obsesión por una España «vertebrada» e «integral» (Ortega) que vimos surgir precisamente de la pérdida de las colonias (supra cap. 12). Sólo rebasando el «marco» español aprenderemos así a no saturarlo. Y para ello basta recuperar una tradición ideológica e institucional que en algunos momentos supo *articularse* a este país en lugar de imponerle una rígida estructura isonómica cuyo perverso contrapunto son los casticismos residuales o las autonomías de encargo. Ésta es pues la tradición que engarza y sintoniza con un país que es más y menos que un Estado: la de una monarquía que puede acabar con aquella España integral cuando no integrista, para devolvernos una Hispania a la vez plural e intercontinental.

— Se ha subrayado el papel de la monarquía a la hora de neutralizar los intentos de involución. Pero tanto o más peligrosa que la *in*volución era en España la tendencia a la *ex*volución: a convertirse rápida y expeditivamente a la «democracia» como en el siglo XVIII se había convertido a la ilustración, en el XIX al liberalismo y en el XX a la revolución. Para no repetir la historia había de conseguirse que las nuevas leyes arrastraran las viejas estructuras; que las ideas democráticas llegaran a ser verdaderas convicciones y acabaran consolidándose como hábitos republicanos. Para evitar los viejos reflejos idealistas convenía pues alcanzar el *máximo de continuidad formal compatible con el cambio sustancial*. Y es aquí donde la nueva monarquía pudo buscar inspiración en los éxitos y los fracasos de su propia tradición dinástica. Alfonso XIII había tratado de enfrentarse al caciquismo del sur y abrirse al autonomismo catalán sin romper el marco constitucional de 1876. Las condiciones sociales e internacionales no fueron ciertamente propicias y el intento acabó como sabemos. En 1975, estas condiciones eran mucho más favorables... pero la inmediata tradición ideológica y «constitucional» en que debía incardinarse el cambio lo era mucho menos: cuarenta años de dictadura y unos Principios Fundamentales frente a la relativa flexibilidad de la Constitución del 76. ¿Cómo ser tradicional y a la vez romper esta inmediata —y viva— tradición? El encargo a Adolfo Suárez para desarticular el sistema y conseguir la autodisolución formal de las cortes franquistas marcó la línea de un proceso a la vez audaz y prudente que la monarquía española supo encabezar y ha sabido desde entonces liderar.

LA EXPERIENCIA ESPAÑOLA —desde R. Morse hasta O. Paz han insistido en ello— constituye un modelo donde cada uno puede recoger la orientación o inspiración que mejor le convenga. En Polonia, por poner un ejemplo fracasado, el dirigente del KOR y Solidarnösc, Adam Michnik, se refería expresamente a España en su propuesta de un «compromiso entre la pertenencia al Pacto de Varsovia y la transformación de las estructuras políticas y sociales. El modelo español —concluía— constituye para nosotros una gran esperanza. España es el modelo viable para salir de la dictadura hacia la democracia»... Sin duda no contaba Michnik con que la Iglesia no iba a poder jugar allí el papel que entre nosotros tuvo la Monarquía —ni por lo demás que la URSS no era los Estados Unidos.

En Iberoamérica, que ha compartido con España la falta de tradición y consolidación democráticas, la monarquía española sí puede representar un estímulo para buscar un principio o referente que, como ella, sea allí tradicional y abierto, inmanente a la realidad social y trascendente a la lucha política inmediata. Un principio que las repúblicas americanas han de encontrar en su propio suelo y experiencia, en su tradición y sus liturgias, y desde el que puedan enfrentar esta otra tradición de patrimonialismo, golpismo y corrupción que constituye nuestro más vergonzoso legado en América —la verdadera «leyenda turbia» de España—. Es más; la propia memoria histórica del papel protector de la monarquía española, tan viva en muchas comunidades indígenas, puede constituirla en uno de los símbolos o referencias compartidos que la comunidad iberoamericana debe recuperar. No se trata con ello, entiéndase bien, de reivindicar derecho alguno del soberano español en Iberoamérica. Se trata más bien, a la inversa, de derechos que los iberoamericanos —como por lo demás los sefardíes, los «gibraltareños» o incluso los independentistas de nuestra península— puedan reclamar a esta monarquía: su derecho a compartirla con los españoles y a usarla eventualmente para sus propios fines u objetivos. Esfumado ya en Iberoamérica todo temor o reticencia respecto a una posible voluntad de hegemonía española, no parece haber razón para que, como ha dicho Juan Carlos I, «hermanados por la lengua, el pasado común y una singular concepción del mundo, no busquemos conjuntamente resucitar la importancia y el peso específico que un día tuvieron los pueblos de uno y otro lado del Atlántico».

A otro nivel, más circunstancial, tal vez pueda también resultar orientativo en Iberoamérica el peculiar rumbo, entre voluntarista y empirista, socialdemócrata y populista, que ha tomado la democracia española. Al leal virtuosismo de Adolfo Suárez y a la tenacidad de Fraga o Carrillo convirtiendo a la democracia a su más reluctante clientela, sucedió por fin la audacia controlada de Felipe González y una nueva generación de políticos o sindicalistas capaces de pasar con naturalidad de la clandestinidad a la mesa de negociación; de jugar duro respetando exquisitamente las reglas del juego y sin romper la baraja; de establecer un pacto tenso y eficaz entre su propio ideario socialista y los intereses económicos, autonómicos y profesionales que constituyen y deben también dinamizar el país. Un pacto que contemplaba, entre otras, ideas tan poco «ortodoxas» como: una reconversión industrial y tecnológica orientada sin embargo a evitar los salvajes costes sociales de las realizadas desde la ideología liberal o la escatología de los «santos visibles» (y en este sentido el contraste con la misma operación en Francia o Italia es notable); una ruptura con los quistes de espíritu corporativo y patrimo-

Decía Bertrand Russell que la democracia sólo es firme y segura cuando ha llegado a hacerse tradicional. Sólo entonces, en efecto, deja de ser algo sobre lo que se discute al transformarse en el marco y medio de la discusión misma: en sus reglas de juego.

El encargo a Adolfo Suárez para desarticular el sistema y conseguir la autodisolución formal de las Cortes franquistas (en la imagen) marcó la línea de un proceso a la vez audaz y prudente que la monarquía española supo encabezar y ha sabido desde entonces liderar.

Esfumado ya en Iberoamérica todo temor o reticencia respecto a una posible voluntad de hegemonía española, no parece haber razón para que, como ha dicho Juan Carlos I (en la foto, junto al presidente venezolano Carlos Andrés Pérez y la reina doña Sofía en su viaje a Caracas), «hermanados por la lengua, el pasado común y una singular concepción del mundo, no busquemos conjuntamente resucitar la importancia y el peso específico que un día tuvieron los pueblos de uno y otro lado del Atlántico».

nial (espíritu que debe aún enfrentar dentro de una universidad recientemente saturada de puestotenientes y dentro mismo de un partido al que no le salen alternativas); una liberalización económica y social que emprendió la privatización de las empresas públicas y la desregulación de sectores productivos (y que apostó, aquí con menos audacia, por el pluralismo televisivo o por «esa ironía necesaria de la Soberanía y la Patria» —F. Umbral— que es el Estado de las autonomías). Por fin parecía haberse roto en España ese maldito péndulo que pasaba de la fe dogmática y mesiánica a la pasividad o la indiferencia. Por fin quedaba refutada la afirmación de Maeztu según la cual «aquí no hemos nacido para kantianos».

Esta opción era especialmente osada y oportuna en un momento en que la tendencia parecía orientarse en sentido inverso: «liberalismo» económico paradójica o perversamente aliado a un nuevo fundamentalismo ideológico y estatal (donde los créditos preferenciales se aliaban a los argumentos morales, la solicitud de concesiones públicas a las declaraciones de fe en la sociedad civil o el mercado, y la imposición de la plegaria en la escuela a la «oficialización» del inglés en California). Y tanto más oportuna parecía en los países iberoamericanos donde desde siempre la formación del capital y las estructuras productivas han estado mediatizadas por un Estado que pretendía ser modernizador sin acabar de ser él moderno, que pocas veces supo estimular el desarrollo o la formación de clases medias, y que es hoy el responsable directo del 67 % de la deuda externa en estos países.

Todo lo cual no significa que una mayor unión y cooperación tuviera que hacerse en base a la influencia del proceso español sobre el iberoamericano. Las luchas de liberación desde México hasta Nicaragua, la actual evolución política de Brasil, Uruguay o Argentina y los esfuerzos de integración de Contadora constituyen hoy ejemplos para nosotros. Y mucho antes que esto, España deberá a su vez aprender de las infinitas artes con que estos países asumieron y superaron la problemática tradición que les dejamos: absorber, conservar y enriquecer el genio de su lengua, asimilar la verecundia hispana al recato indígena para fundar en ellos una exquisita cortesía, metamorfosear el complejo colonial en una nueva identidad que supo incluso cobijar una élite intelectual perseguida en la «madre patria», etc. Una versatilidad que en México produjo la primera síntesis entre el pragmatismo anglosajón y el positivismo latino (los «científicos»), la primera revolución popular de la era moderna y la original síntesis de vanguardismo y criollismo constituida en sus murales.

Vimos que, con la nueva monarquía, España parecía iniciar la recuperación de su tradicionalismo —sólo falta ya que acabe de perder los reflejos centralistas, producto de su precocidad estatal aliada a su inopia social—. Con los socialistas parece que a su vez se ha recuperado el ideal clásico y neoescolástico de una modernización «no calvinista» —sólo falta que acaben de profundizar su tarea y paguen al país su último tributo—. Este último tributo, claro está, no podrán rendirlo hasta perder las elecciones y mostrar así que, como corresponde a un país democrático, no hay aquí ninguna ideología salvífica, ninguna generación eterna, ninguna opción imprescindible ni carismática. Pero en el ínterin, y para perfilar su tarea, habrán aprendido sin duda a ser no sólo voluntariosos sino también porosos; a recuperar la tradicional permeabilidad cultural española y no sólo los reflejos de un despotismo más o menos ilustrado. Entonces acabarán de perder la manía de «vertebrar» España y descubrirán que la homogeneidad política ha de producirse inductivamente desde la sociedad y no sólo deductivamente desde el Estado, con lo que a la liberalización económica deberán añadir la de los partidos políticos y del sistema electoral. Entonces dejarán de representar un socialismo tan invencible en Villaconejos, tan bien preparado para gobernar «autonomías sin autonomistas», y tan impotente para liderar las nacionalidades históricas ya articuladas e industrializadas como Euskadi y Cataluña. Entonces el gobierno español podrá mirar a Europa sin esa «emoción efervescente y voracidad de converso» (Lorés) de quien busca una «nueva identidad» en la que olvidar la auténtica realidad —vivida como pesadilla— de su dimensión a la vez plural y transnacional. Y sólo entonces podrá enseñar y aportar a Europa —aún «visigótica»— ese desinhibido e invertebrado mestizaje de origen y de destino desde el que España supo inventar una realidad cultural cuyo discurso, narrativa o teología nos interpela ahora como un proyecto europeo emprendido desde una original perspectiva, con otra sangre y en distintas latitudes... Valgan en fin estas notas, si no de otra cosa, como muestra o testimonio de que la patética reflexión hispana sobre la propia identidad puede verse aún potenciada y complicada con la reflexión catalana e iberoamericana.

* * *

PERO UN ENCUENTRO como el que proyecté en Washington no podía concluir sin plantear esta última cuestión: ¿tiene la experiencia española, colonial y actual, algo que decirle también a los norteamericanos? Aparte de los «valores» que pueda encarnar, ¿tiene orientaciones que ofrecer? Es sin duda un símbolo, ¿puede operar también como guía?

Hasta aquí hemos visto más bien lo contrario: el carácter privado y sectario de la colonización del Norte culmina en el liberalismo y dinamismo de la sociedad norteamericana, en contraste con la impotencia y grandilocuencia a que tan a menudo da lugar el oficialismo apologético de la iberoamericana. Los principios religiosos que inspiran a los Padres Fundadores se avienen mucho mejor que los dogmas de la Iglesia a los pactos coyunturales y a los compromisos de intereses de la ética burguesa. Esta ética podrá ser, como pensaba Ortega, «moral y vitalmente inferior a la íntegra solidaridad» de la ética dogmática o guerrera, pero lo cierto es que fundó y está en la base tanto de la democracia moderna como de una política imperial más relajada y eficaz: más espacial que moral, más económica que propiamente ideológica.[108]

Necesaria y eficaz, esta secularización de los principios no se hizo sin embargo a ningún precio. Conocemos de sobra sus crueles efectos prácticos, y vimos también que en Europa los viejos mitos del Derecho divino o natural no fueron eliminados sino suplidos por los del Estado o la Razón: mitos más terrenales pero no menos energuménicos que aquéllos. Pues bien; en los Estados Unidos esta secularización no se llevó a cabo sin un proceso de amnesia histórica y empobrecimiento metafórico que ha acabado por plantearles problemas prácticos en su relación consigo mismos y con los demás. Es frente a estos problemas, como veremos, que la experiencia española puede valer hoy y allí no sólo como testimonio histórico, sino como orientación práctica.

Problemas, ante todo, consigo mismos. Los valores o ideales expurgados de una actividad teológicamente orientada a la eficacia vuelven ahora —el retorno de lo reprimido— transmutados en puros valores humanos. La recuperación terapéutica de aquellos valores reprimidos —Apertura, Comunicación, Juego, Informalidad— es entonces la nueva «tarea» en la que tiende a reproducirse la actitud ansiosa y sistemática que se mantenía con los valores económicos y sociales: al deseo de poseer y a la voluntad de poder se añade entonces la ansiedad de sentir o experimentar.[109]

Sometimes they call me an idealist. Well, that is the way I know I am american. America is the only idealist nation in the world (Woodrow Wilson). Y así es, en efecto: a los puros intereses pronto les salen los puros ideales; al más grosero pragmatismo, el más sublime idealismo. De ahí el crecimiento en América de un liberalismo económico doblado de fundamentalismo religioso; un positivismo conductista formando sistema con el más amplio surtido de terapias e industrias de la intimidad; un individualismo trufado de religiones cósmicas y orientales. El Swami y el Guru al lado del Manager o el Ejecutivo: la pura piedad en el corazón de la pura eficacia. Una réplica literal de la estructura que, según Hegel, presidía el propio pensamiento oriental: empirismo «hecho de infinitos detalles y enumeraciones aditivas, pedantes y sosas» yuxtapuesto a un «espiritualismo cósmico y sublime donde el sujeto se pierde definitivamente».[110]

He de añadir que no creo justa esta mezcla de ironía y condescendencia con que, desde Hegel, ha tendido a valorarse en Europa la actitud americana. Ante todo, porque esta actitud refleja y responde efectivamente a una experiencia que los europeos —al amparo del poder americano y al rescoldo de nuestros propios discursos— muchas veces no hemos tenido ni siquiera que afrontar. Pero lo cierto es que estas mediaciones y convenciones, que aquí pueden sobrar y emborracharnos, son las mismas que allí faltan para amortiguar su tendencia a pasar expeditivamente y sin solución de continuidad de los datos estadísticos a las fantasías místicas, del pragmatismo a la utopía, y del *know how* a un *way of life* cuyo vehículo no son ya los conceptos sino las imágenes. Es un hecho, en efecto, que el poder americano no se ha legitimado tanto con una teoría como por la mera difusión de una imagen o un modo de vida que hoy es ya ecuménico. Una imagen o modelo de la inmediatez y compatibilidad universal donde la avaricia empalma con el candor, donde el hombre parece que puede conectar directamente con la Naturaleza o con el Futuro y donde sus anhelos más opuestos se hacen milagrosamente complementarios. Más allá de la «tesis y antítesis» hegeliana, más allá también del «malestar de la cultura» freudiano o del «o bien o bien» kierkegaardiano, presenciamos hoy el triunfo del «no sólo, sino también» americano en el que parecen reconciliarse, por arte de magia, nuestras aspiraciones más conflictivas: ser más civilizados y más sensibles, más sabios y más ingenuos, más poderosos y más vulnerables, más individualistas y más solidarios, más tribales y más universales.[111]

No sé si esta mitología es mejor o peor que las anteriores. Pero sí estoy seguro de que, como ellas, tiene sus costes. La falta, por ejemplo, de una instancia (clase, historia, creencia) a la que «referir» el propio éxito o derrota, conduce inevitablemente a que el fracaso de un individuo sea vivido por él y los suyos como el estigma de su *personal* inferioridad. El rechazo, en nombre de la «espontaneidad», de convenciones socialmente reconocidas transforma a su vez la sociabilidad en una compulsiva e imperativa intimidad, o la educación infantil en una imposición de los valores convencionales presentados como datos o «hechos». (Mi hijo de seis años fue suspendido en una escuela de Boston por «no entender» que lo más importante de un cuento era que el niño hubiese vuelto a la hora prometida y no —como él contestó— el hecho de haber pescado cinco peces en su excursión al campo.) Y este «empirismo social» que reduce la educación a estricta manipulación es el que a su vez transforma el trato y la cortesía en las «reglas de la interacción *face to face*» descritas por E. Goffman o en los *games people play* analizados por E. Berne.

Así es cómo en los Estados Unidos el psicologismo más elemental aparece como la cara oculta de su profeso conductismo y como complemento de su culto a la informalidad. ¿Por qué ocurre esto allí, en contraste con Europa? Yo creo que la explicación es sencilla. La carencia de las formas retóricas, litúrgicas e ideológicas que, reconocidas como tales, permiten en nuestros países relativizar la educación, socializar la culpa y relajar el trato, esa carencia es lo que les aboca allí al convulsivo idealismo con el que andan buscando por todas partes *the real thing*. De ahí mi conclusión, ya anticipada, de que si nosotros podemos aprender de su tradicional capacidad para dar cuerpo y entidad a las convenciones políticas, ellos pueden aprender a su vez de la nuestra para generar las convenciones sociales que eviten su insensible deslizamiento hacia lo íntimo o lo mítico, hacia el fundamentalismo o el utopismo: el retorno postindustrial de lo reprimido.

No es tampoco un misterio para nadie que el talante puritano, individualista y competitivo en que se fundó la prosperidad americana ha empezado a plantear problemas en el nuevo Estado industrial. En

Organization Man, W. White explicó cómo las grandes corporaciones americanas se habían esforzado por suplir el ideal de «pionero» solitario inculcado tanto en la escuela como por los media, y que resultaba un residuo embarazoso para la labor de equipo y el espíritu cooperativo ahora requeridos. W. Packard describió asimismo los métodos utilizados para cambiar la sensibilidad puritana que consideraba el ahorro como una virtud y el consumo como un vicio («una *compra* hoy es un desocupado menos: tal vez *usted*»), y aun para invertir su principio de causalidad moral según el cual el esfuerzo ha de preceder a la recompensa y sólo se puede disfrutar de lo que se ha ganado ya. Galbraith y D. Bell han mostrado a su vez que la excesiva voracidad de las empresas americanas había impedido muchas veces su consolidación o la creación en el exterior de una eficaz «estructura de dominación». De ahí que empiece hoy a valorarse políticamente en USA el espíritu cooperativo y compasivo de una tradición católica a la que hasta hace poco sólo veían como responsable del subdesarrollo de los países latinos.

Pero si el utilitarismo entregado a sí mismo ha acabado a menudo siendo poco eficaz, tampoco el moralismo complementario de la sociedad americana ha resultado más ético. Lo sorprendente y realmente escandaloso de los grandes escándalos políticos americanos es que no se centren tanto en el carácter o eficacia de los actos políticos como en la eventual sinceridad de sus gobernantes, en su buena o mala, mejor o peor, intención. Kennedy se salvó del desastre de Cochinos porque reconoció «sinceramente» el fracaso. «Yo nunca os mentiré» fue el eslogan que llevó a Carter a la presidencia. «¿Sabía? ¿Quería? ¿Consentía?» son las cuestiones que se discutieron con ocasión del Watergate o el Irán-Contragate, y que parecen más idóneas para un confesonario hispano que para un senado americano. Nunca los efectos prácticos de una política son tan apasionadamente debatidos como la pureza de intención con que se llevó a cabo (R. Sennett). De ahí esa mezcla de incompetencia moralista de los gobernantes y de bárbara indiferencia hacia los efectos de su política en el mundo. De ahí esa falta de sentido teórico e histórico que les conduce a juzgar en lugar de comprender, a sustituir la visión social por la psicológica o moral, «que mira al mundo como desde el púlpito, siempre dispuesto a juzgarlo e incluso a imponer sobre él su voluntad armada» (B. R. Barber). De ahí, en fin, esa extraña e inquietante mezcla de ingenuidad y prepotencia, de buena voluntad y crueldad, de maquiavelismo y torpeza, con la que se desarrolla la política americana. «¿Cómo y por qué —acaba preguntándose O. Paz— en una democracia que sin cesar se revela fértil y creadora en la ciencia, la técnica y las artes es tan abrumadora la mediocridad de sus políticos?»

La respuesta consiste, supongo, en que un imperialismo pragmático y sin teoría es «ciego» —si no obcecado— de igual modo que un moralismo amnésico y sin sentido histórico es «vacío» —cuando no, simplemente, cínico—. Y aquí, tanto la potencia teórica como la sensibilidad cultural del imperialismo hispano tienen qué enseñarle al norteamericano. Como ha escrito un historiador inglés, en la colonización española se produce «una fructífera colaboración que dio a los intelectuales un poderoso estímulo para formular sus teorías y para centrar su atención en los acuciantes problemas concretos». Hay en ella un intento de situar los hechos en el marco de una reflexión crítica sobre la propia acción y una comprensión teórica de los demás. Hay perplejidad y observación, proyección de esquemas y absorción de actitudes. Todo lo que falta en una sociedad norteamericana que ha tendido a no ver ni entender lo otro más que como superficie para la explotación de recursos naturales o la proyección de sus esquemas culturales. Prisioneros a la vez de un proyecto que fundó la nación como resguardo privado frente al mundo y de su actual capacidad de hacer este mundo a la medida de sus necesidades, los americanos nunca han alcanzado la experiencia de la alteridad que ya Hegel delataba como su talón de Aquiles. Su creciente adicción a las Psicoterapias y a los Videocultos no ha hecho sino reforzar su narcisismo y condescendencia respecto de su propia visión o «experiencia» de las cosas. «De ahí —escribía O. Paz— la desgana que muestran cuando han de enfrentarse al mundo exterior, su incapacidad para comprenderlo y su impericia para manejarlo.»

Pero esta actitud, que pudo ser lógica y eficaz mientras los Estados Unidos eran todavía una «comunidad autónoma», es peligrosísima desde que se transforman en el centro del mundo, pero siguen teniendo del resto una visión tan maniquea como provinciana. Entonces las efectivas libertades de la pequeña comunidad tienden a volverse argumento para la opresión o coartada para la explotación de los demás. La propia ideología del *melting pot* o las técnicas del «Movement to Americanize the Immigrant» fallan a partir del momento en que no puede mantenerse ya la selección, cuota y ritmo migratorio fijados hasta 1924 y que aseguraban la asimilación progresiva de los recién llegados. Efecto boomerang de su propio «conductismo», la masiva inmigración hispana está generando un nuevo estilo de lo norteamericano que adopta sus modos pero se mantiene reticente respecto de sus fines o ideales: una «diferencia» que se incrusta en su seno y con la que van a tener que lidiar y convivir en lugar de segregarla como hicieron con el indio y el negro, o metabolizarla como se hizo con las sucesivas oleadas europeas. Y es en esta situación cuando adquiere un nuevo valor ejemplar la experiencia de un imperio que, en lugar de un Destino Manifiesto, elaboró una Épica Vacilante capaz de hacerse a lo hecho y asimilar lo conquistado; que no sólo extendió el poder de Europa, sino que supo también dar una nueva «versión» de Occidente como no la han producido dos siglos de dominación anglosajona en la India o Senegal.[112] Al formidable poder de fascinación que hoy ejercen los Estados Unidos sólo le falta aún la capacidad de conversión y seducción hispana que nunca confundió la voluntad de distinción teórica con el *pathos* de la distancia cultural.

O esto es por lo menos lo que quise tendenciosamente subrayar en el coloquio de Washington. Al fin y al cabo, un modo de neutralizar el efecto perverso de los prejuicios es hacerlos explícitos. Así lo he intentado aquí con los míos.

Notas

1. Antonio Regalado ha desarrollado ya esta dimensión del barroco español. «La sociedad española del barroco —escribe— no es fundamentalmente cerrada ya que contiene subsistemas donde se revela una sociedad abierta, con una gran libertad artística que analiza implacablemente las relaciones entre el individuo y la sociedad. Desde este punto de vista, encarna y a la vez hace la crítica del proceso incipiente y también moderno de la racionalización, de la razón como control social (...) Hoy que la modernidad está en crisis y que el propio Marx ha sido revisado, podemos encontrar en el barroco español un modelo alternativo de razón en oposición a la racionalización como represión. Está claro, por ejemplo, que ni el teatro francés ni la literatura europea de la época se cuestionan nunca la autoridad del padre o del rey, mientras que en el barroco español esta autoridad es implacablemente analizada y discutida.»

2. Se ha insistido mucho en los conocimientos o competencias de Colón, y también en sus falsas creencias o supersticiones, pero sólo M. Polanyi ha tratado de analizar la tipología y el «perfil» psicológico —mezcla de *ingenuidad, credulidad* y *tozudez*— a que responde el fenómeno del «descubrimiento». «La capacidad de atender a creencias comúnmente aceptadas más allá del marco de sus implicaciones hasta el momento exploradas —escribe Polanyi— es en sí misma una fuerza preeminente en el cambio y avance científicos. Es esta clase de fuerza la que mandó a Colón a la busca de las Indias a través del Atlántico. Su genio consistió en tomar literalmente y como guía de la acción práctica el que la tierra era redonda, algo que sus contemporáneos sostenían vagamente y como materia de especulación. Las ideas que Newton elaboró en sus *Principia* eran también comunes en su tiempo; y una vez más su genio se manifestó en su poder de acuñar estas vagas creencias en una forma concreta y precisa.»

3. Descripciones sin duda interesadas en justificar la conquista y evangelización a cristazos, pero que los teólogos y juristas contestan, implacables, desde España. *Tam barbarae gentes inventae non sunt*, escribe Suárez en su estudio sobre el «derecho de intervención» (*De Fide*, disputatio XVIII, n. 1566). Ninguna idolatría o brutalidad de un pueblo legitima la guerra contra él, añade Vitoria, mientras no niegue a otros pueblos (o a los conversos) los derechos reconocidos a todos los pueblos por el *ius gentium*. Como ha señalado con razón Sánchez Ferlosio, el criterio por el que Zurita o el mismo Vitoria consideran «primitivos» a los indios (inconstancia, no uso de dinero, etc.) es fundamentalmente económico. «Lo que los españoles concibieron como una diferencia de ·edad filogenética entre ellos mismos y los nuevos pueblos conquistados, era una diferencia de inserción de lo económico en la vida social y cotidiana de los unos y los otros, y, en consecuencia, una distinta configuración tanto del tiempo como del individuo.»

4. Con todo, tanto la visión antropológica convencional que subyace a estos análisis como la teoría que los enmarca han sido puestas recientemente en cuestión.

173

Me refiero a la teoría que entendía como un proceso histórico lineal el paso de la sociedad *status* a la sociedad de *contractus* (Maine), de la *Gemeinschaft* a la *Gesellschaft* (Tönnies), del «primitivo» colectivismo y dogmatismo al «moderno» individualismo y pragmatismo. Mary Douglas ha mostrado, por ejemplo, que tanto el «moderno» comportamiento competitivo como el análisis y valoración individualista de las acciones existe desde siempre en ciertas tribus de *low grid*, que denomina «tipo Nueva Guinea», en oposición al «tipo Africano». (Ya en el suplemento al artículo I de *El Capital* encontramos una estupenda descripción y entusiasta valoración de este «individualismo» primitivo.) No hay que olvidar, por otra parte, que en el momento de la conquista se había empezado a formar en Tenochtitlan una clase mercantil de señores comerciantes que eventualmente hubieran podido reemplazar a la clase guerrera dominante. En su *Historia General*, Sahagún nos cuenta que los «señores de Tlatilulco» habían conquistado ya el derecho de sacrificar al altar de Huizilopochtli sus «esclavos comprados» luego de que los guerreros hubieran sacrificado a los «prisioneros capturados» en combate.

5. Ésta es también, aunque mitigada, la tesis de Julián Marías en *Encuentro ¿con quién?*: «América (...) no existía más que para los recién llegados, empezó a existir en la mente de alguien precisamente en ese año (1492). Los habitantes de ese continente no tenían noción de su existencia, de su conjunto, de su alcance. No se conocían, no habían recorrido su cuerpo, no podían hablar entre sí. Se hablaban centenares, acaso millones de lenguas (...) Los indios americanos empezaron a hablar entre sí, entre sus diferentes grupos étnicos, cuando pudieron hacerlo en español.» Pero ya en 1804, G. von Humboldt, que calculó estas lenguas entre 500 y 2 000, había interpretado bien distintamente el fenómeno, comparándolo incluso con análogos procesos europeos. Y ha sido recientemente O. Paz quien ha subrayado la *unidad* y *continuidad,* a veces mayor que la europea, de la cultura precolombina: «No sólo hubo continua interrelación e influencia entre las distintas sociedades y épocas —olmecas, mayas, zapotecas, gentes de Teotihuacan y el Tajín, Tula, Cholula, Mitla, Tenochtitlan— sino que eran semejantes las formas y expresiones culturales, desde los mitos cosmogónicos y los estilos artísticos hasta las instituciones políticas y económicas. Al lado de la unidad, como su complemento, la extraordinaria continuidad. Fue una continuidad de más de dos mil años. Cierto, en Mesoamérica hubo cambios y alteraciones, pero no las bruscas rupturas y las transformaciones revolucionarias de los otros continentes. Mesoamérica no conoció mutaciones religiosas como el abandono del politeísmo pagano por el monoteísmo cristiano, la aparición del budismo y del Islam. Tampoco hubo las revoluciones científicas, técnicas y filosóficas del Viejo Mundo.» Su limitación cultural no es pues tanto la fragmentación que subraya Marías como el magnífico aislamiento y coherencia apuntados por Vargas Llosa y el mismo Paz. «La inmensa y prolongada soledad histórica de Mesoamérica es la razón de su grandeza y de su debilidad. Grandeza porque fue una de las pocas civilizaciones realmente originales de la historia: nada le debe a las otras; debilidad porque su aislamiento la hizo vulnerable frente a la experiencia capital lo mismo en la vida social que en la biológica: la del *otro.*»

6. Tras exigir la rendición y el reconocimiento de los reyes de Castilla y Aragón como sus soberanos, el Requerimiento redactado por los teólogos de Valladolid continúa así: «Si no lo hiciéredes, certificoos que, con la ayuda de Dios (...) vos faré guerra por todas las partes y maneras, y vos sujetaré al yugo de la Iglesia y de su Majestad y tomaré a vuestras mujeres e hijos y los haré esclavos y como tales los venderé y dispondré de ellos como su Majestad mande; y tomaré vuestros bienes y vos faré todos los males y daños que pudiere, como a vasallos que no obedecen (...). Y protesto que las muertes y daños que de ello se decreciesen, sean vuestra culpa y no de Su Majestad ni nuestra, ni de estos caballeros que conmigo vienen. Y como os

174

digo y requiero, pido al presente escribano que me lo dé por testimonio signado.» La respuesta de los indios caribes a tal requerimiento, recogida por Enrique Caballero de la Summa Geografica de Enciso, dice que «el Papa debía de estar borracho cuando daba (al Rey de Castilla) lo que no era suyo, y que el Rey, que pedía y tomaba tal mercado, debía de estar loco, pues pedía y ofrecía lo que era de otros».

7.   En realidad, la calificación de dioses o de diablos sigue una pauta general en la que a menudo domina la tradición clásica sobre la cristiana. Así, en el libro II de la *Historia General* de Sahagún, son «dioses» los seres que rigen la ciudad y la guerra mientras que son «diablos» los espíritus domésticos que presiden el hogar y las ceremonias funerarias particulares.

8.   A esta primera justificación «teológica» de los sacrificios humanos la moderna antropología ha venido a añadir su explicación «ecológica». El sacrificio e ingestión de prisioneros, en efecto, es la forma más eficaz de controlar el crecimiento y conseguir la proteína requerida, sobre todo en un país ya urbanizado sin ganado porcino, vacuno, ovino ni caballar (M. Harris). Los únicos animales domésticos que existen allí son muy pequeños —el guajolote y el escunicle (perro pequeño)— y, excepcionalmente, la llama en el Perú, donde por lo mismo los sacrificios humanos son más raros... Al fin y al cabo, tampoco los conquistadores españoles, y pese a disponer de estos mamíferos de buen tamaño, les hicieron ascos a los muslos de los ahorcados (ahorcados precisamente por haberse comido sus caballos) el día de Corpus Christi de 1536, «cuando ya no quedaban ni ratas, ni ratones, ni culebras, y morían arrastrándose por tierra» (E. Caballero).

9.   Son conocidos, en efecto, los sacrificios humanos de los cananeos de Biblos, los cartagineses, los semitas... La propia tortura del padre Brébeuf tiene un precedente en la que aplicó en Roma Pompina al liberto Philologus. Con la sola diferencia de que la antropofagia se hace allí autofagia: es el propio Philologus quien se ve obligado a tragar sus filetes a la plancha. Por otra parte, en el capítulo XXX de los *Ensayos*, Montaigne establece una significativa comparación entre los sacrificios americanos y los que se están realizando *contemporáneamente* en Europa.

10.   «No halagó a los escolásticos —observa J. H. Elliott— la idea del Imperio», que de diversos modos trataron de deslegitimar. Por un lado, «Vitoria dedicó una parte de su obra *De Indis* a refutar la tesis de que el Emperador podía ser señor de todo el mundo». Por otro, «la no aceptación de la doctrina del poder directo del papa que mostraron Vitoria, Suárez y otros importantes escolásticos del siglo XVI había debilitado la postura española de tal manera que a finales de siglo era casi imposible rehacerla con otros argumentos».

11.   La reticencia de E. d'Ors frente al estilo de la evangelización española se basa precisamente en lo que él llama su falta de «esnobismo» en contraste con el estilo misional del Islam. «En alguna ocasión —escribe en *La Ciencia de la Cultura*— han sido examinadas las razones que deciden el que, entre las poblaciones paganas del África, logre éxitos más rápidos y eficaces la obra misional del Islam que la cristiana. La razón se encuentra en que (...) mientras el misionero católico procura poner al alcance de los indígenas, aun de aquellos cuya mentalidad es más rudimentaria, los principios de la fe y hasta silencia, de momento, por arduos, algunos de los mismos y se vale a cada paso de las equivalencias más acomodaticias —"Vosotros llamáis diosa Tal a la que nosotros Madre de Dios", etc.—, el misionero musulmán, orgullosamente, toma el aire de condescender a enseñar al indígena un estilo especial, imbuido de hermética distinción, con que leer o canturrear los textos del Corán y pronunciarlos. El resultado es que así como el pagano *se da de menos* en someterse a la humillante elementalidad de aquella enseñanza (católica), se deja prender en el prestigio de la nota de superioridad que parece procurarle, entre sus pares, la posesión de aquel estilo y aquella fonética: el esnobismo ha entrado en

acción.» El sentido de la igualdad, la voluntad de adaptación y de comprensión de la evangelización española habrían sido así causa de «una difusa, de una sostenida, de una experiencialmente incurable *decepción*, sufrida por una porción del Exótero (los territorios colonizados) en su aspiración —más o menos secreta, más o menos consciente— a ascender, incorporándose al Ecúmeno (la Metrópolis). Es este mismo «espíritu comprensivo» el que se vio tentado en Cuba a hacer «concesiones políticas al espíritu autonomista», lo que no hubiera representado sino «remachar una humillación de que, por otra parte, la misma España ha podido conocer una manifestación mucho más reciente en el que llamaríamos "malestar catalán", culminado entre los años 1931 y 1939».

12.   Hay que entender, con todo, las buenas razones de quienes frente a Las Casas defendían el «bautismo fácil», en masa, y casi obligado. En una carta a Carlos V, de 1555, el franciscano Fray Toribio de Benavente, dicho Motolinía, se refiere a la tradición que desde Gregorio Magno prohibía a los cristianos reducirse a la esclavitud unos a otros. «Al impartirles rápidamente el bautismo —observa A. Armani—, los indígenas se convertían *ipso facto* en hombres libres, y por lo tanto no eran susceptibles de ser sometidos a esclavitud, exactamente según los mismos principios adoptados años atrás respecto a los habitantes de las islas Canarias», y aplicados también, como observa L. Hanke, en la colonización de Filipinas a partir de 1570.

13.   Como hemos visto, Cortés se basa tanto o más en la manipulación de los signos y la guerra psicológica que en el empleo de armas. Consigue dialogar desde el principio con los mensajeros de Moctezuma gracias a la Malinche, que comprende las palabras de los indios dichas en nahuatl y las comunica a Aguilar en maya, quien a su vez las traduce a Cortés en castellano.

14.   La esclavitud es una práctica general en Europa, donde desde el siglo XIII los alemanes esclavizan a los eslavos capturados (de ahí el término «esclavo»), los cristianos a los musulmanes y sarracenos (y viceversa), y los ingleses desarrollan su industria en base de este comercio. En este contexto ha de entenderse la admiración de Humboldt: «La legislación en las Repúblicas españolas de América nunca será suficientemente alabada por su prudencia. Desde su mismo comienzo se ha aplicado seriamente a la extinción total de la esclavitud. En este aspecto, esta parte del mundo presenta una gran ventaja con respecto a la parte sur de los Estados Unidos, donde los blancos, durante la guerra con Inglaterra, establecieron la libertad en su exclusivo beneficio frente a una población esclava de más de un millón y medio de hombres.» Para Román Arciniegas esta orientación se produce en ocho días decisivos. El 12 de abril de 1495 los Reyes Católicos escriben una carta al obispo de Badajoz dando instrucciones para la venta de los indios traídos de las Antillas por Colón. Cuatro días más tarde, el 16 de abril, deciden suspender la venta «puesto que queremos consultar acerca de ellos con abogados, teólogos y especialistas en derecho canónico, para ver si pueden ser vendidos en buena conciencia». El 20 de abril se emite el Decreto ordenando que sean liberados y devueltos a sus países de origen.

15.   Un minucioso desarrollo del tema que he seguido en estas páginas, puede hallarse en Indalecio Liévano Aguirre, *Los grandes conflictos sociales y económicos de nuestra historia*, Bogotá, 1980 (9.ª ed.).

16.   ¿Segregación racial o *apartheid* anticipado? Para F. Chevalier, «las "reducciones" ofrecen sin duda facilidades para la conversión así como para la recaudación del tributo y tal vez para control de posibles levantamientos, gracias a la tutela... pero ofrecen también, y esencialmente, protección del indio contra hombres mejor armados que él, sobre todo en el terreno económico. La experiencia lo había mostrado sin ambigüedad (y lo mostraría a gran escala en los siglos XIX y XX):

siempre que poblaciones situadas en diferentes niveles de evolución entraban en contacto directo, las unas eran víctimas de los peores tratos, cuando no pura y simplemente eliminadas por las más evolucionadas».

17.   Es el mismo mecanismo con el que César pretende dividir a Casio y Bruto cuando ambos aspiran al cargo de *praetor urbanis* y él sentencia, con calculada ambigüedad, «más justa es la pretensión de Casio; empero, lo mejor se ha de dar a Bruto». Así interpreta Quevedo la acción: «Dando esperanzas a cada uno para pretender la pretoría urbana, los dividió con enemistad ambiciosa (...); quería tenerlos por amigos a ambos, y conveníale que ellos fuesen entre sí enemigos.» El plan de César sólo fracasó, según Quevedo, porque «entendieron Casio y Bruto la mente de César (...), y si del todo no se reconciliaron, entre sí se confederaron contra él, y aunaron las quejas propias contra el príncipe (...). El uno aborrece al tirano y el otro la tiranía; el uno es el entendimiento de la inclinación del otro. Estas dos personas juntas dieron muerte al César y fueron más eficaces para tan grande hecho porque él los juntó a sí para que se juntasen entre sí contra él».

18.   Aristóteles define a estos hombres de vocación política insobornable como «individuos que se aferran a los cargos públicos como si estuvieran afectados de una enfermedad que sólo pudiera curarse con su continuidad en el poder» (*Política*, III, 8).

19.   Un mecanismo similar había venido utilizándose en España pero con una función inversa: para defenderse los villanos del «estado» de los hidalgos en las *elecciones* de oficios municipales. Las actas de Cortes de 1618 atestiguan que «los labradores, para hacer a su modo las dichas elecciones (...) procuran elegir a los hidalgos más pobres y miserables, y de menos talento y capacidad, así por aniquilar el dicho estado como porque por este camino reducen a tales a todos los que quieren, aunque sea contra su mismo estado (con lo que) llegan a tener el dominio en los oficios del estado de hidalgo, siendo esto con prejuicio de la nobleza y de los notorios de sangre y solar...».

20.   Para asimilar, entender o «dar sentido» a lo que ven, los conquistadores recurren a su prontuario de utopías clásicas (la Atlántida del *Cratilo*, la Fuente Juvencia, el país de las Amazonas, la ciudad de los Césares) y a las imágenes surtidas por los libros de caballerías o de zoología fantástica (el país de la Canela, Eldorado, el Rey Blanco, la sierra de Plata).

21.   La leyenda de la exclusión efectiva de los catalanes en la conquista y colonización ha sido definitivamente refutada por C. Martínez Shaw en *Catalunya i el comerç amb Amèrica: final d'una llegenda*.

22.   Aquí empieza a comprobarse el paradójico inconveniente que había de suponer a veces para el desarrollo de América la propia modernidad y eficacia del Estado y la Administración castellanos. Sin la capacidad y meticulosidad administrativa con que desde 1503 la Casa de Contratación controlaba los datos de los viajantes, muchos más judíos, moros u holandeses hubieran podido colarse en esta aduana, en principio vedada a todo extranjero y aun a «todo reconciliado, o nuevamente convertido a nuestra fe católica, de moro o de judío, ni hijo suyo, ni hijos ni nietos de quemados o condenados por herejes, por delito de herética parvedad, por línea masculina o femenina». Sin tantos cargos por comprar y vender, los que iban a América hubieran tenido que buscar el patrimonio en la competencia o la eficacia, y no ya en el monopolio y la sinecura. Sin tanta capacidad de centralización y control, las estructuras del Estado patrimonial no se habrían visto potenciadas por la de este incipiente y precoz Estado moderno creando un sistema de venta de cargos y corrupción institucionalizados (una práctica, por lo demás, común en la época), que persisten aún en Iberoamérica como nuestra más siniestra herencia, a la vez símbolo y seguro de su subdesarrollo.

23. El judaísmo está en la base tanto teórica como práctica del moderno desarrollo racional y mercantil. Por un lado, su rechazo de todas las formas de superstición en nombre de un dios trascendente liberaba al mundo cotidiano de la densidad religiosa que en las sociedades aún mágicas o animistas impide su manipulación racional y su explotación sistemática fuera ya de todo ritual o liturgia. Por otro lado, su propia tradición y su «excentricidad» en la sociedad europea (los judíos no podían ser propietarios de tierra) les permitió o forzó a dedicarse al comercio y las operaciones cambiarias. La piedad judaica premiaba el conocimiento de la ley, y el estudio de ésta se avenía muy bien, como señaló Max Weber, al comercio con dinero. Un comercio, en tercer lugar, que la Iglesia prohibía como usurario, pero que era ya indispensable para el tráfico comercial, con lo que los propios clérigos tenían que apelar a los judíos para muchas de sus transacciones. Ahora bien, si a pesar de todo éstos se mantuvieron a un nivel de «capitalismo de parias sin pasar a un capitalismo racional», se debió a que entre ellos existía aún el residuo «primitivo» de una doble moral, mientras que las operaciones de crédito y financiación necesitaban de una moral universalista en la que no contara ya si quien firmaba era judío o era gentil. De ahí la específica necesidad capitalista de una moral cristiana, que empezó ya a rendir sus servicios al extenderse entre los comerciantes medievales la costumbre de asociarse a un cura para que les firmara los créditos y letras de cambio: a falta de una ley o administración que asegurara su pago, la «moral» cristiana del cura era la garantía que reclamaba el acreedor.

Pero esta función de los sacerdotes o monjes medievales muestra ya el sentido en que la moral e ideología católicas no podían satisfacer aún las necesidades de universalidad requeridas por el nuevo sistema económico emergente. Y no podían mientras la Iglesia siguiera oponiéndose a que aquella universalidad se transformara en absoluta profanidad —profanación— del espacio y del tiempo seculares. Los santuarios, los oficios y las peregrinaciones siguen organizando el espacio exterior y mediatizando la piedad interior. El calendario litúrgico sigue imponiendo un ritmo eclesial a «los trabajos y los días». La Iglesia comparte asimismo con los viejos gremios su aversión, tanto a la libre competencia y a la pérdida del sentido de la propia labor asociada a la división del trabajo, como a la impersonalidad de las relaciones a que conduce la economía dineraria. El trueque o el regalo, incluso el robo o la esclavitud, son relaciones personales entre hombres enteros. La formación de precios en el mercado es, por el contrario, un proceso impersonal regido por el dinero —ese «egoísmo en abstracto» al que trata la Iglesia de oponer la norma del *iustum pretium* (precio «justo», salario «necesario», ganancia «legítima»: definiciones que se resisten al paso de la *oikonomía* a la *krematistiké*). Frente a la *moral del acreedor* de los nuevos comerciantes ricos para la cual lo infamante es no pagar las deudas, la Iglesia sigue defendiendo la vieja *moral del deudor* (Tawney) según la cual lo odioso es explotar la miseria mediante la especulación y la usura.

Cierto que la Iglesia había creado unos núcleos de organización racional y trabajo sistemático: los monasterios (de hecho, los monjes suministran gran parte de los funcionarios de la Edad Media y se ha dicho incluso que el dux de Venecia cayó cuando la guerra de las Investiduras le impidió seguir utilizándolos como agentes en las empresas ultramarinas). Pero estos núcleos de «racionalidad» estaban al servicio de un conocimiento entendido como laboriosa exégesis de textos y pasiva «contemplación» de la Verdad —no al modo kantiano e ilustrado, como «acción», manipulación y transformación de la realidad—. Más aún: la Iglesia reconocía tácitamente que la vida pura y ascética es un desideratum inalcanzable para el común de los mortales, cuya debilidad era a la vez explotada y perdonada mediante el sacramento de la confesión. Con lo que quedaba restaurada una «doble moral» que los «eximentes» o «atenuantes» del *laxismo* jesuítico pronto se encargaron de consolidar.

24. Previsto en principio sólo como asistente (vid. Apéndice III), don Laureano López Rodó intervino luego con una comunicación organizada *ad hoc* en el propio Wilson Center de Washington.

25. Ni los ateos ni, como había dicho Hegel, los mismos católicos: «La religión protestante fomentó la confianza mutua, pues en la iglesia protestante la actividad religiosa constituye la vida entera. En cambio, entre los católicos no puede existir la base de semejante confianza mutua, pues (entre ellos) en los asuntos profanos domina el poder violento (...) y esas formas que se llaman constituciones son un recurso que no basta para proteger contra la desconfianza.»

26. «Por una parte —prosigue Keynes— las clases trabajadoras aceptaron por ignorancia o por falta de fuerza, o fueron obligadas, persuadidas o presionadas por la costumbre, el convencimiento, la autoridad y el orden bien establecido de la sociedad, a aceptar una situación en la cual solamente podían reclamar una parte muy pequeña del pastel que ellos mismos, la naturaleza y los capitalistas habían producido en cooperación. Por otra parte, se permitió que las clases capitalistas consideraran suya la mejor parte del pastel y estuvieran teóricamente en libertad de consumirlo, bajo la condición tácita, fundamental, de que en la práctica sólo consumieran una pequeña parte del mismo. El deber de "ahorrar" se convirtió en las nueve décimas partes de la virtud, y el incremento del pastel en el objetivo de una verdadera religión. Se desarrollaron, alrededor del no consumir el pastel, todos aquellos instintos del puritanismo que en otra época se han apartado del mundo y han olvidado las artes de la producción tanto como las del goce. Y fue en esta forma que el pastel creció (...). Los individuos serían exhortados no tanto a abstenerse como a diferir y a cultivar los placeres de la seguridad y de la espera. Los ahorros serían para la vejez y para los hijos (pero esto fue sólo en teoría). *La virtud del pastel consistía en que nunca sería consumido.*»

27. «En Londres —dice Cadalso en la Carta XXIV— hay tiendas de zapatero que han ido pasando de padres a hijos aumentándose el caudal por cinco o seis generaciones hasta tener casas de campo y haciendas (...). Pero en este país cada padre quiere colocar a su hijo más alto, y si no el hijo tiene buen cuidado de dejar a su padre más bajo (...) procurando todos con increíble anhelo colocarse por este o por otro medio en la clase de los nobles.» De lo que exceptúa, sin embargo, a los catalanes: «Manufacturas, pesca, navegación, comercio y asientos son cosas apenas conocidas de los demás pueblos de la península (...). Algunos los llaman los holandeses de España (...) pero sólo florecerán mientras no se introduzca en ellos el lujo personal y la manía de ennoblecerse los artesanos: dos vicios que se oponen al genio que hasta ahora les ha enriquecido.»

28. Son significativos los argumentos con que el jesuita José Cardiel, en momentos difíciles para la Compañía (1780), tiene que *excusar* la intervención «subsidiaria» de los padres en este proceso de desarrollo: «Pero ¿no hay hombres de bien entre los seglares que puedan hacer esto con rectitud y piedad, cuidando bien del indio y más, dándole sustento? Sí los hay; pero los que son hombres de bien en la América más fácilmente que en España encuentran cómo pasarlo con comodidad y haciendo sin mucho trabajo y no necesitan del empleo de cuidar indios. Ese empleo, si se ha de hacer con conciencia, es empleo de mucho trabajo. El tratar con indios, gente ruda, desidiosos, de genio muy flojo, sin actividad, sin empeño en nada, es un tormento para un hombre de bien, y así el que lo es, no se quiere encargar de tanto trabajo, y que si hace su oficio como debe, le ha de dar mucha menos utilidad que lo que tiene, o puede tener con más quietud, con que se ven obligados a dar esos empleos y oficios a quienes no son hombres de bien, siendo de mal, y el haberse hecho así es causa de haberse perdido tantos indios y tantos pueblos, de que todos, hasta la Audiencia y virreyes, se quejan. Dios lo remedie y les dé santa luz a todos.

Los jesuitas perseveran en Italia. Callan, llevando con paciencia sus trabajos, encomendando a Dios al Rey y a sus ministros y esperando lo que la Divina Majestad dispusiese de ellos» (*Compendio de la Historia del Paraguay*, 1780).

29.   En la argumentación del caso puede ya reconocerse el estilo argumentativo «jesuítico»: una astuta mezcla de antecedentes (los privilegios concedidos a los Cañaris del Cuzco y a los indios de Darién), de los méritos guaraníes en la defensa contra los portugueses «del territorio de Su Majestad», y de los beneficios que para la Corona pueda suponer en el futuro un control más directo de la Frontera.

30.   Los jesuitas fueron también acusados, y justamente, de no erradicar por la fuerza la poligamia sino de tolerarla mientras educaban a los jóvenes en las nuevas prácticas cristianas del matrimonio, así como de preocuparse más de la gestión económica que de la evangelización de los indígenas y de reforzar las «lenguas paganas» en detrimento del castellano. El propio Voltaire reconoce que los jesuitas no buscan tanto la inmediata conversión como la educación y formación de los indígenas: «Los jesuitas tomaron a algunos salvajes cuando aún eran niños, los educaron en Buenos Aires y los emplearon entonces como guías e intérpretes (...). Les enseñaron a plantar, a hacer ladrillos, a trabajar la madera, a construir casas (...). Sus hijos se hicieron cristianos.»

31.   De hecho, las bases legales para esta protección o segregación están ya en la propia legislación española, que los jesuitas no hacen sino llevar a su extremo. El obispo Zumárraga había recomendado a la Corona que no permitiera la permanencia de españoles en las Reducciones por más de un día. Las ordenanzas del virrey Mendoza y las del Perú de 1536 la limitan a dos días, y por fin la Recopilación de las Leyes de Indias de 1680 fijan el plazo en tres días.

32.   No es casualidad que se asocie a los jesuitas a lo que fue, bien que en clave xenófoba y tradicionalista, el primer acto de «desobediencia civil» de la historia de España en que el pueblo sale a la calle para imponer su política. Por lo demás, las reivindicaciones al rey del «Cuerpo de Alborotadores Matritenses» son mucho menos pintorescas de lo que se acostumbra a pensar. Reclaman ciertamente la conservación de la capa larga y la expulsión de la guardia valona, pero también la supresión de la junta de abastos, la retirada de las tropas a los cuarteles y la reducción del precio de los comestibles.

33.   Sólo los indios y las clases populares no parecen estar tan de acuerdo. Es conocida su reacción, en España y en América, a las instrucciones del conde de Aranda y los métodos que hay que emplear —colocar las cabezas cortadas de los indios amotinados en los lugares más públicos— para controlar la rebelión. Son significativas en este sentido tanto la exhortación del arzobispo Antonio de Lorenzana advirtiendo contra «las opiniones abominables del regicidio y tiranicidio sustentadas por los jesuitas» como las palabras con las que concluye Gálvez el decreto de su expulsión de Nueva España: «... pues de una vez para lo venidero deben saber los súbditos del gran monarca que ocupa el trono de España que nacieron para callar y obedecer y no para discurrir y opinar en los altos asuntos del gobierno.»

34.   Hay que decir que estas tesis jesuíticas no son a menudo sino la continuación de los argumentos aristotélico-tomistas interpretados en una clave más moderna y radical, más psicológica o voluntarista, pero que de todos modos se sostienen en el «orden del mundo» y su «sistema de fines». El tema apuntado —el de la propiedad— puede servirnos ahora tanto para señalar esta tradición como para contrastarla con los teóricos del Estado burgués.

Para santo Tomás el derecho de propiedad tiene su fundamento en la ordenación del mundo: lo más imperfecto (las cosas) cede a lo más perfecto (el hombre), que puede pues servirse de ellas (*Summa Theologica*, II, II, 64, 1). Pero este derecho debe hacerse compatible con otro principio de derecho natural que reza: «todas las cosas para todos los hombres» (ibid., a. 7), de modo que el individuo sólo puede ser, por así decir, usufructuario de las mismas, respetando en todo caso su «fin social». La propiedad es pues un «derecho natural»; la propiedad privada, en cambio, no es sino de «derecho de gentes» (*S. Th.* II, II, 66, 2, ad. 1) o, como tienden ya a decir los jesuitas, pactada y relativa (Suárez, *Defensio Fidei,* III, II, 130). En buen aristotélico, santo Tomás defiende esta propiedad privada pero siempre y sólo por razones coyunturales o de oportunidad (estímulo de la producción, garantía de la paz social, condición del ejercicio de la liberalidad, etc.) y sin dejar de insistir en que el ideal es la «propiedad común» tal como la practicaban los primitivos cristianos y la practican en su tiempo las órdenes mendicantes que santo Tomás defiende valientemente. En definitiva, los jesuitas no harán sino añadir un tinte o matiz más subjetivo (disfrute, felicidad privada, etc.) a las razones apuntadas por santo Tomás, al tiempo que desarrollan su interpretación casuística.

La posición del nuevo «contractualismo» será exactamente la inversa, empezando por su valoración de la propiedad privada nada menos que como el único y fundamental «derecho natural». Ya Bodino, el defensor de la *puissance souveraine* del Príncipe por encima de todo uso, costumbre o fuero, detiene sin embargo su Imperio ante la propiedad privada. A partir de Locke, el teórico de la «burguesía legislativa» absoluta, esta propiedad privada se convierte en la base y justificación natural misma de todo el edificio político ya que «no puede suponerse que Dios quisiera que se mantuvieran (las tierras) en común y sin cultivarse (...), de modo que las dio para el uso industrial y racional y no para la codicia o capricho de los perezosos y pendencieros». El Derecho de Propiedad es pues anterior a la Sociedad y al Estado ya que «el mayor y principal fin (...) que lleva a los hombres a reunirse en sociedad y colocarse bajo un gobierno, es la preservación de su propiedad», de modo que «en cualquier momento en que los legisladores intenten destruir o afectar la propiedad, se colocan, por sus propios actos, en un estado de guerra con la sociedad, la cual, en consecuencia, queda absuelta de toda obediencia» (*Second Treatise,* VIII, 95; IX, 123; XI, 134).

35.   De ahí se sigue también la crítica suareciana a la monarquía como forma natural o necesaria de organización política: «El poder está necesariamente en toda la comunidad y no en una parte de ella: no hay pues motivo por el cual haya de corresponder a una persona (el príncipe) o a un grupo (la aristocracia) más que a otro dentro de la comunidad» (*Defensio Fidei,* III, II, 105-106). «Tampoco para el buen gobierno es absolutamente necesario un solo monarca. Existen otras formas de gobierno suficientemente eficaces (...) de modo que, cuando hablamos de un solo soberano, entendemos un tribunal o poder único, ya resida en una sola cabeza, en una persona física, ya en un consejo o reunión de varios, como una persona moral *(persona ficta sive mystica)*» (ibid., II, I, 73).

Por otra parte, convendría comparar lo que constituye la «sociedad civil» de Suárez en *De legibus ac Deo Legislatore* en contraste con los *Seis libros* de Bodino y el *Segundo Tratado* de Locke, así como la síntesis ecléctica que hace Hegel de ellas —felicidad y religión por un lado, propiedad y negocios por otro— en su *Filosofía del Derecho.*

36.   Esto mismo apunta la aguda observación de Carlos Fuentes en el sentido de que Suárez es aquí a Rousseau como Maquiavelo es a Bodino. «Bodino puede invocar los derechos de las clases medias —escribe Fuentes— porque los problemas básicos de la fundación, la unidad y el equilibrio han sido resueltos en Francia. Maquiavelo debe invocar los derechos de la revolución porque estos objetivos —la unidad territorial, la identidad nacional— aún están por obtenerse en Italia.»

37.   Una vez más se manifiesta aquí la distancia entre la doctrina de santo

Tomás y lo que he llamado el «radical-tomismo». Para santo Tomás es lícita la desobediencia «cuando el príncipe ha sido excomulgado» —con lo que no hace sino suplir la autoridad absoluta del Estado por la de la Iglesia—. Para Mariana, basta que «el gobernante haya ocupado el poder sin el consentimiento de los ciudadanos», y para Suárez, que no tenga justo título, por lo que puede ser «juzgado y ejecutado individualmente por cualquier ciudadano» (*Defensio Fidei*, VI, V, 1670) o que, aún teniéndolo, haya abusado del poder según «el consejo público y común de ciudades y nobles» (ibid., 1679 y 1686).

38. Luego, Pufendorf distinguirá, dentro de él, el *pactum unionis* por el que se pasa del aislamiento a la comunidad y el *pactum subjectionis* por el que esta colectividad se dota de un jefe. Sólo el primero vincula de modo permanente para Mariana, Vitoria y Suárez.

39. De ahí seguramente su falta de desarrollo de una *positiva* teoría del constitucionalismo como la que apuntan Vázquez, Covarrubias o el mismo padre Mariana cuando aboga por unas leyes fudamentales o «acción tutelar presidida por la justicia» que no sólo ha de limitar sino también definir los poderes del Príncipe. Otro elemento fundamental del nuevo concepto de libertad que Suárez no elabora es el de la participación efectiva del pueblo en la elaboración de la norma. Más que dotarlo de una nueva legitimación, interesa a Suárez ante todo la función limitativa del poder: derecho de resistir a la ley «en conciencia», retroactividad del pacto de soberanía, límite del *ambitus* de la propia ley, que nunca puede involucrar ni «poner en Estado» el reino de la felicidad individual, la religión (en la que tanto Rousseau como los redactores de la Declaración americana fundan igualmente la libertad), la familia o la humanidad en general en la medida en que no está —ni, como dirá también Kant, conviene que esté— constituida en un grupo político unitario. Este sesgo entre ácrata y medieval de Suárez puede también interpretarse como una anticipada —y justificada— reticencia a cualesquiera personas o instituciones que quisieran interpretar y usurpar estos conceptos —siempre demasiado gaseosos o demasiado literales— que se llamaron luego «Espíritu del Pueblo» (Montesquieu), «Voluntad General» (Rousseau) o incluso «Opinión de la Mayoría» (Locke)... Ésta es la otra cara —la cara crítica— de una doctrina apologética que, a diferencia de otras tendencias filosóficas de la época, «no fue método de exploración de lo desconocido sino un sistema para defender lo conocido y establecido. La Edad Moderna —concluye O. Paz— comienza con la crítica de los primeros principios; la neoescolástica se propuso defender esos principios y demostrar su carácter necesario, eterno e intocable.»

40. Esta escisión cristiana es la que la Escolástica española trata ahora de recuperar frente a las nuevas tendencias absolutistas, como había hecho Ockham a principios del siglo trece para oponerse a las tendencias teocráticas de Bonifacio VIII *(Breviloquio sobre el principado tiránico)*. Los límites que opone al pretendido monopolio del uso legítimo del poder por parte del Príncipe pueden clasificarse en dos tipos:

a) *Sincrónicos.* Se trata del equilibrio y mutua neutralización entre los distintos derechos vigentes —divino, natural, tradicional, positivo— que reconocimos ya en el padre Vitoria («nada que sea lícito por la Ley Natural está prohibido por el Evangelio», etc.). Este «equilibrio de derechos» se enfrenta a la formación del Estado absoluto entendido al modo de la Sustancia de Descartes o Spinoza, y que Montesquieu querrá luego limitar mediante el equilibrio de poderes. En este sentido, más que fundador del «ateísmo en política», como pretende Glucksmann, Bodino aparece como el fundador de su Nuevo Testamento para el «estadio positivo».

b) *Diacrónicos.* El ejercicio del poder se ve también limitado causalmente o «desde antes» por el derecho natural que lo funda, y teleológicamente o «desde después» por su necesaria adecuación al bien común como su fin. Ambos «principios reguladores» se oponen así a la *summa potestas* del Soberano (Bodino), a la voluntad del Príncipe (Maquiavelo) o a la acción del Gobierno (Hobbes) como *soluta legibus* desvinculada de todo límite. Frente a todos ellos, el pueblo de Suárez «transfiere el poder a uno o unos (...) pero conserva siempre el derecho de arrogárselo otra vez y transferirlo de nuevo». Sólo en Locke volveremos a encontrar, con sus matices, este «derecho de retracto» a nivel político.

41. Si en la nota anterior hemos visto a la Escolástica española defender la Libertad y Voluntad individuales en clave aún medieval, en ésta hemos de señalar su *nueva* fundamentación desde una Metafísica claramente orientada hacia el Renacimiento y el moderno racionalismo. Tanto desde la mística (Eckhart) como desde la lógica (Duns Escoto) prospera una concepción unívoca del ser que es distinta —pero también íntegramente— «atribuida» tanto a Dios como a las criaturas. La defensa de la analogía de atribución frente a la de proporcionalidad sostenida por Cayetano y Juan de Santo Tomás supone que la inteligibilidad metafísica es transferida del género a la sustancia individual. De un mundo meticulosamente jerarquizado en diversos niveles donde cada uno tiene una «proporción» o cuota parte del Ser, pasamos a un mundo que bascula cada vez más entre el Ser y el individuo, entre Dios y el Sujeto individual. Como en la nota anterior, trataré de resumir aquí la posición de Suárez en dos puntos:

A) Siguiendo la tradición franciscana, Suárez reivindica la primacía del *singular concreto* tanto en el orden del ser como en el del conocer. *a)* El Ser no es más que la realidad singular de las cosas, en las que no cabe distinción real alguna entre esencia y existencia («ente es lo mismo que existente», «doy por supuesto que entendemos por Ser la existencia actual de las cosas» (*Disputationes metaphisicae*, II, S. 9 y XXXI, S. 1, 2). El ser y la existencia de la criatura no se distinguen sino en «la concepción de la mente» (ibid., XXXI, S. 2, 12 y 13), es decir, según ésta se pregunta «¿es?» o «¿qué es?». Con ello Suárez anticipa la posición de Spinoza y Kant, que no verán ya en la distinción esencia/existencia sino la que hay entre los dos modos posibilidad/realidad, y es en este sentido un responsable máximo del «olvido del Ser» y de la «diferencia ontológica» que para Heidegger caracteriza la metafísica occidental. *b)* En correspondencia con esta idea del Ser, Suárez defiende el conocimiento intelectual directo o intuitivo de lo singular. Y también aquí su definición de Ciencia —«conocimiento o percepción, clara, evidente y perfecta, del objeto» (ibid., XXX, S. 15, 2)— es una directa anticipación de la cartesiana. *c)* Por último, su *pluralismo ontológico* —que influye definitivamente en Leibniz— se desarrolla in extenso en el estudio del «ser contingente» (ibid., IX, 1, 1-19) y en su explicación de la individualidad como *modus substantiae*, es decir, ser constituida no por la materia sino por la estructura formal o modal. Un ser está compuesto de *esta* materia y *esta* forma, individuales ambas. (Radicalizando la postura de Suárez, yo he defendido en «De la Modernidad» que no se trata de que la forma sea *también* individual, sino de que es la *única* realidad individual en contraposición a la *basic stuff* o materia prima que la constituye.)

B) Vázquez y Suárez emprenden a su vez la naturalización y racionalización de la «ley divina» desvinculándola de la teología y asociándola, como hará el Renacimiento, a la «naturaleza racional del hombre». Con ello se abre el camino de una ética autónoma que «existiría aunque Dios no existiese» (Grocio) o que es Su misma condición (Kant). A esta idea ya natural y relacional de la ley añade Suárez lo que será el componente inequívocamente moderno en la comprensión de la ley tanto humana como divina: la voluntad. Suárez empieza así reduciendo y domesticando —más propiamente «desimantando»— el concepto aristotélico-tomista de un Dios absoluto (ibid., XXX, S. 15, 1) para dar cabida en Él, como Bruno o Eckhardt, a la libertad y el amor —«esa aspiración de lo Imperfecto a lo Perfecto» según la metafísica clásica—. Y continúa luego limitando la omnipotencia y soberanía divinas para dar a su vez lugar a la libertad humana frente a las tesis de la predestinación tanto protestante como tomista-dominica. En esta segunda tradición, Báñez sostiene aún que para que un acto humano sea libre ha de tener un influjo de la acción divina (concurso divino). A él oponen Molina y Suárez el concurso simultáneo: Dios interviene sólo en el momento mismo de la acción y no la puede en todo caso determinar pues sólo la dota de ser, no de *talidad*. Su teoría del posibilismo (que hoy llamaríamos indeterminismo) busca rescatar un espacio propio al libre arbitrio frente a la Providencia y Omnipotencia divinas... No es extraño pues que de los jesuitas se diga que «no se preocupan del estado de pecado original, confían en superar las más amargas desventuras por medio de su voluntad y afirman que la voluntad libre puede producir buenas obras morales sin ayuda de la Gracia».

42. «Máscara de la tiranía y origen intelectual del jacobinismo y el marxismoleninismo», según Paz. «Es revelador— prosigue éste— que en el pensamiento político español e hispanoamericano de la época moderna sea apenas perceptible la presencia de los neotomistas hispanos, que fueron los primeros en ver en el consenso social el fundamento de la monarquía misma. Esta insensibilidad es un ejemplo más de un hecho bien conocido: la adopción de la modernidad coincidió con el abandono de nuestra tradición, incluso de aquellas ideas que, como las de Suárez y Vitoria, estaban más cerca del moderno constitucionalismo que las especulaciones de los calvinistas.»

43. Ya Veblen intuyó que las diferencias económicas eran mucho menos radicales que las establecidas en base a la educación. Y en nuestro tiempo han sido Bordieu y Sennet, Illich y Zaid, quienes han argumentado que la teórica accesibilidad de todos al saber y la cultura tendía más a reforzar las diferencias de origen y de clase que a compensarlas. Yo no creo que sean siempre justas las críticas que, desde una perspectiva neofrankfurtiana, contracultural o convivencial, se han dirigido estos últimos años a la Educación pública —pero creo que bastan para acabar con su mitificación jacobina—. He desarrollado el tema en *Metopías* (cap. I) y *De la Modernidad* (cap. III).

44. A mi petición de su *nihil obstat* para este texto, el historiador Miquel Batllori, S.I., me respondió señalándome algunos errores de detalle, que he corregido, y haciéndome un ruego: «*Us demanaria que presentessiu com hipòtesis les vostres tesis, perquè les pugui respectar com em plau de respectar totes les opinions, i com tendeixo a rebutjar totes les tesis.*» He de añadir que sus comentarios al margen eran a menudo críticos respecto a mi apología de las Reducciones, «*que jo* —apunta el padre Batllori— *només* en part *puc compartir. És que era humanitari deixar-los per sempre en situació d'infants?*» Por lo demás, sus notas tienden a subrayar, frente a mi texto, la continuidad de la «ideología política» de los jesuitas en el contexto de la tomista y dominica.

45. Se ha dicho que la intuición estética de la unidad del mundo y de sus leyes precedió y preparó en el Renacimiento el análisis científico de las mismas. De un modo parecido, podríamos argumentar que aquí la visión mítica o escatológica del proceso histórico que comienza en san Agustín y culmina en Marx ha servido —lo que ciertamente no es poco— para dotar a los acontecimientos históricos del grosor o universalidad requeridos para pasar de la mera descripción a la comprensión o incluso a su «análisis científico».

46. Claro está que si se entiende el Estado o el Mercado como la «adecuación de las cosas a su propio concepto» (como la realidad político-económica «tomando conciencia de sí misma», o como la «epifanía de la Razón en el tiempo» que separa la Prehistoria de la Historia), entonces todo proceso que no se dirigiera a su consolida-

ción iba «contra la Historia» y estaba condenado al fracaso desde siempre. Igual que lo estarían hoy las «revueltas meramente empíricas» que no se conocen a sí mismas como la Revolución —se entiende que marxista— o los países «meramente geográficos» (Hegel) que no se orientan a esta «encarnación del Derecho y la Moral» que es el Estado —se entiende que prusiano—. Es sintomático, por lo demás, que entre estos países que «no alcanzarán la perfección ideal del Estado» se cuenten para Hegel, y por las razones que veremos más adelante, los Estados Unidos de América.

47.   En un momento en que se insiste, como veremos, en la «posmodernidad» de Heidegger, conviene subrayar que tanto su *reflexión sobre la técnica* como su *teoría del pastoreo* tienen muchos elementos característicamente «modernos» —incluso me atrevería a decir que muy precisamente situados entre la tradición hegeliana y la marxista.

48.   Tanto en *El arte ensimismado* como en *Teoria de la Sensibilitat* se analizaba y denunciaba este «pensamiento moderno», pero su último capítulo, donde se pretendía «superar» todo lo anterior, era en ambas obras un caso ejemplar, casi caricatural, del mismo. Es sólo en *De la Modernidad* donde planteé ya una alternativa teórica a este talante moderno (pp. 29, 34 y libro IV) apuntada por primera vez en *Ensayos sobre el Desorden* y cuyo desarrollo sistemático se anuncia en *Filosofía y/o Política* (cap. II). En este libro trato de contar una historia siguiendo en parte el método propuesto en aquellas obras: contar simplemente la repercusión que las noticias o los acontecimientos tienen sobre un yo «no fichteano».

49.   «Los acontecimientos son unidireccionales —escribe M. Gardner— no porque no puedan ir en otro sentido sino porque es enormemente improbable que retrocedan.» A partir de ahí, lo que en definitiva distingue el futuro del pasado no es sino su componente aleatorio, y en este sentido S. Hernáez nos remite a la noción de flecha del tiempo en Eddington: «Tracemos arbitrariamente una flecha: si al seguirla encontramos cada vez más elementos de azar en el estado del mundo, es que la flecha está apuntando al futuro; si los elementos del azar decrecen, la flecha apunta hacia el pasado. Ésta es la única distinción que la física conoce.»

50.   Es lo que he tratado de argumentar en *Europa y otros ensayos* («La vía española a la banalidad») y que desarrolla Vattimo en el prólogo a *El fin de la Modernidad,* donde explica la presente «multiplicación de los horizontes de discurso» como «un vaciamiento de la noción de progreso resultante del progreso mismo».

51.   Lo que empieza siendo con los Reyes Católicos una lucha contra la subversión interna (judíos o alumbrados) se hace con los primeros Austrias una defensa frente a la subversión ideológica exterior. Como observa Elliott, «al compensar en muchos aspectos la ausencia de una nacionalidad española, una devoción religiosa común tenía repercusiones políticas evidentes y, por lo tanto, un valor práctico que Fernando o Isabel se apresuraron a aprovechar». Para Carlos V y Felipe II, la Inquisición es ya «deliberadamente reducida a un departamento de Estado» que ha de controlar a una Iglesia «nacionalizada en su función» (J. A. Maravall) y a la ideología de los enemigos de la «otra» Europa. Esta raíz y función política de la Inquisición se hace especialmente clara en Cataluña y Aragón. Cuando Felipe II teme que Cataluña se alíe a Francia, utiliza la Inquisición para prohibir que los franceses puedan ser profesores en los centros catalanes. En Aragón, la cárcel de la Inquisición es utilizada por el mismo como «prisión federal» donde pretende trasladar a Antonio Pérez para arrancarlo de los tribunales aragoneses.

52.   Varios factores parecen aliarse en Castilla para inhibir el desarrollo del pluralismo medieval y favorecer, en cambio, esta pronta y expeditiva unificación política. La propia aridez de la Meseta refuerza el pastoreo sobre la agricultura y la concentración frente a la dispersión del poder (Harris). El proceso de la Reconquista debilita aún más la agricultura, expuesta siempre a unas fronteras cambiantes, y

afloja los vínculos feudales que no se basan ya en la dependencia territorial sino en la lealtad personal. La empresa colectiva que supone la lucha contra el moro refuerza a su vez la tendencia a la unificación militar y religiosa por encima de la económica o comercial. La «empresa pública» de la Reconquista favorece el dominio de la gran aristocracia latifundista y de la Corona, en detrimento de la «empresa privada» agrícola o comercial... A estos factores hay que añadir seguramente la reacción de la Corona frente a las circunstancias de signo contrario que tienden a limitar en España el poder real y que el propio Carlos Marx resume del siguiente modo: «De un lado, durante el largo pelear contra los árabes, la península iba siendo reconquistada por pequeñas partes, que se constituían en reinos separados. Durante esta lucha se adoptaron leyes y costumbres populares. Las conquistas sucesivas, efectuadas principalmente por nobles, otorgaban a éstos un poder excesivo, con lo que mermaban la autoridad real. Por otro lado, las ciudades y poblaciones del interior alcanzaron gran importancia debido a la necesidad en que las gentes se veían de residir en plazas fuertes frente a las continuas incursiones de los moros, y al mismo tiempo la configuración del país y el constante intercambio con Provenza e Italia dieron lugar a la creación de ciudades comerciales y marítimas de primera categoría en las costas.» J. H. Elliot ha subrayado recientemente la dimensión ideológica o religiosa de esta obsesión unitaria: «España tenía que hacer frente a un problema mucho más complejo que el que se le planteaba a cualquier otro Estado de la cristiandad. Sólo la sociedad española era multirracial, y la interpenetración de elementos cristianos, judíos y musulmanes creaba constantes problemas de identidad nacional. La insistencia (...) en la más rigurosa ortodoxia representaba un intento desesperado de combatir un problema de una complejidad sin parangón, y nadie puede sorprenderse de que la unidad religiosa pareciese la única garantía de supervivencia nacional para una sociedad caracterizada por la más acusada diversidad racial, política y geográfica.»

53. Para mostrar el carácter cerrado, xenófobo y reaccionario de la revuelta comunera se acostumbra a citar su expreso rechazo de la influencia catalana y de la nueva injerencia económica de los flamencos en la corte de Carlos V. Yo creo más bien que los comuneros castellanos tenían todas las razones del mundo para denunciar estas influencias que llegaban a Castilla desde arriba: como aliadas de un poder reacio a conceder aquí las libertades de que ellos gozaban en sus países de origen. Los comuneros se ven, pues, en la tesitura de denunciar a los catalanes y a los flamencos en Castilla para reivindicar el espíritu abierto, municipal y comercial que ellos representan. Una típica situación de *double bind* que explica las contradictorias interpretaciones dadas a esta revuelta. Lo que en Cataluña y Flandes era un fermento se impone en Castilla como reglamento: una tradición que culminará el día que Carlos III decida acabar de modernizar España por decreto.

54. La entrada de Carlos V con sus 4 000 soldados alemanes para resolver definitivamente la insurrección de las ciudades es todo un símbolo y resumen de este tipo de soluciones «por elevación».

55. Con la réplica del abate Denina al *Que doit-on à l'Espagne* de Masson de Morvilliers (1789), escribe Marías, «se inicia (en España) un género literario que se va a prodigar desde entonces y que tiene su ejemplo máximo en la *ciencia española* de Menéndez y Pelayo; la enumeración de obras más o menos ilustres, obras que se suponen importantes, aunque su contenido no resulte claro, precursores cuya influencia no es evidente».

56. De un carácter, precisará M. Batllori, «que Américo Castro —separatista radical— creía que era español».

57. En el capítulo 20 veremos en qué sentido sí puede hablarse de un específico «reducir» que caracteriza al barroco español en contraste con la ironía romántica.

58. Cuando a partir del siglo XVII, Cataluña y Valencia reaparezcan como fuerzas más vitales (menos afectadas por la inflación y la crisis demográfica), la España castellana, fijada y enquistada en el éxito de su centralización temprana, no será capaz de adecuar la organización política del país a la nueva estructura y equilibrio de fuerzas. «El Estado nacional —escribe O. Paz— ha sido una realidad tardía en Alemania e Italia (...) El caso de España ha sido exactamente el contrario pero los resultados han sido semejantes: los distintos pueblos que coexisten en la península ibérica fueron encerrados desde el siglo XVI en la camisa de fuerza de un Estado centralista y autoritario.»

59. De hecho, «Napoleón no sólo era un extranjero que conoció a Francia de un modo puramente objetivo y la utilizó como instrumento (...) sino que, moviendo sus ejércitos como si fueran escuadras navales, (fue como) una isla que cayó sobre el Continente».

60. Maragall alude aquí a la frase de Unamuno que calificaba de «vastísimo arrabal de Tarancón» el ambiente y movimiento generado en torno al Primer Congrés de Cultura Catalana. Maragall glosa los aspectos positivos y negativos de ese «taranconismo» denunciado por Unamuno, a quien califica cordialmente de «héroe de la extrema decadencia castellana».

61. Así resume Vicens Vives este «nuevo hacer» que, como vimos en Maragall, trata de asociar las fuerzas centrífugas y las centrípetas: «Desde Cataluña se pretendía, no sólo que se admitiera una cultura autónoma y auténtica represent. iva de una modalidad de lo hispánico, sino también la posibilidad de dar al Estado una estructura eficiente y moderna cuyos dirigentes (...) le abocaran a la solución de los más dramáticos y urgentes problemas del país. Para cohonestar ambas tendencias, los nacionalistas catalanes solicitaban un régimen de autonomía. La propuesta fue envidriada (...) por el temor castellano de que iba a producirse un cuarteamiento del Estado español surgido del Renacimiento o bien el declive de la misión histórica de Castilla como entidad nacional fundadora del mismo.»

62. Para Menéndez Pidal, «los celtíberos representan ya en la antigüedad la totalidad de España, como siempre. Junto con la Bética, la Celtiberia produce todos los hombres significativos que la Península da a la cultura y a la política, sin que aparezca ninguno en los extremos nordeste y noroeste; y lo mismo ocurre en los siglos XVI y XVII, el centro y el sur producen los hombres esenciales (...) El mapa cultural de la Península es igual al del imperio español: ambos cubren del mismo color las regiones fecundas y señalan la misma chocante atonía del noroeste y nordeste durante estas épocas de poderosos ideales universalistas, atonía bien en contraste con la fecunda tonicidad que estas regiones muestran en otros momentos menos culminantes»... No faltan tampoco los ejemplos de una igualmente caricatural —además de peculiarmente resentida— visión catalana del problema que casi parecen hacer buenos los juicios de Castro, Menéndez Pidal u Ortega. Así, incluso en una obra tan equilibrada como la de Josep Carner podemos leer un texto como el que sigue: «*Contra aquest fet (català) no hi ha força humana que hi valgui. Ni l'odi d'una raça que viu certament fa segles al costat de nosaltres, però que sempre ha sentit un pregon allunyament espiritual del nostre poble, perquè aquesta raça és essencialment pobra, fatalista, immòbil, i sent una mena de repugnància per l'evolució, el treball i la prosperitat.*»

63. Sánchez Ferlosio ha señalado la diferencia entre la teórica voluntad de «vertebrar» España y esta efectiva preocupación por «mantener en cintura» a sus pueblos y a sus gentes.

64. Una historia esquemática —casi taquigráfica— de esta serie de «desencuentros» podría rezar como sigue:

a) *El contenido y la forma.* A finales del s. XV las condiciones materiales y formales para la modernización del país se dan en lugares distintos: voluntad política y sustrato demográfico (6 1/2 millones, frente a 1/4 en Cataluña luego de la peste de 1359) por un lado, base social y mercantil por otro. En Cataluña se ha desarrollado una burguesía comercial, unas cortes con poder legislativo, una teoría política pactista, una experiencia diplomática e incluso un ideal de la Unidad Hispánica que aparece en la corte catalana de Juan II... aunque sólo podría realizarla su hijo a partir de la castellana (J. H. Elliott). Castilla es, por el contrario, un país señorial y ganadero donde prospera lo que J. A. Maravall ha llamado el «absolutismo monárquico-señorial»: un rey que refuerza su poder aliándose a los estamentos aristocrático y eclesiástico más que al de los campesinos, artesanos o burgueses, y una aristocracia que, en lugar de «gentrificarse» o aburguesarse, se burocratiza. Así es cómo se pasa a controlar formal y legalmente lo que en un proceso más consistente debía haber empezado por infectar y permear el nuevo Estado: judíos y cortes municipales, burgueses y comerciantes, germanías y catalanes. Se inicia de este modo la tradición castellana de coger el rábano por las hojas: de unificar por arriba neutralizando los conflictos sociales y territoriales en lugar de hacerlo por abajo con un parlamentarismo donde estos conflictos se expresen.

b) El separatismo castellano del siglo XVI. Hasta Carlos V se mantiene todavía una concepción patrimonial del Estado encarnada en una monarquía itinerante que respeta los Estados y Constituciones aragoneses, catalanes o valencianos. A partir de mediados de siglo, con Felipe II, se produce a la vez la sedentarización de la corte y una renovada defensa de las tierras descubiertas como patrimonio exclusivo de Castilla. El nuevo separatismo castellano no ocupa ya Cataluña sino todo lo contrario: se despreocupa de ella y de la anarquía que crece en su seno. Este período de «separatismo» castellano, que termina con la intervención de Felipe II en Aragón el año 1591, tiene por lo menos la virtud de la coherencia. Persiste el desencuentro entre Castilla y Cataluña-Aragón, pero por una vez coinciden en España el poder político y el económico, el liderazgo institucional y la vitalidad social. Y esto aquí ya es mucho.

c) El separatismo catalán del siglo XVII. Pero esta sintonía dura bien poco. A partir de 1630 la periferia empieza a recuperarse económicamente, mientras Castilla sigue empantanada en la crisis financiera y demográfica resultante de haber cogido el rábano por las hojas. Menos tocada por «el hidalguismo social y la burocracia del impuesto» —de la que, separatista ahora ella, se defiende patas arriba—, Cataluña trata de recuperar el protagonismo político perdido (P. Vilar). Oímos ya las castellanas «meditaciones del propio ser» afirmando que aquí empieza la historia de la España Invertebrada. Yo creo por el contrario que lo que comienza es la España calcificada y sin reflejos para responder a una situación nueva. No sabe ya imperar y *por eso mismo* se inventa ahora aquel «espíritu imperativo». Castilla, que ya no es medieval pero aún no es moderna, es incapaz de adaptarse a esta nueva situación aceptando la tradicional *pluralidad* de poderes... ni tampoco el moderno *reparto y equilibrio* de los mismos. Y así es cómo Cataluña acaba enfrentándose y venciendo al «espíritu» de Olivares en Montjuïc (1640). Cuando diez años después las clases dirigentes catalanas vuelvan la mirada hacia Castilla, no será gracias al espíritu de Olivares sino al de Felipe IV o Haro (vid. infra nota 71). Una vez más Castilla y Cataluña sólo se entienden por conveniencia y no por convicción: el enemigo común hace las veces del proyecto común de que carecen.

d) Castilla descubre Francia en el XVIII. Como temían los catalanes, la voluntad de dominio que le faltaba al Hechizado va a reencontrarla Castilla en la nueva dinastía borgoñesa, que los catalanes en principio rechazan (1702-1713) no por venir de Castilla, sino precisamente por francesa. Un desencuentro más: ahora que los castellanos se afrancesan, los catalanes son los españolistas. Y volverán a serlo un siglo después cuando España se vea enfrentada a Francia. En Castilla esta alianza dinástica va a traducirse pronto en una conversión —la primera de una larga serie— al espíritu de la Ilustración. Más reticente respecto a Francia, menos vulnerable a los mensajes ideológicos, en Cataluña se refuerza ahora una actitud tradicionalista que no quiere quedar reducida, como en Castilla, a majismo o casticismo. Desencuentro ideológico cuyo correlato político es el Decreto de Nueva Planta, que va a tomar ahora el testigo y a dar forma institucional al decrépito espíritu imperativo. «Ahora —escribe Elliott— se imponía arbitrariamente un gobierno centralizado en las zonas más ricas de la periferia (...). Y el resultado fue una estructura trágicamente artificial que obstaculizó constantemente el desarrollo político de España ya que, durante los dos siglos siguientes, el orden político y el económico se verían permanentemente divorciados. El centro y la periferia seguirían, por lo tanto, caminos antagónicos...» Irónico corolario de esta serie de desencuentros: «El desescombro de los fueros y privilegios (Nueva Planta) benefició insospechadamente a los catalanes, no sólo porque les obligó a mirar hacia el futuro, sino porque les brindó las mismas posibilidades que Castilla en el seno común de la Monarquía» (Vicens Vives).

e) Dos siglos más de conversiones. La temprana unificación administrativa e ideológica de Castilla marca su futura proclividad a convertirse a todos los mensajes de la modernidad: su irrefrenable fe en las ideas. Tan rápidamente como se convirtió el XVIII a los ilustrados, se convierte el XIX a los liberales. Surge así el liberalismo de funcionarios conversos (su analogía con el erasmismo del XVI es notable) tan superficial como centralista, que se enfrenta a «un país que, salvo algunas masas urbanas, sigue adscrito al credo tradicional» (Vicens Vives). El contraste entre el país decretado y el real es absoluto, y Cataluña se resiste a esta euforia ideológica que por lo demás viene a dar ahora nueva carta de legitimación a una visión unilateralmente castellana de España. Los *malcontents* (1827) en su versión popular y los carlistas (1833) en la más aristocrática, encarnan esta revuelta cifrada frente a un Estado que va adquiriendo ya todos los rasgos de nación sudamericana. Las constituciones radicales (1812, 1837, 1868), la desamortización de Mendizábal (1839) o el militarismo populista de Espartero (1840) son el prólogo tanto de las Cartas y la destrucción de Resguardos en América como del caudillismo y del militarismo providencial que las siguieron. Los períodos moderados (1844 y 1876), aunque menos superficiales, ofrecerán el modelo del caciquismo y la corrupción que tan bien se va a amalgamar con el primero, tanto en Iberoamérica como en España. Castilla deja de hacer América para hacerse a ella —y para alejarse de Cataluña que, sola, se emborracha con sus esencias.

Así se mantendrá, hasta el siglo XX, esa contraposición no reconciliada entre un progresismo tan idealista como doctrinario y un tradicionalismo tan pragmático como pacato. No será hasta este siglo cuando vendrán a unirnos —o dividirnos— las reiteradas y espasmódicas «conversiones» al anarquismo o al fascismo, al marxismo o al nacionalsocialismo, que una vez más nos juntarán ante el enemigo común —sólo que ahora interior—. «Hay cosas —escribe Machado en 1938 desde Barcelona— que sólo la guerra nos hace ver claras. Por ejemplo: ¡qué bien nos entendemos en lenguas maternas diferentes cuando decimos, de este lado del Ebro, bajo un diluvio de iniquidades: "Nosotros no hemos vendido nuestra España"! Y el que eso se diga en catalán como en castellano en nada amengua ni acrecienta su verdad.» Personalmente, lo que me desazona es que fuera necesaria tamaña exaltación y simplificación ideológica para descubrirlo.

65. Heidegger entiende aquí por gigantismo «lo grande hecho cualidad, a la vez incalculable e irrepresentable».

66. Aquí refleja Hegel la preocupación de la época por las excesivas facilidades

que podían impedir la formación de la clase necesitada (y, por lo tanto, proletarizada) requerida por la «sociedad civil» capitalista. Es sólo luego, cuando esta clase está ya definitivamente constituida, que se empezará a valorar «económicamente» (que no políticamente, como se ve en Marx) la existencia de un *lumpen* —de un surtido externo de mano de obra barata que asegure que los salarios no van a subir más que los beneficios y que los costes sean competitivos—. A partir de ahí, y por poner un ejemplo aún reciente, los economistas no estudiarán ya la inmigración española, portuguesa o turca a Europa con los ojos con que miraba Hegel la inmigración a América, sino que verán en ella la base del espectacular desarrollo de los años sesenta. De todos modos, esta teoría que trata de explicar, contra Hegel, el desarrollo y el crecimiento a partir de la afluencia de mano de obra inmigrante, no parece sostenerse por sí sola ni aun en el reciente caso europeo (vid. David Landes, *The Unbound Prometheus*). No bastaría, por ejemplo, para dar cuenta del crecimiento sin inmigración que se produjo también en Suecia o Austria, ni tampoco del hecho que el encarecimiento relativo de la mano de obra que supuso para países como España no frenara su espectacular desarrollo de aquellos mismos años. Sólo una explicación parece que hace justicia tanto a la tesis «hegeliana» como a la moderna: no es que el flujo de mano de obra produzca el desarrollo y crecimiento —es más bien este desarrollo el que genera aquel flujo.

67. Incluso la toponimia es muchas veces española aunque los norteamericanos, bien sintomáticamente, no la distingan de la india, como ocurre en el poema de Whitman:

> The red aborigens... syllabed for us for names
> Okonee, Koosa, Ottawa, Monongahela, Sauk, Natzchez...
> Leaving such the States, they melt, they depart, charging
> the water and the land with names.

68. «Si los territorios de la Monarquía hasta Tejas, Florida y Luisiana eran *España,* el gentilicio *americano* estaba, por decirlo así, vacante, y fue escogido por los fundadores de los Estados Unidos —de ahí que americano sea sinónimo de estadounidense, y que los otros pronto sean definidos como *latinoamericanos*—.» Como han señalado I. Abelló y M. Montero, esta denominación, lanzada por Francia hacia 1860 para diluir el pasado español y neutralizar las expectativas que pudiera tener el pangermanismo de Bismarck, empezó también a resultar cómoda para los Estados Unidos, «no sólo por la igualación de los vecinos en un solo molde, sino porque, además, permitía distinguir entre dos categorías de americanos: ellos, y los latinos, los otros».

69. El primer punto sintetiza las condiciones de la Metrópoli, el segundo de la Conquista (que en el Norte se confunde con la colonización), el tercero de la Colonización propiamente dicha, el cuarto del Sistema colonial establecido, el quinto de la Emancipación y el sexto de la Independencia de los países americanos.

70. Como señala G. Parker en su *Spain...,* «el ideal de los burgueses del siglo XVI y XVII era volver a los tiempos de mayor autonomía, no de mayor participación en los asuntos generales. Esto es, mantener un régimen tradicional de participación en lo que en el derecho medieval se había llamado *dominium regale et politicum,* frente al absorbente y único *dominium regale*».

71. En efecto; tanto Olivares como Vélez son derrotados por los catalanes en Montjuïc el año 1640, y es sólo la mejor garantía para sus privilegios que parece ofrecer la corona castellana lo que convence a la aristocracia catalana a optar por España y no por Francia en 1652. La historia es a grandes rasgos como sigue: la ruptura de la paz con Holanda (1621), la apertura del frente de Mantua (1627) y la

guerra con Richelieu (1635) crean la imperiosa necesidad de nuevas tropas y tributos que la Corona de Castilla reclama a los demás Estados peninsulares. En todos ellos las clases dominantes se resisten a colaborar ya que se han sentido tan desatendidas en sus problemas internos (bandolerismo en Cataluña, defensa del Brasil en Portugal, problema morisco en Aragón) como discriminadas en la distribución de los honores y cargos imperiales. Olivares pretende matar dos pájaros de un tiro mandando las tropas del duque de Braganza contra Cataluña, pero los portugueses se sublevan y nombran rey de Portugal al duque. Las tropas que manda por fin a Cataluña para involucrarla en la guerra contra Francia chocan con la población local, que se levanta, toma Barcelona y, al mando de Pau Claris, se alía a los franceses para derrotar a los castellanos. A partir de ahí, es cierto, hay factores internos que minan la independencia catalana y que, en contraste con Portugal, dan una medida más bien pobre de la capacidad y voluntad nacional de Cataluña: tensiones entre nobleza y pueblo, alianzas extranjeras para resolver problemas de clase, insolidaridad de valencianos y aragoneses, a los que Cataluña no había ayudado tampoco en sus revueltas de las Germanías o de 1591. Pero si en 1652 los *consellers* y aristócratas catalanes optan por España antes que por Francia, es también porque la monarquía española de Felipe IV y Luis Haro parece más dispuesta a aceptar sus fueros y privilegios que la Francia de Mazarino. La experiencia «francesa» de los catalanes es tradicionalmente conflictiva. Buena muestra de ello es que, cincuenta años más tarde, la reacción contra Felipe V se deba en principio más a su origen dinástico francés que a su función de rey de España.

72.   Hasta este momento, sin embargo, la España de los Austrias había estado en la avanzadilla tanto de la administración como de la ciencia moderna. El estancamiento de una Castilla prisionera de su memoria sólo se produce cuando, en la segunda mitad del XVII, Cataluña y otros Estados europeos «parecieron lanzarse a una nueva carrera basada en la explotación más racional de los recursos económicos y de sus posibilidades financieras, y ello en una época en que la nueva ciencia y la nueva filosofía empezaban a enseñar que el hombre podía, después de todo, dar forma a su propio destino y dominar el mundo que le rodeaba» (J. H. Elliott).

73.   Se trata de tribus nómadas, que viven de la caza y la roza en una economía de subsistencia y que carecen aún de la fuerza y belicosidad con la que apaches, navajos o comanches se enfrentarán a Kid Carson en el siglo XIX. La proverbial «fiereza» de estos pueblos sólo surge cuando los españoles introducen el caballo. Durante mucho tiempo se mantendrá tanto en el norte como en el sur de América la radical distinción entre indio de a pie e indio a caballo. Como dice en 1780 el jesuita José Cardiel, «todos los infieles que hacen guerra en estas provincias (de Buenos Aires) son de a caballo y bandoleros, sin labrar la tierra (...). Las naciones de pie, que casi todos son labradores, no hacen guerra. El caballo es el que causa mucha insolencia al indio».

74.   Cortés, más sensible y «converso» que Garay, desea adaptar el plan de la ciudad a los templos aztecas, que quiere preservar «para memoria». Los reyes, conscientes de que la simetría es la geometría del poder imperial, insisten sin embargo en que se realicen «por manera que echos los solares, el pueblo parece ordenado, assí en el lugar en que oviere la yglesia, como en la orden que tovieren las calles (...) porque dando la orden en el començo, sin ningún travajo ni costa quedan ordenados los lugares, y los otros jamás se ordenan...»

75.   Las grandes fusiones o *mergers* a partir de la emisión de bonos de alto riesgo *(junkbonds)* han vuelto a ser noticia en 1985: General Motors adquiere Hughes Aircraft, por 5 200 millones de dólares; General Electric compra RCA por 6 000; Philip Morris, que fabrica ya los cigarrillos Marlboro, las cervezas Miller y el refresco Seven-Up, compra General Foods por 5 700, mientras su competidor Rey-

nolds (Winston) se apresura a absorber la también alimentaria Nabisco Brands... De momento, pues, sólo *Superman* III consigue impedir la consolidación del monopolio mundial del petróleo y del café frente al que poco pudieron la Sherman Act y la Federal Reserve Act de 1913.

76. Frente a la imagen convencional del modernismo y falta de sentido tradicional de los USA, conviene recordar que sus instituciones políticas fueron creadas antes de 1800, y que desde entonces no se ha creado ninguna nueva.

77. Este carácter discreto y no gradual de nuestras cartas o códigos se complementó con el discrecional de su aplicación, regida por una serie de excepciones que permitían mantener en todo caso la perfección ideal de la norma. Así lo había observado ya Ganivet respecto de nuestro código penal: «El castigo de los criminales está regulado en España aparentemente por un Código, en realidad por un Código y la aplicación sistemática del indulto. En otro país se procuraría modificar el Código y acomodarlo a principios de más templanza y moderación. En España se prefiere mantener un Código muy rígido y anular después sus efectos por medio de la gracia (...) Castigamos con solemnidad y rigor para satisfacer nuestro deseo de justicia, y luego, sin ruido y sin voces, indultamos a los condenados para satisfacer nuestro deseo de perdón.»

78. «Bajo los Austrias —escribe González Fernández— la nación hacía aún al Estado; con los Borbones el Estado quiso fabricarse una nación.»

79. «Junto a las ciudades cerradas —dice también Hegel— se formaban en Europa lugares donde se practicaban los mismos oficios, pero sin la coacción corporativa. En relación semejante hállase Norteamérica respecto de Europa. Muchos ingleses han ido a establecerse en aquellas tierras, donde no hay las cargas ni los impuestos que pesan en Europa sobre el comercio y la industria; llevan allá todas las ventajas de la civilización y pueden, sin estorbo, practicar sus oficios.»

80. Una vez más observamos el contraste entre una colonización vernácula y otra clásica cuyas ciudades, como escribe Braudel, «más que una necesidad funcional, proclaman la transparencia del espacio habitado por los hombres, la victoria del orden sobre la sombra», del *nomos* sobre la *physis*, de los dioses aéreos y racionales frente a los espíritus ctónicos.

81. A esta misma estructura urbana de Iberoamérica atribuía *The Economist* (22-II-1986) su pérdida de capacidad exportadora, en contraste con el Sudeste asiático, a lo largo de los años setenta. En Iberoamérica se mantuvo una paridad alta de la moneda ya que la devaluación, aunque hubiera ayudado a los trabajadores rurales, penalizaba a los urbanos, que consumen manufacturas y bienes importados. El hecho de que el 72 % de los habitantes de Iberoamérica (frente al 32 % en SE asiático) vivan en ciudades explicaría así que el diferencial entre mercado negro y mercado real de divisas haya sido aquí el 40 % (frente al 6 % en SE asiático). La ciudad habría inducido así un «idealismo» monetario que acabaría haciéndoles menos competitivos y más consumistas que otros países pobres no tan «urbanos». Y esto mismo es lo que confirma e ilustra un penetrante estudio de Gabriel Zaid sobre la ciudad de México: «Los dólares baratos sólo fueron posibles como una imposición del centralismo importador sobre la periferia exportadora ya que la ciudad de México importa entre la mitad y las tres cuartas partes del total nacional, pero sólo exporta entre un octavo y un cuarto del total (...) Gracias a estos dólares baratos, la capital no consume lo que el país produce, sino la maquinaria, refracciones, materias primas y producción agropecuaria que otros países producen (...) A ello se debe que desde 1958 hasta 1981, y a pesar de que la exportación de petróleo aumentó 750 veces (en dólares), la capital se volcó en un pozo sin fondo de divisas que ni los pozos petroleros pudieron saciar: importaba cuatro veces lo que exportaba y su déficit era la explicación fundamental del déficit nacional.» De ahí, siempre según Zaid, que la

efectiva modernización del país exija invertir su secular tendencia centralizadora mediante una progresiva «desurbanización». Y puesto que el gran «recurso natural» de la capital no es sino el propio poder, Zaid propone comenzar por «disolver» por lo menos ocho de los catorce ministerios (Agricultura, Urbanismo, Educación, Pesca, Salud, Turismo...) en los gobiernos de los Estados (lo que para nosotros serían las Autonomías). Como se sabe, en un libro anterior Zaid ha desarrollado la tesis de que la concentración urbana y burocrática del poder sólo conduce al «progreso improductivo»: «Las burocracias creen que es un progreso concentrar improductivamente los recursos, en vez de dispersarlos.» Pero, en realidad, «un millón de pesos movidos del sector burocrático a la pequeña producción produce el doble y crea ocho veces más empleos (...) En la Ciudad de México hasta barrer con una escoba requiere una inversión extraordinaria: todo el capital necesario para que el barrendero tome un vaso de agua (traída desde lejos), tome el Metro (porque vive lejos), tome sus alimentos (producidos lejos). Lo viable es nivelar de abajo para arriba, a través del equipamiento del sector atrasado».

82.   En lo que tanto unos como otros coinciden, según Fontana, es «en cortar los lazos con una metrópoli que parece haber perdido la capacidad de mantener el orden en el interior del imperio (...), en reemplazar el consenso de la monarquía de derecho divino por el de la nacionalidad y proseguir la explotación de la población indígena en unas nuevas condiciones, ligándose ahora al mercado mundial por la intermediación del comercio británico».

83.   Como señala F. Chevalier, se trata de personajes prepotentes y «generosos» —al estilo del Fernando de Sarmiento o la doña Bárbara de Gallegos— que fundan inmediatamente su poder en las relaciones de dependencia personal. Ahora bien; para entender los mecanismos psicológicos y sociales del caciquismo, como los del peonaje por deudas, es sin duda más útil el esquema de Mauss que el de Marx: poderoso y peligroso no es tanto aquel que quita la plusvalía como el que *da* —el que consigue el monopolio de dar algo (trabajo, seguridad...) que no le puede ser devuelto sino con la sumisión.

84.   «La dominación española en América —escribe Ramiro de Maeztu— vino a ser un imperio romano sin legiones, porque la defensa del país estaba principalmente comisionada a los encomenderos, y los militares no aparecen sino, en pequeño número, en los años de la conquista y en número mayor cuando el Nuevo Mundo se separó de la Metrópoli.»

85.   Aquí la excepción mexicana se explica seguramente tanto por la tradición popular de la independencia y la revolución como por el apoyo americano a la «Reforma» liberal (1861 y 1867) y su reivindicación frente a Huertas (1914) del monopolio como gendarme del área.

86.   Más allá de ciertos umbrales, la propia potencia o rapidez de los procesos los transforma en «irresponsables»: su capacidad de configurar el entorno *(alloplasticidad)* no les permite atenderlo, entenderlo y responder efectivamente a él. Perdida toda *autoplasticidad,* su crecimiento se hace tan rápido como impermeable, tan lineal como vulnerable.

87.   La virtud griega se valora por la forma de su ejecución antes que por la intención (subjetiva) o las consecuencias (objetivas) que de ella se deriven. De ahí que su idea de virtud, como la que estamos describiendo, tenga algo de eso que nosotros llamaríamos «virtuosismo». La evolución de una a otra idea tiene, desde luego, su historia, que divido aquí, más o menos convencionalmente, en cuatro pasos:

a)   En Grecia el tipo ideal del *Kalós Kagathós* (*kalós* = bello, *agathós* = bueno) supone un equilibrio o «sintonía» (Isócrates) entre lo íntimo y lo físico, lo personal y lo social, lo expresivo y lo convencional. La Belleza del cuerpo es una virtud en sí misma (en el *Cratilo,* Cratíbulo confiesa que no cambiaría la suya por el trono de Persia), pero exige también compostura («no dejes que tu cara avergüence a tu corazón», dice Hesíodo), contención («al hablar, nunca tus brazos salgan del ámbito del cuerpo», aconseja Teofrasto) e incluso la timidez o el recato que manifiesta el bello Cármides, primo de Platón. Esta interioridad, sin embargo, nunca debe aparecer como rígidamente opuesta al entorno y sus exigencias, de modo que para Pericles *kaloi kagathoi* son ante todo aquellos «capaces de las actitudes más diversas (...) adaptándose a las distintas circunstancias con gracia y versatilidad».

b) A todo esto el *decorum* romano añade un tinte de dignidad y solemnidad oficiales, así como un deliberado intento patricio de distinguirse de todo lo vulgar o *amorphos.* Pero no es sino con el cristianismo que este equilibrio se rompe definitivamente al asociarse, por un lado, belleza con concupiscencia (de ahí que, según Tertuliano, Cristo no pudo ser guapo) y convención con hipocresía. El *Contra los Cristianos* de Celso no es sino una civilizada apelación a los cristianos para que acepten las «reglas del juego» —para que echen el incienso al pie de la estatua del César y hagan, piensen o crean lo que les venga en gana—. Una llamada al compromiso que choca con el obstinado y sublime *non serviam* del nuevo «principio subjetivo».

c) Con el *Vanderlust* caballeresco asistimos a la apertura de este nuevo principio hacia el exterior. El «espíritu de servicio» es ahora la traducción somera y guerrera del *decorum* romano o de la *kalokagathia* griega. Servicio ante todo a la Iglesia *(«ço que Déu sia amat, conegut, honrat, servit i temut»,* dice el *Libre de l'orde de cavalleria* de R. Llull) del que se deriva también la protección a las *«vídues, orfes i homes despoderats».* Pero es seguramente el «servicio de amor» —el amor de *lonh,* a distancia y sublimado— el que mejor permite sintetizar el nuevo principio agustiniano del amor con el clásico imperativo de la gesta o la proeza externa. La distancia que el cristianismo ha introducido entre ambos mundos obliga sin embargo a un sofisticado juego de liturgias, alegorías y símbolos que conecten el mundo de la fe y los sentimientos con el de las gestas (así, señala Martí de Riquer, espada = cruz, para destruir enemïgos del cristianismo; lanza = verdad, porque es recta y no se dobla; espuela = diligencia, etc.). Bien que mediada y amortiguada por el símbolo, esta contigüidad entre dos dimensiones tan dispares propicia a su vez la inmensa fragilidad o vulnerabilidad del sujeto, cuya cara, honor, dignidad o nombre pueden ser empañados en cada esquina, por cada gesto.

d) Es a partir de ahora, creo, cuando la especificidad del honor hispano puede empezar a reconocerse. Con Alberti, Castiglione y, sobre todo, Erasmo, se inicia una simplificación y reconversión social de aquella subjetividad primero cristiana y luego caballeresca: la identidad burguesa que anticipa el *honnête homme.* Frente a la arrogancia y exuberancia caballeresca, Castiglione nos habla ya de la *«austera strada della virtú»* y de la espontaneidad *(«sprezziatura»)* que debe presidir las relaciones. En su *De Civilitate,* Erasmo nos recuerda que la virtud no necesita de ostentación; que es más bien frente a ella que debe definirse un porte humano, honesto, amable, limpio, simple. Un holandés y dos italianos pueden hablarnos pues de una nueva vida «urbana». En Castilla, por el contrario, la unidad se busca y cuaja más arriba, en la unificación nacional, dando lugar, como dice M. Zambrano, «a un absolutismo de la existencia individual (Don Juan), réplica del absolutismo del Estado». Lo que en otros lugares fue síntesis se hace aquí exacerbamiento de los extremos. El ideal político al que servir sigue siendo absoluto, y más abstracto aún que la Iglesia o la Amada. El individuo que puede ponerse a su servicio no se ve obligado a depurar de su talante las liturgias del «espíritu de servicio» sino a todo lo contrario: a refinarlas, sublimarlas y ampliarlas. Su «superficie de contacto» con el mundo es mayor que nunca. Su vulnerabilidad es ahora infinita. El honor es el único garante de su integridad, y el buen nombre su coraza.

194

88. Este carácter aún externo o social del tribunal del Honor frente al de la Conciencia ha sido subrayado entre nosotros por J. L. Aranguren, J. A. Maravall y, recientemente, por R. Sánchez Ferlosio: «Sólo una concepción espúrea, individualista y en cierto modo "protestante" del honor —dice este último— ha podido llegar a considerar como no deshonrosa una salida en la que el sujeto mismo se erige, como al dictado de su "libre examen", en árbitro de su propio honor.»

89. La falta de este sentido de la forma y de las mediaciones culturales o históricas se manifiesta emblemáticamente en la poesía y filosofía norteamericanas que, desde Emerson, Whitman o James hasta la contracultura de Roszak o Castaneda, rechazan todas las convenciones teóricas o estilísticas y pretenden conectar directamente, sin mediación alguna, con la naturaleza, el progreso, el espíritu, el cosmos...

90. Según J. A. Maravall, «muchos linajes nobles, y aun aristocráticos, enlazaron con familias ricas de conversos, recordándolo así el pueblo bajo que trató de fortalecer por ese lado su posición echando en cara a los poderosos la falta de limpieza que a menudo les manchaba». «Poseer limpieza de sangre —señala asimismo Domínguez Ortiz— envanecía a las clases inferiores, sobre todo pensando que no todos los miembros de las clases superiores la poseían.» J. H. Elliott ha mostrado también esta raíz popular en las reivindicaciones de la «limpieza de sangre» emprendidas por el arzobispo de Toledo, Juan Martínez Silíceo, desde 1547.

91. Así explica Alcina Franch la génesis de este fenómeno: «La especial situación y desarrollo de la historia castellana medieval, en frontera y lucha contra el moro, hizo posible el acceso a las capas bajas de la nobleza al villano capaz de mantener caballo y empuñar armas en ayuda de su señor (...) Ya desde el siglo X los condes de Castilla elevan a la infanzonía a muchos cientos de labradores a quienes llaman a acudir como caballeros a la guerra.»

92. Ni aun la moderna concepción «nebrijista» del castellano como factor de unificación y control puede con este talante, que permite e incluso refuerza el uso de las lenguas vernáculas en las mismas cortes de justicia. Ya hemos visto que el original del tratado de paz entre los conquistadores y los indios y jesuitas del Paraguay está escrito en guaraní, y que sólo luego se hacen dos copias en castellano y portugués. En México, los documentos legales que afectan a los indios siguen redactándose en nahuatl y se respeta incluso la «resistencia pasiva» que muchos indios ofrecen al uso del castellano. «Testigos de quienes se tenía la certeza de que sabían el español —escribe J. H. Parry— negaban su conocimiento e insistían en declarar a través del intérprete.»

93. «Una civilización protestante —escribe R. M. Morse en *La herencia de América Latina*— puede desarrollar infinitamente sus energías en regiones incultas, como lo hizo en los Estados Unidos. Una civilización católica se estanca cuando no está en contacto vital con las tribus y culturas de la humanidad.»

94. «Esta articulación simbólica es la que une por ejemplo la ley de atracción de los cuerpos, la "mecánica celeste", a una "mecánica de la gracia" que abre los corazones hacia Dios, o la que conecta para Leibniz las leyes físicas con la "presencia real" de Cristo en la Eucaristía» (A. Regalado). La imagen emergente de un mundo como *Máquina* postula siempre un Relojero trascendente y expulsa de su seno (hacia el Cielo o hacia el Alma) toda dimensión no estrictamente racional del mundo. La imagen barroca, por el contrario, es la de una *Sintaxis* a la vez más autónoma y flexible, donde los elementos intuitivos, irracionales, etc., hallan también su cabida en el seno de la propia inmanencia. Se trata de una imagen del mundo que describía E. d'Ors, sin referirse por lo demás al Barroco, del siguiente modo: «El universo no es una máquina, sino una sintaxis. Con una sola pieza que no sea racional, la máquina ya no funciona. Pero la sintaxis sólo vive cuando viene a

lubrificarla un aceite de irracionalidad... Precisamente las famosas *raisons du cœur* estropearon el vislumbre que pudiera atribuirse a Pascal. "Corazón", es decir, sentimiento, intuición, creencia, pura vida... Y no se trata de eso. Se trata de algo tan claramente organizable como la razón, bien que menos rígido. Se trata de la Inteligencia.» O quizá sería más exacto decir el Ingenio barroco, tan distinto del Genio romántico como de la Razón ilustrada...

95.   En *De la Modernidad* he contrapuesto el idealismo tradicional que pretendía *prescindir* de la experiencia al idealismo moderno que, en base a ideas como Estado, Razón o Historia, pretende *prescribir* esta experiencia.

96.   Quiero decir: pero no con ninguna proyección trascendental, ni aspiración a lo infinito. Desde el discurso de Ulises en el cap. 11 de la *Odisea* hasta, por lo menos, el siglo IV a. de Cristo, se observa una auténtica alergia a toda familiaridad con lo infinito —a lo fuera de mesura y de figura— que los griegos no asocian a lo perfecto sino todo lo contrario: a lo impreciso, informe, desmesurado, delicuescente. Desde Parménides a Aristóteles, el ser es completo y perfecto en la misma medida en que es finito. Como finito es este mundo «no creado por dios ni por el hombre, que se enciende y apaga *con mesura*» (Heráclito).

97.   Para Hegel es la *Enzweigung* o escisión que se produce entre la moderna «sociedad anónima» y el individuo aislado lo que permite la eclosión de la «subjetividad absoluta» y la realización efectiva de la «libertad cristiana»: cosificación exterior que propicia la radical espiritualización del sujeto. La «larva» de este sujeto, latente sin duda en el mundo griego, la purificaban allí en el teatro o la sublimaban con el orfismo.

98.   «Vívese lo más de informaciones —dice Gracián—, es lo menos lo que vemos... Las cosas, sombras son de la verdad.» Inescrutable, este mundo debe ser ahora leído o interpretado «calando sonda» en los escondidos designios e intenciones de los demás: «Es menester ser muy buen lector para no leer todo al revés, llevando muy manual la contracifra para ver si el que os hace mucha cortesía quiere engañaros, si el que besa la mano quisiera morderla, si el que gasta mejor prosa os hace la copla, si el que promete mucho cumplirá nada, si el que ayuda tira a descuidar para salir él con la pretensión» *(Oráculo manual...).*

99.   «En el auto *La Protestación de la Fe* —escribe A. Regalado— la figura alegórica de la Avaricia (que representa al protestantismo nórdico asociado a la "libertad de conciencia" y la defensa de la autonomía de la razón) dice literalmente: "Yo cubro el abismo con mis silogismos." En contraste con ella, el barroco artístico y literario excava tras el proceso de racionalización y se coloca con fuerza en el centro donde se juntan las pasiones, la imaginación, el deseo, la percepción y el entendimiento, en el abismo de la conciencia humana, en la *res cogitans* como totalidad de una experiencia vivida que no excluye sino que tiende a incluir todas sus ambigüedades y contradicciones.»

100.   Véase al respecto mi *Moral,* pp. 125-131.

101.   En su segunda salida, atribuida por Cervantes al «manuscrito árabe», don Quijote no se enfrenta sólo al mundo sino también a la estela de su propia leyenda. Por una parte le reciben ya como el «héroe» de sus anteriores aventuras, y por otra ha de enfrentarse y desmentir las del «falso» Quijote de Avellaneda que se le ha anticipado en su viaje a Zaragoza. El empeño por mantener la fantasía en el mundo real obligaba a Cervantes —como a Mateo Alemán en la segunda parte del *Guzmán*— a «dar cancha» a sus propios apócrifos. Así resume J. M.ª Valverde este complejo proceso: «La multiplicación laberíntica entre reflejos y reflejos de reflejos en que nos extraviamos mirando *Las Meninas,* ahora se enreda todavía más en sus planos: el de la novela original; el de su transformación en versión de un original árabe; el de la metamorfosis de todo lo anterior en el libro, ya publicado en la realidad, y también

famoso entre casi todos los personajes de la segunda parte, que hace aparecer ahora a don Quijote dentro del libro como protagonista de otro libro previo; la sorpresa del libro de otro autor que continúa el plan que se estaba desarrollando en la segunda parte cervantina; la reacción, dentro de la segunda parte auténtica, al saber que existe el libro falso; y, finalmente, la aceptación de que el libro legítimo y el espúreo son igual de reales o de irreales, pero que los auténticos don Quijote y Sancho Panza son los del libro de Cervantes y no los del otro.»

102. Para asumir este papel era necesaria una decidida voluntad democrática ejercida desde un ponderado y delicado equilibrio entre lo personal y lo institucional —equilibrio que el rey de España pudo y supo encontrar en su propia tradición dinástica—. He aquí lo que escribía al respecto el diplomático inglés Harold Nicolson hace más de cincuenta años: «Esta convención de impasividad real o inatención hierofántica la he observado en el ceremonial de la Corte española. Alfonso XIII era joven y naturalmente exuberante; la reina Victoria era bella y urbana. Y sin embargo, en una recepción oficial, elevados ambos sobre un estrado, con un león de oro flanqueando cada escalón, asumían la expresión de no darse cuenta de que había gente a su alrededor y miraban las nubes a través de la ventana con ojos vacantes mientras los diplomáticos, ministros y finalmente los diputados pasaban en lenta procesión ante el trono. Los saludos no eran nunca devueltos. Los ojos de Alfonso y Victoria Eugenia continuaban mirando con lánguida distracción... Y sin embargo, pasado el último diputado, cuando los guardas golpeaban el suelo con las alabardas, las efigies reales adquirían súbitamente vida y se mezclaban entre el tumulto, animados e informales, pasando cogidos de la mano de salón en salón...»

103. «El poder público es un derecho de hacer leyes con pena de muerte (...) con objeto de regular y preservar la propiedad»; «el gran fin de los hombres al entrar en sociedad es el gozar de su propiedad en paz y con seguridad» (*Dos ensayos sobre el gobierno civil*, II, 1 y II, 11).

104. El imperativo kantiano nos conmina a «obrar de tal modo que la máxima de nuestra voluntad pueda siempre valer como principio de una legislación general». «Lo que para el hombre moral (kantiano) era un imperativo del deber —replica Fichte— ha de volverse progreso interno de la vida (...), con lo que desaparece no sólo toda ley exterior, sino incluso la ley interior. El legislador de nuestro pecho calla, pues es la voluntad, el placer, el amor, la felicidad, quienes han acogido en sí a la ley.»

105. Para Bergson sólo la religión puede devolver al hombre la visión global y el espíritu solidario que hicieron crisis con la pérdida del instinto y la aparición de una inteligencia tan analítica como desconcertada, tan instrumental como insolidaria. El *mythos*, pues, como consecuencia y no como antecedente del *logos*; es decir, como «recuperación cultural» del instinto colectivo luego de su «crisis lógica»; «como sanción ultraterrenal del necesario sacrificio de los individuos para la conservación de la especie» (Maeztu). Para Habermas este fundamento sólido hay que buscarlo en una «situación lingüística ideal» donde fuera posible «la formación cooperativa de la verdad en base a una información compartida» —una aspiración que Trías asocia justamente a la del «alma bella» hegeliana...—. También yo creo, como Bergson o Habermas, que este acuerdo debe basarse antes en una *convención* que en una *convicción*, pero pienso en una convención simbólica y tradicional que ni debe encontrar necesariamente una ratificación religiosa (Bergson) ni puede reducirse tampoco al estricto ámbito del diálogo o la comunicación expresa. Mis objeciones a esta teoría son pues de diverso orden: 1) La convención en que se basa un acuerdo político-social es siempre de otro «nivel lógico» que este acuerdo mismo; la convención puede operar y ser «usada», pero no «mencionada» tal como pretende Habermas siguiendo la tradición iluminista de Helvetius... *cet homme qui a dit le sécret à*

tout le monde. 2) Todos nacemos ya «habitantes» de un lenguaje particular —castellano, francés— que nos *identifica* y se constituye en el territorio de nuestra identidad emotiva mucho antes que en el instrumento del acuerdo racional. 3) Incluso dentro de un mismo territorio lingüístico, la voluntad hegeliana de «tener razón a toda costa» domina fácilmente sobre el carácter formal y especulativo del proceso: el «diálogo» platónico o la «charla» simmeliana son antes una excepción —una difícil y precaria construcción— que una regla; un uso lingüístico más dentro de una serie que incluiría desde el soliloquio shakespeariano a la complicidad argumentativa entre don Quijote y Sancho. 4) Es pues desde sus propios orígenes que el lenguaje aparece más ligado a las emociones que a las razones: «Las necesidades —decía Rousseau— generaron los primeros gestos; sólo las pasiones arrancaron las primeras voces.» 5) Nacido de las pasiones, el lenguaje favorece a su vez su consolidación conflictiva frente a cualesquiera otras consideraciones: la «santa indignación», la hipnosis de las consignas, la identificación con un agravio abstracto o con una nomenclatura... De ahí seguramente que «mentar» se asocie en castellano a insultar (en especial a la madre) y que el Nuevo Testamento recomiende «sea vuestro lenguaje: sí, sí; no, no — ya que todo lo que pasa de ahí viene del Maligno».

106.   Estas convenciones se acumulan siempre en torno a los momentos cruciales de la vida —nacimiento, adolescencia, iniciación, matrimonio, muerte— cuando los individuos se enfrentan a un nuevo territorio a la vez desconocido e inquietante: a otra edad, a otro sexo, a otra vida. Las formas ceremoniales dotan a tales instantes de un tinte impersonal y comunal que sirve tanto para aliviar el temor del individuo como para socializar su pena o su alegría; para proteger estos momentos críticos tanto de la pura y dura experiencia personal como de la mera y abstracta codificación legal. Así se alcanza a socializar aquellas situaciones límite que, por el hecho mismo de serlo, no se pueden nombrar: que se deben mantener a la vez manifiestas y tácitas o, como decía Heidegger, «mostrarlas y dejarlas subyacer». A esta categoría pertenecen todas las cosas a la vez importantes e inquietantes que, como el Dios de los judíos, no pueden ser miradas de frente ni nombradas en vano... La transición política española tenía algo de estos momentos o situaciones límite en los que la mediación simbólica resultaba fundamental.

107.   Vid. supra nota 71.

108.   Para D. Riesman, «la gloria de la sociedad democrática es haber desarrollado invenciones sociales como el mercado y las habilidades de la negociación que nos permiten empeñar en una situación sólo una parte de nosotros mismos». «Los hombres que compiten principalmente por riquezas —prosigue Riesman— son relativamente menos peligrosos que los que compiten primariamente por poder —aunque es evidente que hay también implicaciones violentas e incluso totalitarias en el tratamiento del trabajo, en la metrópoli y en las colonias, como una pura mercancía.» Algunas analogías entre este imperio americano y el tardorromano han sido apuntadas en mi *Europa y otros ensayos* (pp. 65-71).

109.   En *De la Modernidad* me he detenido en la descripción de este proceso. «Desinfectado el mundo —se dice allí—, desmitificados los fantasmas que lo poblaban, éstos vienen a constituirse ahora en una realidad separada e ideal. El enigma del mundo se resuelve al desdoblarse en dos mundos coherentes y complementarios: el mundo físico de los hechos y el mundo mítico o espiritual de los ideales o valores. Pero este mundo ideal no será ya el de la Religión tradicional, sino el del Arte o la Cultura, del Amor o la Mística: una realidad separada, objetiva e ideal, donde irán a concentrarse todas las cualidades expurgadas del mundo físico y social concebido como *res extensa*. En algunos casos se optará por una solución intermedia: en lugar de colocar esta cualidad en un mundo ideal, se buscará un país lejano o

una etnia en extinción a los que atribuir, como Castaneda al indio Juan, la propiedad de esta *separate reality*. Países y etnias que un peculiar imperialismo cultural decide que saben pensar "sistémicamente". Yogas o M. T. en los que se irá a buscar una técnica de control de lo subjetivo que sirva de contrapunto y paliativo al control técnico del mundo externo (...). Ahora bien, con esta realidad segunda —auténtica superestructura de la primera: a la vez su negativo y su complemento— se reproduce literalmente el tipo de relación establecida con el original; es decir, se la trata como algo con que hacerse, como una realidad a la que controlar y poseer (...) Y así es cómo los "psicólogos radicales" americanos proponen *ir sustituyendo la producción de objetos por la producción de relaciones:* el hardware *tecnológico por el* software *social*. Diseño y producción de relaciones que habrían de originar una nueva cultura intensa, comunal, sentida y vivida; una nueva sociabilidad hecha de interacciones, contactos y vibraciones. En las "fábricas de relaciones" californianas, lo que se elabora y promociona son ya las emociones mismas: espontaneidad e intimidad, *relax* e informalidad. Se trata de un nuevo supermercado de experiencias y relaciones "significativas" donde se pueden adquirir, al gusto, motivaciones, raigambres o descondicionamientos instantáneos: grupos de encuentro, juegos comunicativos, terapia de sentimientos, desarrollo del potencial humano, concienciación del propio cuerpo, *feed-back* bioenergético, masaje psíquico, pedagogía del contacto (...) Pero está claro que esta producción sistemática de relaciones o sensaciones no supone ni procura una vuelta al estadio de contacto e inmediatez anterior al síndrome puritano y productivista. Se trata, por el contrario, de la interiorización del proceso mismo por el que todo lo contingente o aleatorio es abolido por modos de comportamiento planeados institucionalmente. Pues no hay que engañarse: la producción industrial y sistemática de lo que sea —de objetos o relaciones, de utensilios o contactos, poco importa— transforma siempre e inevitablemente lo producido en algo universal e impersonal: sólo que del fetichismo de la mercancía pasamos ahora al fetichismo de la comunicación —de la *Verdinglichung* marxista a la *Vergeistlichung* americana.»

110. En *Self-Defeated Man* sugería que, si en Europa podemos ironizar tan fácilmente sobre las recetas americanas que parecen querer sintetizar la Mecánica Popular con el Tao, ello se debe a que nuestros problemas —y sobre todo la conciencia de los mismos— son mucho más limitados y domésticos que en Norteamérica. Allí la experiencia y responsabilidad —como la del primitivo— es más «cósmica»; por ello, añadía, las ideologías razonables y las religiones humanistas de nuestra tradición ceden el paso en USA a la magia o al exorcismo, al chamán o al guru. Con todo, concluía tratando de argumentar en los siguientes términos mi instintivo rechazo de esta sensibilidad: «Personalmente, he de confesar que no me gusta el nuevo culto americano al Espíritu Cósmico, por el mismo motivo que me suele desagradar la cocina americana. Me explicaré: creo que fue Claude Lévi-Strauss quien señaló que, mientras el sabor de la cocina europea proviene de la combinación de varios sabores suaves, de la mezcla de ingredientes *delicados* (gráficamente $\left(\begin{smallmatrix}*&*&*\\&*&\end{smallmatrix}\right)$), la cocina americana, por el contrario, tiende a emplear un comestible fundamental como base *neutra*, casi insípida (hamburguesas, hot dogs y similares), a la que añade un condimento *fuerte*, habitualmente embotellado, como el ketchup o la mostaza (gráficamente $\oplus \rightarrow \ominus$). Pues bien, los cultos y utopías americanas se me aparecen como el "ketchup" espiritual, por decirlo así, de un mundo desangelado, pragmático y competitivo. En el ámbito latino, la sustancia básica de nuestra vida, como la de nuestra comida, no ha sido nunca lo bastante insípida como para necesitar complementos tan fuertes y especializados. Nunca hemos sido tan *goal-minded* como para necesitar ahora una cura de Meditación trascendental o de conciencia del Aquí y Ahora; nunca tan terriblemente racionales para añorar e incluso manufacturar *ad hoc* una expeditiva pedagogía de lo irracio-

nal, nunca tan individualistas como para haber generado la necesidad de una unión compensatoria con el Uno.»

111.   R. H. Tawney describió hace ya tiempo la «estructura profunda» de esta mitología *— to get something out of nothing at the expense of whom it may concern —* desarrollada y ejemplificada luego por D. Boorstin: «*We expect anything and everything. We expect the contradictory and the impossible. We expect compact cars which are spacious; luxurious cars which are economical. We expect to be rich and charitable, powerful and merciful, active and reflective, kind and competitive. We expect to be inspired by mediocre appeals for "excellence", to be made literate by illiterate appeals for literacy. We expect to eat and stay thin, to be constantly on the move and ever more neighbourly, to go to a "church of our choice" and yet feel its guiding power over us.*»

112.   De ahí que sean hoy vigentes las palabras pronunciadas por Ramiro de Maeztu en 1934: «Es un hecho que no podrá desembarcar un pelotón de infantería norteamericana en Nicaragua sin que se lastime el patriotismo de Argentina y del Perú, de Méjico y de España, y aun también el de Brasil y Portugal.» Otra cosa es que, como sostiene pintorescamente el mismo autor, el contraste entre ambas colonizaciones se deba a que «los ingleses abandonan los pueblos colonizados a su salacidad y propensiones naturales». «Toda la India —concluye en su *Defensa de la Hispanidad*— está envejecida y debilitada por abusos sexuales. Muchos niños se casan a los cinco, seis u ocho años, y por eso 20 000 ingleses pueden dominar a 350 000 indios. Están depauperados por su salacidad y porque no se les dice, con energía suficiente, que pueden corregirse y salvarse, como se les ha dicho a los filipinos, que en buena medida han conseguido vencer las tentaciones de su clima enervante.»

Apéndices

Appendices

Apéndice primero

THE HONORABLE XAVIER RUBERT DE VENTOS

Washington, D.C. Program

TUESDAY, NOVEMBER 27

9:30 a.m.   VISITOR PROGRAM SERVICE of
                     Meridian House International
                   1776 Massachusetts Avenue, N.W.
                   Washington, D.C. 20036
                   Telephone: (202) 822-8688

                   Ms. Barbara Vasko, Program Officer
                   Ms. Patricia Kowall, Program Assistant

                   At this meeting, we will review the program we have
                   arranged for you.

11:30 a.m.   You have an appointment with:

                        Dr. James Billington
                        Director
                        Woodrow Wilson International Center for
                          Scholars
                        1000 Jefferson Drive, S.W. - Castle Building
                        Room 340
                        Telephone: 357-2763

                   You will have lunch at the Center and meetings with
                   individuals involved in European Security issues.

WEDNESDAY, NOVEMBER 28

10:00 a.m.   Please arrive at the Diplomatic Entrance, C Street
                   between 21st and 23rd Streets, N.W. of the State
                   Department. Please tell the receptionist that you
                   have an appointment with:

                        Mr. Richard Erdman
                        Desk Officer for Spain
                        Bureau of European Affairs
                        Room 5230
                        Telephone: 632-2633

10:30 a.m.   Mr. Erdman will accompany you to your appointment
                   with:

                        Mr. James Dobbins
                        Deputy Assistant Secretary of State for
                          European Affairs

2:20 p.m.   Please arrive   at the River Entrance of the
                   Pentagon. You will be met by a representative from
                   Ms. Ruth Kirby's office, Directorate for Community

                   Relations, and escorted to your appointments
                   (697-7385).

continued next page

Department of Defense

You have an appointment with:

2:30 p.m.   Mr. George Bader
                             Principal Director for European Policy

3:30 p.m.   You have an appointment with:

                             Mr. Jim Morrison
                             Director, Regional Policy

THURSDAY, NOVEMBER 29

10:00 a.m.   U.S. HOUSE OF REPRESENTATIVES
                 Subcommittee on Europe and the Middle East
                 Room B-359, Rayburn House Office Building
                 Telephone: 225-3345

                 You have an appointment with:

                             Dr. Michael Van Dusen
                             Staff Director

11:00 a.m.   U.S. SENATE
                 Committee on Foreign Relations
                 Senate Dirksen Office Building - Room 446
                 Telephone: 224-5481

                 You have an appointment with:

                             Mr. Kenneth Myers
                             Professional Staff Member

3:00 p.m.   U.S. ARMS CONTROL AND DISARMAMENT AGENCY
                 320 21st Street, N.W.
                 Telephone: 632-8715

                 Please ask the guard to call Mr. Alvin Streeter at
                 the number listed above. He will clear you into the
                 building.

                 You have an appointment with:

                             Mr. Lucas Fischer
                             Bureau of Strategic Programs

Apéndice II

SPAIN IN THE 1980s
The Domestic Transition and a Changing International Role

West European Program
The Woodrow Wilson International Center for Scholars
Washington, DC
and
Instituto de Cooperación Iberoamericana
Madrid

September 25-27, 1985

CONFERENCE PROGRAM

Wednesday, September 25, 1985

7:00 p.m.   Evening program – The Library, Smithsonian "Castle"

Welcoming remarks: James Billington, Director, Wilson Center
Luis Yáñez, President, Instituto de Cooperación
Iberoamericana

Opening address: José María Maravall, Minister of Education
and Science of Spain, "Education for Democracy."

Response: William Bennett, U.S. Secretary of Education

Moderator: John Brademas, President, New York University

8:30 p.m.   Cocktails – The Lounge, Smithsonian "Castle"

8:45 p.m.   Dinner – The Great Hall, Smithsonian "Castle"

Thursday, September 26, 1985

9:30 a.m.   Coffee and pastries – The Rotunda, third floor, Smithsonian
"Castle"

10:00 a.m.   SESSION ONE: "The Spanish Transition in Historical Perspective"

José Pedro Pérez Llorca, Former Minister of Foreign Affairs
of Spain

Jordi Solé Tura, Professor of Political Science, University
of Barcelona

Response: Richard Gunther, Professor of Political Science,
Ohio State University

Moderator: John Brademas, President, New York University

12:00 p.m.   Lunch

2:00 p.m.	SESSION TWO: "The New Role of the Armed Forces, the Autonomous States, and the Business Community"

2:00 p.m.   SESSION TWO: "The New Role of the Armed Forces, the Autonomous
             States, and the Business Community"

             Lt. Gen. Gautier Larraínzar, Captain General of Seville

             Miguel Roca Junyent, Member of the Spanish Congress of Deputies
                                and Spokesman for the Minoría Catalana

             Gregorio Marañón, Spanish business leader

             Response: Stanley Payne, Hilldale Professor of History,
                                 University of Wisconsin

             Moderator: John Hebert, Director, Hispanic Division,
                                  Library of Congress

5:30 p.m.   Special private tour of National Air and Space Museum

7:00 p.m.   Charter Buses leave from National Air and Space Museum
             for Residence of Spanish Ambassador Gabriel Mañueco
             2801 16th Street, N.W.

7:30 p.m.   Buffet Dinner at Residence of Ambassador Mañueco

10:00 p.m.   Charter buses return to The Wilson Center

Friday, September 27, 1985

8:30 a.m.   Coffee and pastries - The Rotunda, third floor, Smithsonian
             "Castle"

9:00 a.m.   SESSION THREE: "Economic and Political Challenges of Spain's
             New International Role"

             Carlos Westendorp, Spanish Deputy Secretary of State
                               for Relations with the European Community

             Luis Solana, President, Spanish State Telephone Company

             Miguel Herrero de Miñón, Member of the Spanish Congress of Deputies
                                and Spokesman for the Popular Alliance Party

             Response: Joseph Foweraker, Lecturer, University of Essex and
                                Fellow, the Wilson Center

             Moderator: Raymond Carr, Warden, St. Antony's College,
                                 Oxford University

11:30 a.m.   Sherry - The Great Hall, Smithsonian "Castle"

12:00 p.m.   Luncheon - The Commons, Smithsonian "Castle"

             Address: Felipe González, President of the Government of Spain

             Responses: Richard Lugar, Chairman, U.S. Senate Committee on
                                 Foreign Relations

                         Raymond Carr, Warden, St. Antony's College,
                                 Oxford University

             Moderator: William S. Baroody, Jr., Chairman, Board of Trustees
                                  The Wilson Center

Question and Answer session with President González

3:00 p.m.   SESSION FOUR: "The Meaning for Latin America of the
             Spanish Transition"

             The Most Reverend Arturo Rivera y Damas, Archbishop of San
             Salvador, El Salvador (Archbishop Rivera y Damas will be
             introduced by the Most Reverend James Hickey, Archbishop of
             Washington, DC)

             Moderator: Juan Linz, Professor of Sociology, Yale University

             Responses: Carlos Andrés Pérez, former President of Venezuela

                         Francisco Fernández Ordóñez, Spanish Minister of
                                                       Foreign Relations

                         Xavier Rubert de Ventós, Member, Commission
                                            for Foreign Affairs, Spanish
                                            Congress of Deputies

6:00 - 8:00   Reception - Smithsonian "Castle"

Conference Coordinators: Michael Haltzel, Secretary, West European Program,
                                          The Wilson Center

                          Xavier Rubert de Ventós, Member, Commission for
                                          Foreign Affairs, Spanish
                                          Congress of Deputies

207

Apéndice III

SPAIN IN THE 1980s

The Domestic Transition and a Changing International Role

September 25 - 27, 1985

List of Participants

Carlos Abella, Minister for Cultural Affairs, Embassy of Spain
Robert Adams, Secretary, The Smithsonian Institution
Felipe Aguero, Professor of Political Science, Duke University
D.J. Alberts, The Pentagon, European Program
Dean Anderson, Assistant Secretary, The Smithsonian Institution

Juan Jose Arboli, Minister-Counselor, Embassy of Spain
Joaquin Arango, Ministry of Education of Spain
Inocencio Arias, Ministry of Foreign Affairs of Spain
Eric Baklanoff, Professor of Economics, University of Alabama
Samuel Barnes, Professor of Political Science, University of Michigan

William Baroody, Chairman of the Board, The Wilson Center
Sheridan Bell, Country Affairs Officer, Spain, United States
    Information Agency
William Bennett, U.S. Secretary of Education
James Billington, Director, The Wilson Center
Marjorie Billington, Washington, D.C.

Albert Bowker, Executive Vice President, University of Maryland
Carolyn Boyd, Professor of History, University of Texas
John Brademas, President, New York University
Raymond Caldwell, European Affairs, U.S. Department of State
Carlos Carderera, Counselor, Embassy of Spain

Raymond Carr, Warden, St. Antony's College, Oxford University
David Challinor, Assistant Secretary for Science, The
    Smithsonian Institution
Robert Clark, Professor of Political Science, George Mason University
Alvaro Corrada del Rio, Auxillary Bishop of Washington D.C.
John Coverdale, Lawyer; Fried, Frank, Harris, Shriver and Kampelman

Catherine Curtis, Special Trade Representative
Elías Díaz, Spanish Attorney at Law
Gabriel Elorriaga, Congress of Deputies of Spain
Thomas Enders, U.S. Ambassador to Spain
Julio Feo, Secretary General of the Presidency of Spain

Douglas Foard, National Endowment for the Humanities
Joseph Foweraker, Lecturer, University of Essex and Fellow,
    The Wilson Center
Richard Fox, United States Information Agency
Max Friedersdorf, Assistant to the President and Legislative Strategy
    Coordinator, White House
Jaime Fuster, U.S. Resident Commissioner of Puerto Rico

Enrique García, Information Officer, Embassy of Spain
Robert García, U.S. Representative from New York
Karen Garon, Staff, U.S. Representative Benjamin Gilman
Prosser Gifford, Deputy Director, The Wilson Center
Felipe González, Prime Minister, The Government of Spain

209

Gabriel Guerra-Mondragón, National Democratic Institute for
    International Affairs.
Richard Gunther, Professor of Political Science, Ohio State University
Inmaculada de Habsburgo, Director, The Spanish Institute
Michael Haltzel, Secretary, West European Program, The Wilson Center
Miguel Herrero de Miñón, Congress of Deputies of Spain

Claudio Hidalgo-Núñez, Carnegie Endowment for International Peace
James Higgins, Mellon Bank, Member of the Wilson Center Council
David Hunn, Budget Examiner, Office of Management and Budget
Jocelyn Hunn, Staff Assistant, Committee on Appropriations,
    U.S. House of Representatives
Manuel Johnson, U.S. Undersecretary of Treasury

Bryan Jones, Research Assistant, West European Program, The Wilson Center
Richard Kagan, Professor of History, Johns Hopkins University
Charles Karelis, Special Assistant to U.S. Secretary of Education
Michael Kenney, Professor of Anthropology, The Catholic University
Gautier Larraínzar, Captain General of Seville

Michael Lekson, Spanish Affairs Officer, U.S. Department of State
Marjorie Lemb, U.S. Department of State
Juan Linz, Professor of Sociology, Yale University
Ernest Lluch, Minister of Health of Spain
Laureano López Rodó, former Minister of Economics of Spain

Richard Lugar, U.S. Senator (R-Indiana)
James McClure, U.S. Senator (R-Idaho)
Peter McDonough, Professor of Sociology, University of Michigan
Francis McNeil, U.S. Deputy Assistant Secretary of State
    for Intelligence and Research
Edward Malefakis, Professor of History, Columbia University

Gabriel Mañueco, Ambassador of Spain to U.S.
Gregorio Marañón, Attorney at Law of Spain
José María Maravall, Minister of Education and Science of Spain
Benjamin Martin, Author and Retired Foreign Service Officer
Kenneth Maxwell, Program Director, The Tinker Foundation

Jaime Mayor Oreja, Basque Parliament of Spain
Eudaldo Mirapeix, Director General of North America, Spanish Ministry
    of Foreign Affairs
Ramon Moino, Military Attache, Embassy of Spain
Richard Morse, Secretary, Latin American Program, The Wilson Center
Charles Murphy, President, Murphy Oil Corporation

Martha Muse, Chairman and President, The Tinker Foundation
Jeff Needell, The Wilson Center, Latin American Program
Raimon Obiols, Socialist Party of Catalonia of Spain
Debbie O'Dell, Program Assistant, West European Program, The Wilson Center
James Olson, Vice Chairman, AT&T

Francisco Fernández Ordóñez, Spanish Minister of Foreign Relations
Rafael Ordóñez, Chief of Cabinet of the Presidency of Aragon
Stanley Payne, Professor of History, University of Wisconsin
Howard Penniman, American Enterprise Institute
Carlos Andrés Pérez, Former President of Venezuela

Leonardo Pérez Rodrigo, Spanish Ambassador to the Organization
    of American States
Baltasar Porcel, Spanish writer and journalist
Charles Powell, St. Antony's College of Oxford University
Larry Pressler, U.S. Senator (R-SD)
Oriol Pi-Sunyer, Professor of Anthropology, University of Massachusetts

José Pedro Pérez Llorca, former Minister of Foreign Affairs of Spain
Gary Prevost, Professor of Government, St. John's University
Ralph Regula, U.S. Representative (R-Ohio)
John Reinhardt, Director of International Activities,
    The Smithsonian Institution
James Rial, Analyst, Spain, Central Intelligence Agency

Keith Richburg, Journalist, The Washington Post
Edward Rindler, United States Information Agency
Arturo Rivera y Damas, Archbishop of San Salvador
Joaquin Romero Maura, Vice President Capital Markets,
    Citicorp International Bank
Hewson Ryan, Professor of Law, Tufts University

Santiago Salas, Chief of Cabinet, Spanish Minister of Foreign Affairs
George Seay, Assistant Director, Development Office, The Wilson Center
Frank Shakespeare, U.S. Ambassador to Portugal
Joyce Shub, Special Advisor, Political Affairs, U.S. Department of State
Jed Snyder, The Hudson Institute

Javier Solana, Spanish Minister of Culture
Luis Solana, Spanish State Telephone Company
Jordi Solé Tura, Professor of Political Science, University of Barcelona
Peter Sommer, Staff, U.S. National Security Council
Charles Thomas, Deputy Assistant Secretary for Political Affairs,
    U.S. Department of State

Charlotte Thompson, Research Associate, West European Program,
    The Wilson Center
David Suárez Torres, Professor of Spanish, Georgetown University
Richard Thurman, Analyst, Spain, U.S. Department of State
Fernando Valenzuela, Chief of Cabinet, Secretary of State for
    International Cooperation
Marten Van Heuven, Director of the Office of Western European Affairs,
    U.S. Department of State

Xavier Rubert de Ventós, Spanish Congress of Deputies
Samuel Wells, Assistant Director, European Institute, The Wilson Center
Carlos Westendorp, Spanish Deputy Secretary of State for E.E.C. Relations
Robert Whealey, Professor of History, Ohio University
John Whitehead, U.S. Deputy Secretary of State

Howard Wiarda, American Enterprise Institute
Juan Antonio Yáñez, Chief of Cabinet of International Relations
    of the Presidency of Spain
Luis Yáñez, President, Instituto Cooperación Iberoamericana

ÍNDICE ONOMÁSTICO

espejo
de
españa